中国木质林产品出口贸易结构的实证研究

顾晓燕 著

合肥工業大學出版社

图书在版编目(CIP)数据

中国木质林产品出口贸易结构的实证研究/顾晓燕著．—合肥：合肥工业大学出版社，2011.12

ISBN 978-7-5650-0640-1

Ⅰ.①中…　Ⅱ.①顾…　Ⅲ.①林产品—出口贸易—贸易结构—研究—中国　Ⅳ.①F752.652.4

中国版本图书馆 CIP 数据核字(2011)第 272776 号

中国木质林产品出口贸易结构的实证研究

顾晓燕　著　　　　责任编辑　朱移山　霍俊橦

出　版	合肥工业大学出版社	版　次	2011 年 12 月第 1 版
地　址	合肥市屯溪路 193 号	印　次	2011 年 12 月第 1 次印刷
邮　编	230009	开　本	710 毫米×1010 毫米　1/16
电　话	总编室：0551-2903038	印　张	13.25
	发行部：0551-2903198	字　数	230 千字
网　址	www.hfutpress.com.cn	印　刷	合肥现代印务有限公司
E-mail	hfutpress@163.com	发　行	全国新华书店

ISBN 978-7-5650-0640-1　　　　定价：45.00 元

如果有影响阅读的印装质量问题，请与出版社发行部联系调换。

前　言

经济全球化的重要标志是全球贸易量的增长快于全球GDP的增长，因而人们往往更多地关注贸易出口量的增加，而忽视对出口贸易结构的合理性问题的研究。事实上，相比数量而言，结构问题更为重要。我国木质林产品贸易量迅速上升，然而出口贸易结构存在一系列问题：中国木质林产品对外贸易规模总量在不断增加，但贸易效益并不高的问题；中国原木的增长需求主要通过进口来满足，过分依赖于国际市场少数主要来源国的资源供给而导致中国资源安全问题；劳动和资本技术密集型木质林产品出口市场过于集中而带来贸易摩擦增多问题；中国木质林产品产业内贸易水平低，贸易竞争力不高问题等等，研究中国木质林产品的出口贸易结构，分析出口商品结构与林业经济增长、与出口竞争力、与贸易条件的相关性，分析出口贸易规模的影响因素、预警和预测贸易结构性风险，对中国木质林产品国际竞争力的提升，意义重大。

林产品贸易在国民经济和社会发展中发挥着重要作用。中国是世界上木制品的生产大国和消费大国，但人均森林资源又很匮乏。天然林保护工程等约束制度使中国自身供给能力不足、经济增长带来的国内消费需求、劳动密集型木质林产品的大量出口，三者共同导致了资源类木质林产品供需缺口矛盾的加剧。关税的降低和外贸政策的放宽旨在促进中国的木质林产品对外贸易进入高速增长阶段，木质林产品贸易对中国外贸的贡献率不断提高，2006年首次出现木质林产品贸易顺差，为国家赢得了外汇收入。在增长的过程中，林产品对外贸易的产品结构和市场结构发生了显著的变化，这使得国内外许多专家和学者对中国林产品贸易未来的走势十分关注。研究中国木质林产品出口贸易结构对于中国乃至世界都有重要意义。

木质林产品贸易引起世界范围内的高度关注。近半个世纪以来，贸易空前繁荣，但热带雨林减少、大气臭氧层消耗、气候异常、物种锐减等生态环境问题日益突出。能源与环境问题是当前全球关注的两大问题，木质林产品贸易以森林资源为基础，其与环境的关系尤为密切。在非法木材贸易争端问题、外来物种入侵和林产品检疫问题、林产品贸易自由化问题、森林认证和标签问题、林产品市场透明度和市场准入问题、森林生物质能源问题、森林碳汇问题上各国政府、专门机构、学术研究团体都给予了高度重视，使之成为全球普遍关注的问题，在木质林产品出口贸易上稍有不慎，就有可能引来国际环境保护者的指责，影响中国林产品贸易大国的形象。

资源约束、贸易保护以及世界金融危机给中国木质林产品出口贸易带来巨大挑战。在森林可持续性发展的要求下，生态建设和环境保护已成为时代的主题，各国对环保的呼声越来越高。我国的木质林产品贸易一直是单向补缺型贸易，对原木进口依赖性很强，随着俄罗斯等原木出口大国对原木出口不断提高关税以及其他限制措施的出台，资源约束将威胁木制加工业的产业安全。同时，一些发达国家以保护本国生态环境、保护人类与动植物生命健康为由，实施绿色贸易壁垒措施，保护本国市场，改变国际贸易格局。森林认证、绿色检验检疫制度、绿色市场准入和绿色技术标准等都对中国木质林产品出口贸易产生重要影响。

基于这样的研究背景，本书对木质林产品出口商品结构、出口市场结构和出口模式结构进行了实证分析，测算了出口结构存在的风险，提出了出口结构优化的对策。由于作者水平有限，书中难免存在疏漏和不足之处，敬请读者批评指正。在本书写作过程中，我阅读了大量的文献著作，参考了其中的许多真知灼见，在此表示衷心的感谢！在本书写作过程中，得到了金陵科技学院商学院、南京林业大学、南京大学和合肥工业大学出版社的关心和支持，在此表示诚挚的谢意。

目　录

图 清 单

第一章　绪　论

一、问题的提出

在研究中国木质林产品对外贸易过程中，发现中国木质林产品出口贸易结构存在一系列问题：（1）中国木质林产品对外贸易规模总量在不断增加，但贸易效益并不高。（2）中国原木的增长需求主要通过进口来满足，过分依赖于国际市场少数主要来源国的资源供给会导致中国资源安全问题[1]，整个林产加工业会因此更加面临资源安全的威胁[2]；劳动和资本技术密集型木质林产品出口市场过于集中会带来贸易摩擦增多问题，出口市场的过于集中，使得纸浆、纸制品、木家具、木制品遭遇的反倾销不断增多，很大程度上影响了木质林产品对外贸易的持续稳定[3]，尤其是在当前世界金融危机，中国木质林产品主要的出口市场美国、欧盟、日本、韩国等国内需求疲软的形势下，国际贸易保护主义加剧，出口过于集中，风险很大。（3）木质林产品的出口市场与世界木质林产品进口市场的匹配性不强。（4）中国木质林产品出口商品集中度过高，出口商品结构与世界市场的需求结构反应度不强。（5）中国木质林产品产业内贸易水平低。（6）贸易竞争力不高等问题，在这样的背景下，确定将中国木质林产品出口贸易结构作为研究课题。

二、研究的意义

1. 经济全球化的重要标志是全球贸易量的增长快于全球 GDP 的增长，因而人们往往更多的关注贸易出口量的增加，而忽视对出口贸易结构的合理性问题的研究。事实上，相比数量而言，结构问题更为重要。近年来，关注贸易结构的学者开始增多，但是现有研究对贸易结构形成的影响因素的实证分析还很缺乏。在我国木质林产品贸易量迅速上升的背景下，研究中国木质林产品的出口贸易结构，分析其形成的影响因素，分析出口商品结构与林业经济增长、与出口竞争力、与贸易条件的相关性，分析出口商品结构、出口市场结构与进口市场需求的匹配性，分析出口贸易规模的影响因素、贸易潜力，出口市场增长的不同效应，分析产业内贸易水平以及影响因素，进行贸易结构性风险预警和预测，对中国木质林产品国际竞争力的提升，意义重大。

2. 林产品贸易在国民经济和社会发展中发挥着重要作用[4]。中国是世界上木制品的生产大国和消费大国，但人均森林资源又很匮乏，目前人均森林面积不到世界水平的1/4，仅居世界134位，1998年天然林保护工程的实施使得木材资源的供给大量减少。由于经济高速发展，尤其是房地产建筑业的发展，国内对木质林产品的需求不断增加，基础设施等国家重点行业密切关注着中国木质林产品对外贸易的发展态势[5]。我国劳动力资源丰富，劳动密集型木质林产品具有一定的竞争力，木质家具的出口呈现快速增长势头，2004年以后超过意大利，成为世界木质家具头号大国[6]。使中国自身供给能力不足、天然林保护工程等约束制度、经济增长带来的国内消费需求、劳动密集型木质林产品的大量出口，三者共同导致了资源类木质林产品供需缺口矛盾的加剧[7]。关税的降低和外贸政策的放宽旨在促进中国的木质林产品对外贸易进入高速增长阶段，木质林产品贸易对中国外贸的贡献率不断提高，2006年首次出现木质林产品贸易顺差，为国家赢得了外汇收入。在增长的过程中，林产品对外贸易的产品结构和市场结构发生了显著的变化，这使得国内外许多专家和学者对中国林产品贸易未来的走势十分关注。研究中国木质林产品出口贸易结构对于中国乃至世界都有重要意义。

3. 木质林产品贸易引起世界范围内的高度关注。近半个世纪以来，贸易空前繁荣，但热带雨林减少、大气臭氧层消耗、气候异常、物种锐减等生态环境问题日益突出。能源与环境问题是当前全球关注的两大问题，木质林产品贸易以森林资源为基础，其与环境的关系尤为密切。在非法木材贸易争端问题、外来物种入侵和林产品检疫问题、林产品贸易自由化问题、森林认证和标签问题、林产品市场透明度和市场准入问题、森林生物质能源问题、森林碳汇问题上各国政府、专门机构、学术研究团体都给予了高度重视，使之成为全球普遍关注的问题，在木质林产品出口贸易上稍有不慎，就有可能引来国际环境保护者的指责，影响中国林产品贸易大国的形象。

4. 资源约束、贸易保护以及世界金融危机给中国木质林产品出口贸易带来巨大挑战。在森林可持续性发展的要求下，生态建设和环境保护已成为时代的主题，各国对环保的呼声越来越高。我国的木质林产品贸易一直是单向补缺型贸易，对原木进口依赖性很强，随着俄罗斯等原木出口大国对原木出口不断提高关税以及其他限制措施的出台，资源约束将威胁木制加工业的产业安全。同时，一些发达国家以保护本国生态环境、保护人类与动植物生命健康为由，实施绿色贸易壁垒措施，保护本国市场，改变国际贸易格局。森林认证、绿色检验检疫制度、绿色市场准入和绿色技术标准等都对中国木质林产品出口贸易产生重要影响。我国木质林产品主要的出口市场美国、欧盟、日本、韩国等受此次金融危机影响很大，金融危机冲击实体经济，这些市场需求疲软，经济增长衰退，国际贸易保护主义加剧，对我国木家具、木制品等主要木质林产品的出口影响很大。如果不及时采取有效措施，可能会改变中国木质林产品的出口贸易规模，影响木质林产品贸易的经济效益和竞争力。

三、国内外文献综述

1. 贸易结构的研究

（1）国外文献回顾

贸易结构一直是国际贸易领域重点探讨的话题，出口贸易结构的研究可以追溯到英国古典经济学家 Adam Smith 和 Divid Ricardo。Smith（1776）年的《国富论》中提出绝对优势理论（Theory of Absolute Advantage），斯密证明，如果在一种产品的生产上具有绝对优势，该国将能够以较低的成本生产这种商品，国家间的商品流动取决于成本差异，投入要素的生产率是决定生产成本的主要因素[8]，根据绝对优势贸易理论，各国应该专门生产并出口具有“绝对优势”的产品，进口其“绝对劣势”的产品，各国以各自具有绝对优势的产品进行贸易，贸易结构才能得以优化。

David Richardo 发展了斯密的观点，在 1817 年出版的《政治经济学与赋税原理》中提出比较优势理论（Theory of Comparative Advantage），认为即使一个国家生产所有商品都是绝对高效率，互利贸易也能发生[9]，依据比较优势理论，“两利相权取其重，两弊相权取其轻”，可以使外贸结构优化。

英国经济学家 G. D. A 和麦克杜格尔（Mac Dougall）（1951）最先对李嘉图的模型进行检验，通过比较美国和英国 1937 年 25 个独立行业的出口结构，证明各国倾向于出口劳动生产率相对较高的商品[10]。巴拉萨（Balassa）和史坦（Stern）在随后的研究中使用不同系列的数据也证实了李嘉图的结论[11][12]。斯蒂芬·戈卢布（Stephen Golub）也对李嘉图模型进行检验，发现相对单位劳动成本有助于解释一国的贸易结构[13]。

赫克歇尔和俄林（Heckscher-ohlin Theory）共同创立了要素禀赋理论（The Theory of Factor Proportions），按照要素禀赋理论，各国的要素禀赋条件的差异和各种商品的不同的生产技术系数是国际贸易中各国具有各自的比较优势的基本原因，是国际贸易及其结构形成的决定因素[14][15]。

Trefler（1993，1995）将技术要素引入要素禀赋论，认为各国技术差异和要素禀赋一同影响该国贸易结构[16]。Davis、Weinstein（2001）选取1985年前后OECD等20个国家34个部门数据，引入技术矩阵，证明了经过技术变量改进后要素禀赋论的有效性，可以解释发展中国家与发达国家之间的贸易结构，也可解释发达国家之间的贸易结构[17]。

在里昂惕夫之前，人们普遍认为，美国的资本相对丰富，应该出口资本密集型产品，而进口劳动密集型产品，里昂惕夫是第一个从实证的角度研究要素禀赋论的学者，得出结论是美国出口商品较进口商品资本密集度更低[18]，这被称为“里昂惕夫之谜”。随后日本经济学家建元正弘（M. Tatemoto，1959）和市村真一（S. Ichimura，1959）、加拿大经济学家沃尔（D. F. Wall，1961）和印度经济学家巴哈德瓦奇（R. Bharadwai，1962）陆续对本国对外贸易结构进行了分析，证实了“里昂剔夫之谜”的正确性。[19]

Prebish—Singer命题引起西方经济学界对出口商品结构的高度关注，普遍认为：从初级产品出口为主向工业制成品出口为主转变是发展中国家升级其出口商品结构，改善贸易条件的重要途径。但后来的经济学家如Sarkar、Lucke. Matthias证明，发展中国家工业制成品的贸易条件也同样趋于恶化[20]。

基于比较优势基础上建立起来的对外贸易模式结构是“产业间贸易”，但战后出现同一行业既有进口又有出口的贸易模式，即“产业内贸易”，这是传统贸易理论所无法解释的，引起了很多西方学者的关注。佛德恩（Verdoon，P. J.，1960）对“荷比卢经济同盟”集团内贸易格局变化进行研究，得出结论：集团内贸易生产专业化形成于同种贸易类型之中，而不是在异种贸易类型之间[21]。同时，荷兰与荷比卢经济同盟其他成员国间的双边出口价格存在较大的方差，其交易产品具有较大的异质性和产业内专业化发展的倾向[22]。

密契里（Michaely，M.，1962）计算了36个国家5大类商品的进出口差异指数，得出结论：高收入国家的进出口商品结构一般呈明显的相似性，而大多数发展中国家则相反[23]。巴拉萨研究了欧共体的制成品贸易，得出结论：制成品贸易的增长大部分发生在以国际贸易商品标准分类（SITC）体系划分的商品组内，而不是在商品组之间[24]，巴拉萨（1966）把这种新的贸易现象称为产业内贸易[25]。小岛清（Kojima，k.）研究发现高度发达的、类似的工业化国家之间横向制成品贸易迅速增长[26]。

在经验性研究的同时，许多西方学者也对战后贸易新格局进行理论探索。例如林德（Linder，S. B.，1961）、波斯纳（Posner，M. A.，1961）、弗农（vemon，B.，1966）、基辛（Kessing，n. B.，1965）、巴格瓦蒂（Bhawati，J.，1971）等提出相互需求、技术资本、产品生命周期和人力资本等理论，为产业内贸易研究进入理论性阶段奠定了基础[27]。林德分析了需求条件与国际贸易结构之间的关系，从重叠需求的角度解释了国际贸易结构[28]。弗农产品生命周期理论（Product life cycle thèory）的核心是技术创新对制成品贸易结构所起的决定性作用[29]。运输成本也能够改变国际贸易结构，隐藏在贸易不断繁荣背后的一个重要因素就是商品运到市场的成本在不断下降[30]。战略性贸易政策（Strategic trade policy）理论认为，政府能够帮助国内企业与国外竞争者争夺经济利润，政府对特定战略产业的支持，可以影响和改变一国贸易结构[31]。

20 世纪 70 年代以后，经过 Grubel 和 Lloyd（1975）、Krugman（1979）、Brander（1983）、Shaked and Sutton（1984）、Falvey 和 Kjerzhowski（1987）以及 Fukao（2003）等经济学家的不断努力，产业内贸易理论日臻完善[32]。1977 年迪克西特（Dixit）和斯蒂格里兹（Stiglitz）发表《垄断竞争与最优产品多样化》，他们发现即使两国的初始条件完全相同，没有李嘉图所说的比较优势，但如果存在规模经济，两国可以选择不同的专业化生产，产生内生比较优势[33]，标志着产业内贸易研究进入理论探讨阶段[34]。

克鲁格曼（Krugman）等用张伯伦（Chamberlin，E. H.）的垄断竞争模型解释产业内贸易，认为规模经济是产业内贸易的基本原因[35]。兰卡斯特（Lancaster，K.，1980）提出新侯泰式模式，认为在不存在贸易壁垒和运输成本的前提下，受规模收益最大化和消费偏好差异影响，经济体之间会生产差异化产品[36]。在布兰德（J. Brander，1981）模型的基础上，布兰德和克鲁格曼（1983）证明了，在寡头垄断竞争的市场中，即使不存在成本差异和规模经济，寡头之间的“相互倾销”也将使产业内贸易出现。Sebastien Jean（2000）建立了异质性企业产业内贸易模型，丰富和发展了产业内贸易理论[37]。

西方学者对一国对外贸易结构的影响因素的研究很多，Malcolm Dowling 和 David Ray（2000）分析了亚洲 20 年来贸易结构的变化及原因[38]。Daniel

Lederman，Guillermo Perry 和 Rodrigo Suescun（2002）分析了 20 多年来中美洲贸易政策对对外贸易市场结构的影响[39]。Sang-yirl Nam（2003）分析了中国、日本和韩国之间的贸易结构以及贸易潜力[40]。Chong Kiew Liew、Chung Ja Liew 和 Joonmo Cho 分析了韩国工资变化对韩国与美日之间的贸易结构的影响[41]。Gary R. Saxonhouse（1993）分析了日本对外贸易政策对日本贸易结构的影响[42]。Ka Zeng（2002）分析了美国贸易政策对其对外贸易结构的影响[43]。

（2）中国对外贸易结构研究

中国对外贸易结构现状以及变化的研究：陈伯泉（1996）运用贸易结构的四段理论分析了 1980—1996 年中国外贸商品结构的演变趋势[44]。尹翔硕（1997）从制成品要素密集程度以及贸易政策的角度分析了中国出口制成品结构与制造业生产结构的差异[45]。蓝庆新（2001）设计了一个贸易结构指标，分析对外贸易商品结构如何由初级产品出口升级为工业制成品出口，以及贸易结构变化与经济增长变化的关系[46]。张小蒂、李晓钟（2002）实证分析了中国出口商品结构的比较优势，结果显示劳动密集型产品在中国出口商品中比重很高[47]。张新伟、左鹏、田新豹（2002）从结构层面分析中意两国的贸易关系。对中意贸易结构与中美、中日的贸易结构进行比较，从中找出中意经贸发展中主要商品进出口总量的变化趋势[48]。冯雷（2003）分析了中国四大贸易结构的动态变化以及未来贸易摩擦的重点领域[49]。尹翔硕（2004）分析了中国贸易政策取向的变化及贸易格局的变动[50]。唐文琳、范祚军（2005）认为，我国与东盟各国在贸易商品结构方面具有较强的互补性[51]。樊纲、关志雄、姚枝仲（2006）使用基于贸易品技术分布的贸易结构分析法，表明中国已经从低技术附加值出口为主转化为以中等技术附加值出口为主的出口结构，而进口仍是以中高技术产品为主[52]。李旭鹏、蒋丽华（2005）、汪利平（2006）、羌建新（2007）研究了我国对外贸易结构现状、特征及影响[53][54][55]。涂澄（2006）研究表明中韩贸易商品结构发生了许多明显的变化，产业内贸易比重不断提高，但两国的国际分工关系仍具有明显的垂直型分工特点[56]。张鸿（2006）认为一国出口商品的结构在一定程度上能反映出该国的比较优势，我国对外贸易商品结构基本符合比较优势原理[57]。马磊、靳瑜（2007）认为我国贸易大国地位的确立是毋庸置疑的，然而要实现从贸易大国向贸易强国的转变，不能只停留在对贸易总量的满足上，而必须去分析贸易的结构[58]。章艳红（2007）分析了中国贸易结构的变化特点、决定要素以及政策建议[59]。徐光耀（2007）选择在我国进口贸易中具有代表性的日本、法国、俄罗斯和澳大利亚四国作为样本国，分析了在不同的进口贸易结构下，进口贸易对我国经济增长的不同促进作用[60]。张桂梅（2008）认为改革开放以来，中国出口贸易结构发生了巨大变化：由初级产品出口主导型转变为工业制成品主导型；由资源密集型出口商品结构向劳动密集型和资本密集型出口结构逐级转变[61]。石艾馨、李娇（2008）分析了中俄贸易产品结构，认为中国对俄贸易产品结构趋于优化[62]。赵枫等（2008）认为自改革开放以来，我国的对外贸易无论在规模还是结构上，都取得了长足的进步，但我国的对外贸易总体发展水平依旧不高，尤其是结构比较落后[63]。

中国对外贸易结构影响因素的研究：沙卫平（1999）分析了中国的产业特征对其对外贸易结构的影响[64]。洪银兴（2001）研究了中国加入 WTO 后经济结构的调整、产业结构和所有制结构的变化，以及这些结构调整对中国对外贸易结构的影响[65]。刘明兴、岳昌君、许秀兰（2001）指出了传统比较优势指数在分析一国出口结构方面的缺陷，提出国家的禀赋结构和政府采取的发展战略是决定出口结构的关键因素[66]。李素兰（2001）分析了知识经济对国际贸易商品结构、服务贸易结构、技术贸易结构的影响并提出了相应的改进对策[67]。杨小凯等（2001）认为通过分工和贸易，促进专业化水平提高和效率改进，是贸易发生和决定出口结构的基础[68]。王永齐（2004）构造了一个贸易结构测度指标，通过格兰杰因果关系检验和 VAR 模型估计中国的贸易结构与经济增长的关系[69]。周维（2005）分析了中国对外贸易结构的影响因素，并运用相关分析、多元线性回归模型以及乘数分析法对所选因素对中国对外贸易结构的影响做了实证分析[70]。魏浩、张二震等（2005）对 1997 年以来中国制成品出口比较优势和贸易结构做了实证分析[71]。安占然（2005）认为影响对外贸易结构的因素主要有：技术差距、要素禀赋差异、规模经济、产品差异[72]。孟振（2006）定性与定量结合分析了中国对外贸易结构变动的趋势与影响因素[73]。关大宇（2007）实证分析了中国出口商品结构，计算了出口商品相对比较优势指数、结构变动指数和结构收益指数，从定性和定量两个角度归纳了决定中国出口商品结构的各个因素[74]。

中国对外贸易结构转化、调整、优化的策略研究：赵晋平（1998）在分析了 1978 年以来中国对外贸易结构的基础上对其调整提出了相应的对策[75]。李红艳（1999）着重分析了中国对外贸易结构战略调整的目标和政策[76]。赵晓晨（1998）在分析了世界贸易结构变化趋势的基础上提出了中国对外贸易商品结构动态调整的方向[77]。贺敏（2002）实证分析了中国对外贸易结构高度化的主要特征、原因、效应，提出了结构转换的依据、目标和路径[78]。张曙霄（2003）从中国对外贸易商品结构、对外贸易方式结构、对外贸易模式结构、外部区域结构、内部区域结构进行分析，提出了中国对外贸易结构的调整战略与对策[79]。金哲松（2003）认为中国仍须立足于自己的现实比较优势，不可盲目追求出口商品结构的高度化[80]。张梅霞（2003）分析了科技水平对出口商品结构的影响，提出通过技术创新来优化出口商品结构[81]。傅钧文（2004）通过对贸易依存度的国际比较，指出中国存在贸易伙伴集中、出口产品的竞争优势集中、加工贸易产品出口集中、某些关键设备的零部件进口依存度大、石油以及其他资源的进口集中六方面的外贸结构性问题，并提出了应对策略[82]。缪晨刚（2005），从出口商品结构、贸易方式结构、贸易区域结构分析了广东对外贸易结构存在的突出问题，提出了在竞争优势的基础上调整贸易结构和产业结构的对策[83]。张亚斌（2006）在整合了各派比较优势理论的基础上提出了内生比较优势理论，指出中国对外贸易格局的转换必须基于比较优势的内生演进，整合先天比较优势与后天比较优势，实现各类优势的动态嫁接和空间重组，从而促进中国比较优势的内生演进与对外贸易结构的转换[84]。周松兰（2006）研究后发现中国出口商品结构整体竞争力仅世界第 13 位，提出了出口商品结构高度化的对策[85]。王艳杰（2007）分析了对外贸易与进出口商品结构优化、扩大内需与进出口商品结构优化，从以竞争优势理论为基础、调整进口商品结构、进一步扩大内需，形成内需型增长机制三方面提出新时期进出口商品结构优化对策[86]。吴静茹、薛瑞鑫（2007）研究了我国对外贸易结构可持续发展问题[87]。鲁晓东、李荣林（2007）研究了中国 1987—2005 年的贸易结构和比较优势及其变化[88]。徐梅（2008）研究了中日贸易结构，认为提升中国产业的整体竞争力，需要不断调整产业结构，增强产业的自主研发能力，提高产品的技术含量和质量标准[89]。

2. 木质林产品贸易的研究

（1）对世界木质林产品贸易的相关研究

王森（2000）介绍了主要木材进出口大国贸易额及其贸易流向，指出欧洲和亚洲是世界木材的主要进口地区，欧洲、北美洲和亚洲是主要出口地区。陈绪和、吴君琦（2004）分析了世界木材贸易大国木材的进出口情况，指出美国是世界上最大的木材产品进口国，也是世界第二大出口国，同时分析了木材贸易的前景和制约因素[90]。孙顶强、尹润生（2006）研究发现林产品贸易原先主要集中在欧洲、北美和日本，但由于俄罗斯和中国等在国际贸易中的份额越来越大，整个林产品国际贸易的格局已经发生了显著的变化[91]。李智勇等（2007）认为近年来全球林产品的贸易量迅猛增长，全球林产品贸易集中在亚太、北美和欧洲地区。除中国外，林产品贸易主要集中在美国、加拿大等经济发达国家[92]。刘艺卓、田志宏（2007）从总量特征、产品分布、地理分布以及主要林产品贸易国的贸易格局和区域贸易格局方面考察了世界林产品贸易格局[93]。

（2）对中国木质林产品贸易现状研究

缪东玲、韩革英（2004）系统分析了1981—2001年中国木质林产品贸易条件及其变化导致的贸易损益分析表明，与原木、刨花板、废纸、家具不同，锯材、单板、胶合板、纤维板、木制品、木浆及多数纸和纸制品等木质林产品净贸易条件和收入贸易条件在多数年份是改善的[94]。胡孙跃、向仕龙（2006）论述了废旧家具回收再利用的现状，循环利用技术以及新产品的开发[95]。田明华、赵晓妮（2006）认为我国已成为世界第二大木材进口国，大量进口木材在一定程度上加速了世界森林资源减少的趋势，因此中国承受着巨大的国际舆论压力。对世界和中国来说，中国大力发展人工用材林、走林业可持续发展之路，是双赢的必然选择[96]。程念、刘俊昌（2006）研究表明中国主要林产品前三大进口来源国是俄罗斯、印度尼西亚、马来西亚[97]。田园、宋维明、程宝栋（2006）以木质家具为分析视角，在概述其生产现状的基础上，分别从总量、结构和来源上重点分析了中国木质家具进出口贸易现状[98]。刘艺卓等（2006）利用产业内贸易指数对中国林产品产业内贸易水平和结构进行了测量和分析，研究发现中国林产品产业内贸易水平较低[99]。耿玉德、吴微（2007）认为目前林产品已成为当前中国最主要的进口商品之一，产品贸易基本上属于单向补缺型贸易，林产品进口数量大，进口依存度进一步上升，林产品进口品种、进口渠道多元化发展，林产品进出口贸易结构进一步优化[100]。查国莉、刘艺卓（2007）考察了中国林产品贸易的格局，结果表明：中国林产品贸易以进口为主，进出口集中度较高，贸易风险较大[101]。肖更生、邢协枚（2001）认为出口结构不合理是目前林产品贸易存在的主要问题之一。邵权熙、杨红强（2007）分析1993—2004年中国木质林产品产业内贸易的发展规律，明确了林产品产业内贸易程度的变化趋势等问题[102]。张寒、杨红强、聂影（2008）介绍了中国木质家具的贸易状况，利用GL指数、Bruelhart指数和IIT指数对中国木质家具的产业内贸易进行了测算。研究结果显示：中国木质家具贸易存在产业间贸易和产业内贸易2种模式；其中产业间贸易占主导地位，产业内贸易目前维持在很低水平；产业内贸易规模不断增加，发展速度很快[103]。张艳红（2009）认为2008年以来，人民币升值、美国次贷危机、林产品出口退税率降低使得中国主要木质林产品出口大幅降低[104]。吴柏海、张蕾、余涛（2009）认为中国在国际林产品贸易体系中占有重要地位，但是原木等资源很大程度上依赖进口[105]。管玉涛、吴微（2009）认为20世纪90年代以来，中国林产品需求大幅增加，森林资源的匮乏与林产品需求增加的供需矛盾使得林产品贸易已成为中国对外经济贸易的重要组成部分[106]。

（3）对木质林产品贸易比较优势和竞争力研究

杨红强（2000）从木材工业角度分析我国木材产品的竞争力。认为中国以低价原料支撑木材工业的时代已经结束，在国际比较中已不具有优势，强调木材加工业素质及整体水平是影响竞争力的关键。宋维明（2000）从我国森林资源的稀缺性分析，指出我国木材生产是建立在劣势资源的基础上的，认为将相对便宜的国际资源同国内相对便宜的劳动成本结合起来，也可以形成木材制成品生产和出口的相对优势[107]。程宝栋、宋维明（2003）通过显性比较优势指数和贸易竞争指数的计算，得出我国在胶合板、纸和纸板上具有显性比较优势，在家具上具有竞争优势，而在资源与资本密集型产品上比较劣势较大[108]。李富（2007）研究表明我国家具生产具有一定的比较优势，但还不具有国际贸易竞争优势[109]。张寒、聂影（2007）将中国木质家具的国际竞争力同它国进行显性比较，结果表明：中国木质家具出口额全球第一，有很强的比较优势和国际竞争力，但其专业化分工水平不高，难以形成规模经济，产业内贸易水平极低[110]。

3. 研究现状的简要评述

对于贸易结构的研究，有国家与国家间的贸易结构研究；有我国与东盟、欧盟区域之间的贸易结构研究；有某省外贸结构的研究；有某类商品对外贸易结构的研究等等，颇为丰富。对于木质林产品贸易相关问题的研究从国际或者我国自身的多种角度入手，涉及木质林产品贸易的多个方面，在已有的研究中不乏有运用各种各样的数学模型作为研究手段，但已有研究也存在以下不足：

（1）前人的研究注意到了出口贸易结构的重要性，但仍停留在出口贸易结构的存在上。一国或地区的出口贸易结构到底是如何形成的？前人在研究中并未很好地重视，并没有揭示出口贸易结构形成以及变化背后的深层次原因。

（2）前人对出口贸易结构的影响因素研究，有外商投资对出口贸易结构的影响研究，有人民币汇率变动对出口贸易结构的影响研究，但只是就某一因素分析了对出口贸易结构的影响，缺乏从商品结构、模式结构、市场结构角度系统分析出口贸易结构的影响因素，对具体某类产品的出口贸易结构的影响因素的系统研究更是罕见。对木质林产品贸易影响因素的分析方法较为单一。当前对我国木质林产品贸易的影响因素的分析主要是定性分析，缺少定量化的分析作为支撑，使得论证不够有力。

（3）前人研究有对贸易结构与外贸安全关系的研究，但也仅停留在定性分析表面，缺乏实证研究。缺乏对贸易结构的风险分析，以及基于外贸安全角度的贸易结构优化的对策研究。

（4）前人对贸易结构的研究有对中国总体贸易结构的研究、区域贸易结构的研究、在单类商品的研究中，农产品的双边贸易结构的研究颇多，木质林产品贸易结构研究很缺乏。

（5）在目前已有的研究中所涉及的木质林产品范围各不相同，各个研究的研究对象之间互有交集，但又很少有完全一致的。因而导致各个研究相互之间的联系性与可比性都非常弱。

（6）前人有对具体某种木质林产品的竞争力的研究，有分散的体现竞争力指标的研究，但缺乏木质林产品综合竞争力的国际比较研究。

（7）前人有对中国木质林产品贸易进出口规模、商品结构、贸易地理方向等研究，但很多只是基于数据的简单分析，缺乏对进出口规模相互之间关系、影响贸易规模的因素、商品结构对竞争力、商品结构对林业经济增长、商品结构对贸易条件、进出口市场匹配性、结构风险预警和预测的研究。

四、研究对象、方法、内容和技术路线

1. 研究对象

（1）木质林产品范围的界定。林产品涉及范围比较广，所包括的种类繁多、品种多样，世界各国对其定义也不尽相同，目前在林产品贸易研究中存在产品统计口径不一致的问题，不同的统计口径所包括的产品种类范围不一样。《中国林业统计年鉴（2000）》所附的《进出口主要林产品》将林产品分为非木质林产品和木质林产品。非木质林产品主要包括苗木类，菌、竹笋、山菜类，果类，茶、咖啡类，调料、药材、补品类，林化产品，竹藤软木类。木质林产品主要包括原木类，锯材类，单板类，胶合板，纤维板，刨花板，木制品，纸类，家具类，其他[111]。

为了保持资料可比，本文参考了 FAO 分类和《海关统计年鉴》、《中国林业

发展报告》、《中国林业统计年鉴》的统计口径，将木质林产品界定为原木、其他原材、锯材、人造板、木制品、木家具、木浆、纸和纸制品八大类。具体 HS 代码：原木：4403，包括针叶原木和非针叶原木；其他原材：4401、4402、4404、4405，包括非工业用原材、工业用原材、杂项原材；锯材：4406、4407，包括特种锯材（枕木）、普通锯材，以上三大类在本文中统称为资源密集型木质林产品。人造板：4408、4409、4410、4411、4412、4413，包括单板、刨花板、纤维板、胶合板；木制品：4414、4415、4416、4417、4418、4419、4420、4421，包括木制画框、木制包装容器、木制大桶、木制工具、建筑用木制品、木制餐具、其他木制品；木家具：94016100、94016900、94033000、94034000、94035010、94035091、94035099、94036010、94036091、94036099，包括木制坐具、办公用木家具、厨房用木家具、红木制卧室用木家具、漆木家具、其他卧室用木家具、红木制其他家具、漆木其他家具、其他家具，以上三大类在本文中统称为劳动密集型木质林产品。木浆：4701、4702、4703、4704、4705、4706，包括机械木浆、化学木浆，溶解级、烧碱或硫酸盐化浆，除溶解级、亚硫酸盐化浆，溶解级除外、半化学木浆、其他纤维素浆；纸和纸制品：4707、48（出口数量×0.3、出口金额×0.4；进口数量×0.8、进口金额×0.8）、49（出口数量×0.3、出口金额×0.3；进口数量×0.9、进口金额×0.9），包括回收（废碎）纸，纸板、纸和纸制品、纸制印刷品，以上木浆、纸和纸制品在本文中统称为资本技术密集型木质林产品。以上木质林产品除去部分纸制品、木制品和家具后，与 FAO 定义的林产品范围一致。这一口径包含的内容比较全面，被国家林业局等国内大多数林业部门以及姚昌恬（2002）、缈东玲（2004）、田红娜（2004）、宋艳艳（2004）、王自生（2008）等许多研究者所采用[112]。本文 1992—2007 年中国和各国（地区）的各类木质林产品的进出口数量、进出口金额，都来自联合国 COMTRADE 数据库，大部分是根据贸易数据计算整理的结果。

（2）出口贸易结构的界定。张曙霄（2002）提出对外贸易结构指构成对外贸易活动的要素之间的比例关系及其相互关系，主要包括对外贸易商品结构、对外贸易区域结构、对外贸易方式结构。对外贸易按照商品流向不同分为出口贸易和进口贸易，本文将研究对象界定为出口贸易结构。出口贸易结构的研究包括范围也很广，包括出口贸易商品结构的研究，也就是各类商品出口的比例关系的研究；出口贸易区域结构的研究，具体也可分为外部区域结构和内部区域结构的研究；出口贸易方式结构的研究，具体包括一般贸易、加工贸易、其他贸易所占比例；出口贸易模式结构研究，具体分为产业间贸易和产业内贸易水平的研究等等。本文围绕出口商品结构、出口市场结构、出口模式结构三种主要的出口贸易结构形式通过实证分析研究中国木质林产品的出口贸易结构。

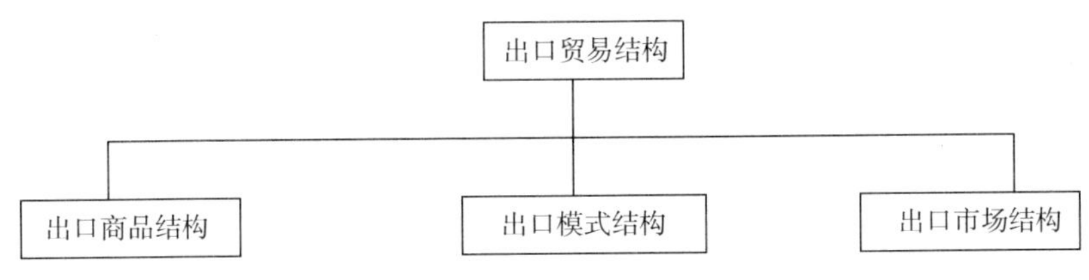

图 1 本文出口贸易结构的界定

2. 研究方法

（1）采用综述法、比较归纳法、图形分析法总结和评述了古典贸易理论、新古典贸易理论、新贸易理论、新兴古典贸易理论与出口贸易结构的决定，为本文的研究作了理论铺垫。

（2）采用历史数据分析法分析了中国木质林产品进出口贸易规模、进出口商品结构、进出口市场结构，并利用图形分析法的直观优势分析了进出口贸易结构的变化情况。

（3）采用定性与定量分析结合的方法，运用国际贸易学、制度经济学、环境经济学等原理对出口贸易结构的决定、木质林产品出口商品结构形成机理进行定性分析；运用多种方法和模型对贸易规模、贸易竞争力、出口商品结构、出口市场结构、出口模式结构进行了定量分析。

（4）系统分析方法。基于功效系数法对中国木质林产品出口贸易结构进行了风险预警。基于 BP 神经网络法，以出口结构指标为输入变量构建了出口规模风险预测模型。

（5）实证分析方法。运用 Granger 因果关系检验、多元回归模型、ADF 单位根检验、Johansen 协整关系检验、误差修正模型（ECM）、引力模型、主成分分析法、斯皮尔曼秩相关系数法、CMS 模型分析法对出口贸易结构进行了实证分析。

3. 研究内容和技术路线

（1）研究内容

本文主要是对中国木质林产品出口贸易结构进行实证研究，具体研究内容包括：

第一部分：理论铺垫。系统分析总结了古典贸易理论、新古典贸易理论、新贸易理论、新兴古典贸易理论的出口贸易结构的决定。具体分析了绝对优势理论与出口贸易结构决定、比较优势理论与出口贸易结构决定、要素禀赋理论与出口贸易结构的决定、要素密集度逆转与出口贸易结构决定、贸易扭曲与出口贸易结构的决定、罗勃津斯定理与出口贸易结构决定、运输成本与出口贸易结构的决定、产业内贸易理论与出口贸易结构的决定、相互倾销理论与出口贸易结构的决定、规模经济贸易理论与出口贸易结构的决定、产品周期理论与出口贸易结构的决定、技术差距理论与出口贸易结构的决定、代表性需求贸易理论与出口贸易结构的决定、要素的国际流动理论与出口贸易结构的决定、战略性贸易政策理论与出口贸易结构的决定、竞争优势理论与出口贸易结构的决定、新兴古典贸易理论与出口贸易结构的决定，系统分析了出口贸易结构形成的理论基础。

第二部分：实证研究。对中国木质林产品进出口总体规模、出口规模与进口规模的相关性、基于引力模型的出口规模影响因素与发展潜力、中国木质林产品出口竞争力、基于主成分分析的木质林产品国际竞争力比较进行实证分析；对中国木质林产品进出口商品结构、对中国木质林产品出口商品结构形成机理的实证分析；中国木质林产品出口商品结构指数分析、中国木质林产品出口商品结构与林业经济增长相关性、中国木质林产品出口结构与贸易竞争力相关性、中国木质林产品出口商品结构与贸易条件相关性；对中国木质林产品产业内贸易的测度与分析、中国木质林产品产业内贸易的类型、中国木质林产品产业内贸易影响因素进行实证分析；对中国木质林产品主要进出口市场、中国木质林产品进出口市场结构指数分析、中国与主要贸易伙伴的木质林产品贸易指数、基于 CMS 模型的中国木质林产品市场出口增长因素进行了实证分析。

第三部分：系统研究。基于功效分析法的中国木质林产品出口贸易结构风险预警、基于 BP 神经网络的中国木质林产品出口风险预测模型构建进行了系统研究。

第四部分：结论与对策。分析中国木质林产品出口贸易结构存在的问题及风险，提出出口贸易结构优化对策。

（2）技术路线

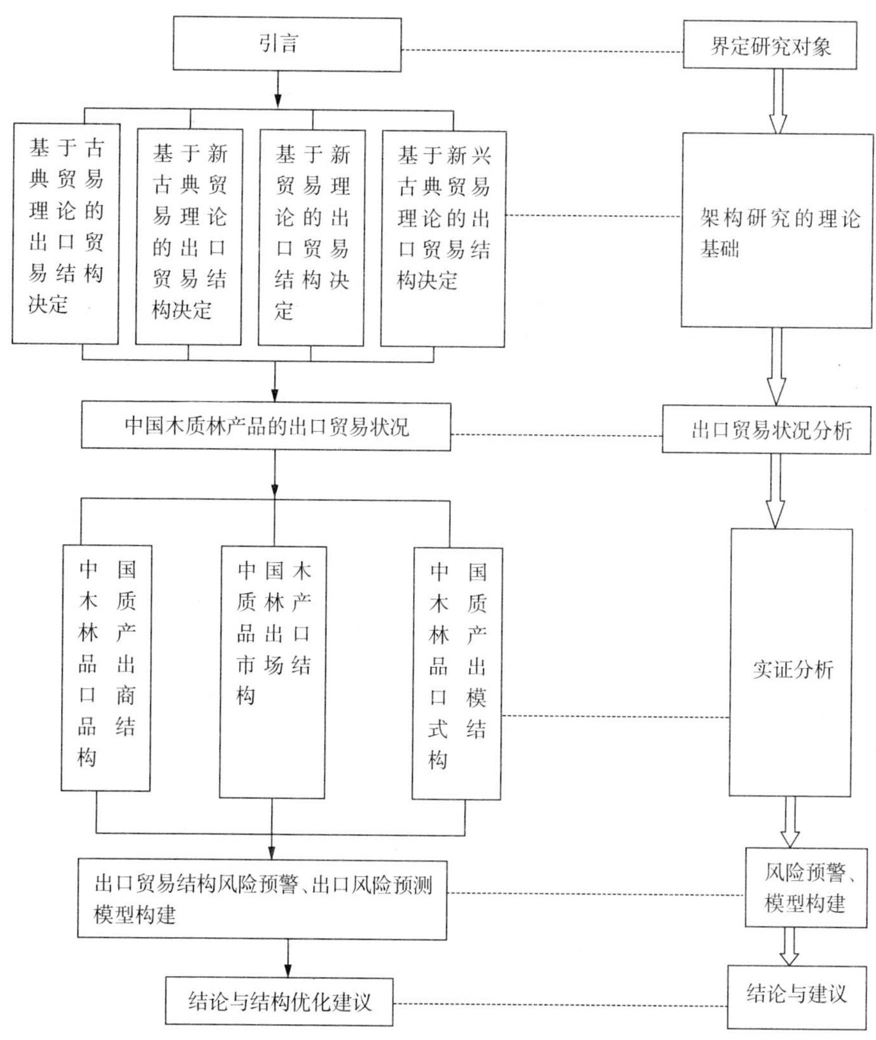

图 2　本论文研究的技术路线

五、可能的创新和不足

1. 可能的创新

（1）运用多种计量经济分析法从出口商品结构、出口模式结构、出口市场结构三方面探讨中国木质林产品出口结构的形成机理。用 Granger 因果关系检验、多元回归模型分析了中国木质林产品出口商品结构的形成机理；基于 2003—

2006 年面板数据实证分析了中国木质林产品产业内贸易影响因素；基于 CMS 模型分析了中国木质林产品出口市场增长的一般增长效应、产品结构效应、市场结构效应、竞争力效应、结构交叉效应。

（2）综合运用多种指标，模型实证分析中国木质林产品的出口贸易结构存在的风险性。基于劳伦斯指数、收益性结构变动指数、产品集中度指数、出口产品反应度指数、产品分散度指数实证分析了中国木质林产品出口商品结构存在的风险性；基于斯皮尔曼秩相关系数法分析了中国木质林产品出口市场结构的匹配性，市场反应度指数和市场分散度指数，分析出口市场结构存在的风险性；通过 ADF 单位根检验、Johansen 协整关系检验、Granger 因果关系检验、误差修正模型（ECM）分析了中国木质林产品出口与进口的关系，分析进口过于依赖可能导致产业安全受到威胁的风险；基于引力模型分析中国木质林产品出口规模影响因素与发展潜力，分析当前金融危机下，存在的出口风险；运用主成分分析法对 15 个主要木质林产品贸易国（地区）进行了综合国际竞争力比较，分析其存在竞争实力不强的风险。

（3）基于功效系数法对中国木质林产品出口贸易结构进行了风险预警；基于 BP 神经网络法，以出口结构的相关指标作为输入变量构建了出口风险预测模型。从出口商品结构、模式结构、市场结构三方面提出结构优化对策。

2. 不足之处

（1）联合国贸易统计数据库只提供了 1992—2007 年的进出口数据，基于很多实证分析需要时间序列相对长一点的考虑，文中部分模型选取了 1981—2007 年进出口数据，其中 1981—1991 年的数据来自其他资料，统计口径存在一定的误差。

（2）由于林业部门有些统计数据的不可得性，使得出口结构形成机理、产业内贸易的影响因素分析时变量的选取不能完全充分反应所有的影响因素。

（3）本文只分析了贸易的商品结构、市场结构、模式结构三种主要的结构，但贸易结构还有贸易方式结构、进出口主体结构、内部区域结构等，今后可以对这些方面作进一步深入研究，使得中国木质林产品贸易结构的研究更加全面。贸易结构的分析包括进口贸易结构和出口贸易结构，本文选择了对出口贸易结构进行实证分析，以后可以对木质林产品的进口贸易结构作进一步深入研究。

第二章　出口贸易结构研究的理论基础

一、基于古典贸易理论的出口贸易结构决定

最早分析出口贸易结构决定因素的理论是由英国古典经济学家在劳动价值学说基础上，建立的绝对优势理论和比较优势理论。

1. 绝对优势理论与出口贸易结构决定

（1）绝对优势理论

英国古典经济学家亚当. 斯密在批判重商主义贸易理论的基础上提出了生产分工理论，于 1776 年出版的《国富论》中提出了绝对优势理论（Theory of Absolute Advantage）。依据该理论，各国间的分工与贸易是基于各国间存在的劳动生产率和生产成本的绝对差别，决定出口贸易结构的主要因素是生产技术绝对不同。根据绝对优势贸易理论，各国应该专业化生产并出口具有“绝对优势”的产品，同时进口那些其贸易伙伴具有绝对优势的商品[113]。贸易并不是一种零和博弈，而是一种对贸易双方均有好处的互利行为。各国以各自具有绝对优势的产品进行贸易，出口贸易结构才能得以优化。

绝对优势理论假设两个国家和两种可贸易产品、两种产品的生产都只有劳动一种要素投入、两国存在劳动生产率上的绝对差异、规模报酬不变、完全竞争市场、无运输成本、两国之间的贸易是平衡的。

在上述假设的基础上，本国和外国的产量分别为：

$$Q_1=\alpha_1 L_1,\ Q_2=\alpha_2 L_2,\ Q_1^*=\alpha_1^* L_1^*,\ Q_2^*=\alpha_2^* L_2^* \tag{2.1}$$

其中：Q_1、Q_2、Q_1^*、Q_2^* 分别表示本国和外国 1、2 两种商品的产量，L_1、L_2、L_1^*、L_2^* 表示劳动投入量，α_1、α_2、α_1^*、α_2^* 分别表示本国和外国 1、2 两种商品的边际产量。

假设分工前，劳动投入量相等，当 $L_1=L_1^*=1$ 时，$Q_1=\alpha_1 L_1>Q_1^*=\alpha_1^* L_1^*$，即 $\alpha_1>\alpha_1^*$，表明本国在分工前生产 1 商品的边际产量大于外国，具有绝对优势；

同样，如果 $L_2=L_2^*=1$ 时，$Q_2=\alpha_2 L_2<Q_2^*=\alpha_2^* L_2^*$，即 $\alpha_2<\alpha_2^*$，表明外国在分工前生产 2 产品具有绝对优势。

按照绝对优势分工，本国专门生产 1 商品，外国专门生产 2 商品，则在投入的劳动要素不变情况下，1 的产量是 $Q=\alpha_1(L_1+L_2)=2\alpha_1$，分工前的产量是 $Q_1+Q_1^*=\alpha_1 L_1+\alpha_1^* L_1^*=\alpha_1+\alpha_1^*<2\alpha_1$，即分工后 1 商品的产量超过分工前 1 商品的产量。同理，分工后外国专门从事 2 商品的生产，产量超过分工前两国 2 商品产量之和。分工后，本国出口 1 商品，用于交换外国的 2 商品。[114]

（2）绝对优势理论在解释出口贸易结构时的局限性

绝对优势理论批判了重商主义的基本观点，第一次从生产领域阐述了国际贸易的基本原因，具有开创性意义。但斯密的绝对优势理论不能解释现实中所有国家之间国际贸易的基础和结构，该理论一个重要前提是贸易双方至少拥有一种绝对优势产品，但发展中国家的实际情况可能是所有产品的生产与发达国家相比都是落后的，都处于绝对不利的地位。按照斯密观点，落后国家将不出口任何产品，那显然是与事实相违背的，不出口任何产品也就没有能力来支付进口产品，国际贸易也就不能发生。

2. 比较优势理论与出口贸易结构决定

（1）比较优势理论

大卫·李嘉图（David Richardo）发展了斯密的观点，在 1817 年出版的《政治经济学与赋税原理》一书中提出了比较优势理论（Theory of Comparative Advantage)。大卫．李嘉图证明了无论各国是否具有绝对优势，都存在着使双方都获益的贸易基础，他的著名模型表明了英国的布匹与葡萄牙的葡萄酒之间贸易的收益，他假设葡萄牙在酿酒和生产布匹两个方面都更有效率，但在酿酒方面尤为有效率[115]。用简单的图形可以表述比较成本理论，用 x 表示布匹的数量，用 y 表示葡萄酒的数量，假设国家 1，给定劳动量 L_1，其可获得布匹的数量就是 $x=(1/a_1)L_1$，a_1 为生产单位布匹的成本，同样，可得 $y=(1/b_1)L_1$，b_1 为生产单位葡萄酒的成本。用 y 除以 x，可得：

$$\frac{y}{x}=\frac{\frac{1}{b_1}L_1}{\frac{1}{a_1}L_1}=\frac{a_1}{b_1} \tag{2.2}$$

因此，$y=\frac{a_1}{b_1}x$，$\frac{a_1}{b_1}$是比较成本，它表示两种商品交换的比率。同理，对于国家 2，可得 $y=\frac{a_2}{b_2}x$。

可表示为图中的两条直线，当两条直线不重合时，比较成本存在着差异，国际贸易就会发生。当如图中所示时，国家 1 会专业生产 x，国家 2 会专业生产 y。

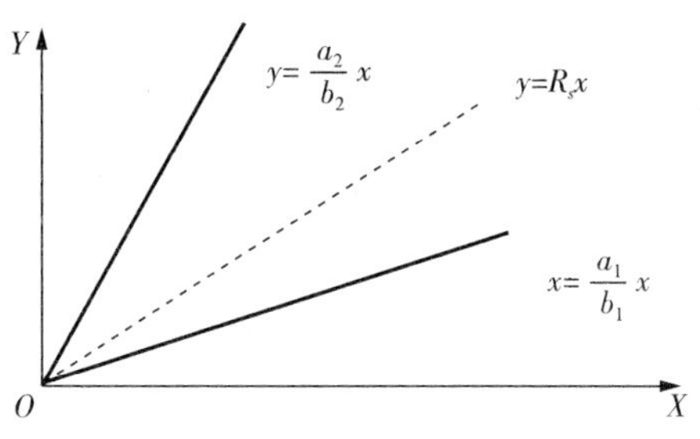

图 3　比较成本的图示

比较优势理论认为：一国应该多生产并出口那些本国相对来说更有生产效率的产品，以换取那些本国最不具有相对优势的产品，贸易并不是一个此之所得即为彼之所失的零和游戏[116]。“两利相权取其重，两弊相权取其轻”，从而使外贸结构优化。一国的出口贸易结构由比较优势决定，决定出口贸易结构的主要因素是生产技术相对不同。

（2）比较优势在解释出口贸易结构时的局限性

比较优势理论比绝对优势理论更全面，更科学地剖析了出口贸易结构形成的原因。但比较优势理论并不能彻底解释出口贸易结构形成的根本原因。李嘉图模型假设仅有劳动一种生产要素，产生比较优势的唯一原因就是各国之间劳动生产率的差异，然而现实中，比较优势不仅取决于劳动生产率差异，还取决于资本、土地、矿产资源等生产要素。发展中国家相对技术水平落后，其出口商品往往集中于劳动密集型和资源密集型产品，长期过度依赖建立在低级要素上的比较优势，会使发展中国家陷入单一的产品结构和畸形的经济结构，容易陷入“比较优势陷阱”[117]，出现“贫困化增长”的尴尬局面，发展中国家的出口贸易结构优化无从谈起。

二、基于新古典贸易理论的出口贸易结构决定

1. 要素禀赋理论与出口贸易结构的决定

（1）要素禀赋理论

李嘉图模型凸显出各国技术差异来作为贸易的基础，而赫克歇尔—俄林模型

关注的则是各国间相对要素禀赋的差异和商品消耗要素的强度差异，这个模型为出口贸易结构的决定提供了另一种解释。[118]

赫克歇尔和俄林克服了斯密和李嘉图贸易模型中的某些局限性，共同创立了要素禀赋理论（The Theory of Factor Proportions），提出要素禀赋是产生比较优势的原因。按照要素禀赋理论，各国的要素禀赋条件的差异和各种商品的不同的生产技术系数是国际贸易中各国具有各自的比较优势的基本原因，是国际贸易及其结构形成的决定因素。换言之，劳动相对丰裕的国家的劳动报酬相对便宜，从而该国劳动密集型产业的生产成本相对便宜；资本相对丰裕的国家的资本报酬相对便宜，从而多使用资本的资本密集型产业的生产成本相对便宜。由此就会产生要素禀赋条件不同的国家之间的比较成本差异。要素禀赋理论认为，一国应当分工生产并出口该国相对丰裕和便宜的要素密集型的商品，进口该国相对稀缺和昂贵的要素密集型的商品。因此，在技术不变的情况下，资本充裕的国家必然在资本密集型产品的生产上具有比较优势，劳动充裕的国家必然在劳动密集型产品的生产上具有比较优势，如果两国发生贸易，资本充裕的国家应该生产并出口资本密集型产品，进口劳动密集型产品；劳动充裕的国家应该生产并出口劳动密集型产品，进口资本密集型产品。决定出口贸易结构的主要因素是资源禀赋不同。

以 p_1、a_1、w、b_1、R 表示本国的生产成本，劳动投入量，工资水平，资本投入量和利息率，则商品 1 的生产满足：

$$p_1=a_1w+b_1R=a_1R\ (w/R+b_1/a_1)\ =a_1R\ (\omega+\kappa_1) \tag{2.3}$$

ω 代表要素价格比率，κ 代表要素密集度。

同理，
$$p_2=a_2R\ (w/R+b_2/a_2)\ =a_2R\ (\omega+\kappa_2) \tag{2.4}$$

则
$$(p_1/p_2)\ =\ (a_1/a_2)\ (\omega+\kappa_1)\ /\ (\omega+\kappa_2) \tag{2.5}$$

同理，外国的两种商品比较成本之比为：

$$(p_1^*/p_2^*)\ =\ (a_1^*/a_2^*)\ (\omega^*+\kappa_1)\ /\ (\omega^*+\kappa_2) \tag{2.6}$$

赫克歇尔—俄林贸易模型基本假设是各国的生产技术相同，即外国的资本劳动比率等同于本国的资本劳动比率，即

$$(a_1^*/a_2^*)\ =\ (a_1/a_2) \tag{2.7}$$

则$(p_1/p_2)\ -\ (p_1^*/p_2^*)$

$$=\ (a_1/a_2)\ [\ (\omega+\kappa_1)\ /\ (\omega+\kappa_2)\ -\ (\omega^*+\kappa_1)\ /\ (\omega^*+\kappa_2)]$$

$$=(a_1/a_2)\left[(\kappa_1-\kappa_2)(\omega^*-\omega)/(\omega+\kappa_2)(\omega^*+\kappa_2)\right] \quad (2.8)$$

假设外国是资本丰裕国家，则 $\omega^*>\omega$，假设商品 1 的生产部门为资本密集型产业，则 $\kappa_1>\kappa_2$，则 $(p_1/p_2)>(p_1^*/p_2^*)$，说明外国在生产商品 1 上具有比较优势，即资本充裕国家生产并出口资本密集型产品，同理可得劳动相对充裕国家应当生产并出口劳动密集型产品。

（2）要素禀赋论决定出口贸易结构时的局限性

要素禀赋论突破了单纯从技术差异的角度解释国际贸易的原因、结构和结果的局限，但“里昂惕夫之谜”的提出使该理论的普遍适用性受到了质疑。同时，根据该理论，各国之间在要素禀赋上的差异越大，比较优势发挥的余地越大，因此国际间的贸易应该主要发生在要素结构不同的国家，但这无法说明二战后国际贸易中约有 3/4 以上是发生在发达国家之间的产业内贸易，而不是基于要素禀赋差异的产业间贸易。依据该理论：各国应当充分利用现有资源，以便从国际贸易中获利。发展中国家劳动力资源丰富，生产出口其劳动密集型产品；发达国家资本、技术资源丰富，则生产出口资本、技术密集型产品，发展中国家如果过分依赖低级要素禀赋优势，出口贸易结构很难优化[119]。

2. 里昂惕夫之谜及其解释与出口贸易结构决定

按照赫克歇尔—俄林理论，美国是一个资本充裕的国家，美国应该出口资本密集型产品、进口劳动密集型产品，里昂惕夫用美国 1947 年进出口行业所用的资本存量与工人人数数据来检验，得出结论：美国之参加国际分工是建立在劳动密集型生产专业化基础上，而不是建立在资本密集型生产专业化基础上。[120]也就是说美国向世界其他国家出口的是劳动密集型产品，进口的是相对资本密集的产品。这一结论似乎与赫克歇尔—俄林理论相违背。

（1）要素密集度逆转与出口贸易结构决定

不同国家生产要素间的替代弹性可能互不相同，一种商品可能在劳动充裕国家是劳动密集型产品，在资本充裕国家是资本密集型产品，例如，美国由于资本充裕而劳动相对稀缺，资本便宜而劳动力昂贵，在玩具制造过程中会使用更多的资本而非劳动，这样，玩具在劳动力便宜的国家是劳动密集型产品，而在美国是资本密集型产品。

曲线表示钢铁和棉布的等产量曲线，在相对要素价格为 $(w/r)_1$ 时，生产 1 单位钢铁所用的资本劳动比 (K/L) 如 C 点所示，生产 1 单位棉布所用的资本劳动比（K/L）如 D 点所示，钢铁为资本密集型产品，棉布为劳动密集型产品。在相对要素价格为（w/r）$_2$时，生产 1 单位钢铁所用的资本劳动比（K/L）如 B 点所示，生产 1 单位棉布所用的资本劳动比（K/L）如 A 点所示，此时，钢铁变为劳动密集型产品，棉布成为资本密集型产品，出现要素密集度逆转情形。[121]

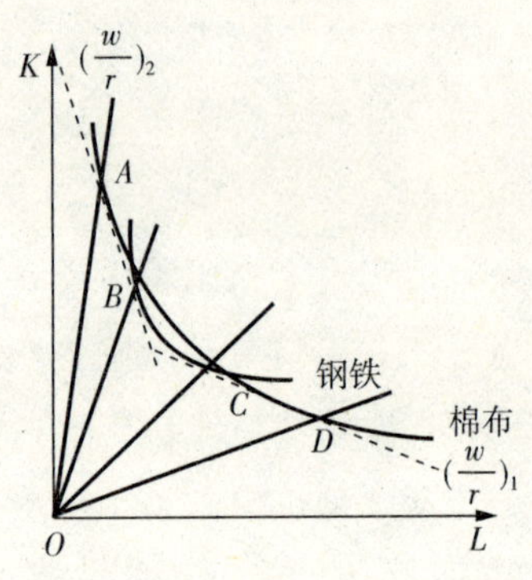

图 4　要素密集度逆转的图示

（2）贸易扭曲与出口贸易结构的决定

在赫克歇尔—俄林理论模型中，贸易在自由状态下进行，而在现实贸易中却存在贸易保护现象，在战后初期，对于美国来说，保护程度较高的是劳动密集型商品。克莱维斯 1956 年的一项研究指出，美国进口中的劳动密集型商品要比劳动密集度低的商品受到更高的进口壁垒的限制。[122]关税、进口配额、出口补贴、出口退税都会调节出口商品结构。

（3）罗勃津斯定理与出口贸易结构决定

在商品相对价格不变的情况下，某种生产要素的增长会使密集使用该要素的商品生产扩大，导致这种产品产出的绝对量增加，使密集使用其他要素的商品生

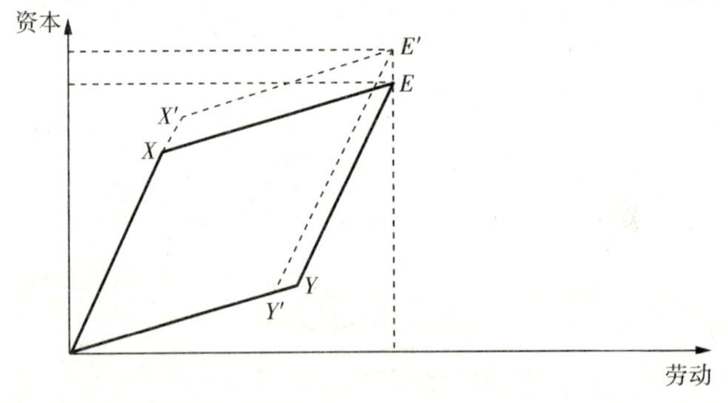

图 5　要素增长与贸易规模的图示

产缩小。该定理表明，要素禀赋的变化决定着资源配置的变化，影响着产业结构的调整，改变着出口贸易结构。E 表示要素变化前的要素禀赋点，OX、OY 的斜率分别表示均衡时 X、Y 两个部门的要素使用比例。X 为资本密集型产品，Y 为劳动密集型产品。OX、OY 分别表示两个部门的产出水平。假设资本增加，劳动不变，则要素禀赋点由 E 变为 E'，在商品相对价格不变的情况下，X、Y 两个部

门要素使用比例保持不变，X、Y 两个部门产出水平变为 OX'，OY'，可见，X 部门产出增加了，而 Y 部门的产出则减少了。[123]

（4）运输成本与出口贸易结构的决定

H－O 理论和古典贸易理论都没有考虑运输成本，实际上，一种商品只有在两国的差价大于运输成本的前提下才可能参与国际贸易，否则，这种商品会成为非贸易品。运输成本的存在虽然不影响两国的贸易基础和结构，但会将降低贸易的总水平和生产的专业化程度。[124]

三、基于新贸易理论的出口贸易结构决定

1. 产业内贸易理论与出口贸易结构的决定

新贸易理论相对于传统贸易理论，更能解释贸易现实。传统贸易理论认为国家与国家之间的贸易是基于技术的差异或者资源禀赋的差异基础上建立起来的比较优势，各国之间的贸易主要是不同产品之间的贸易，即“产业间贸易”。但战后出现同一行业既有进口又有出口的贸易模式，称为“产业内贸易”，这是传统贸易理论所无法解释的。原因是传统的贸易理论的假设前提是完全竞争的市场结构、不变的技术水平及不存在规模经济，然而完全竞争的市场结构在现实中是不存在的，规模经济却随着经济环境的改善、技术水平的提高而无处不在。建立在规模报酬递增和市场不完全竞争的假定条件之上的产业内贸易理论更符合现实。

基于规模经济的产业内贸易可以促进出口贸易结构的调整，产业内贸易体现的国际分工形式更高级，是出口贸易结构优化的根源。产业间贸易主要是建立在自然资源、要素禀赋的基础之上的，以追求静态分工利益为目标，而产业内贸易带来的更多的是动态利益，产业内贸易可以使市场扩大，使生产者获得更大的规模效应[125]。

2. 相互倾销理论与出口贸易结构的决定

詹母斯·布兰德和克鲁格曼在其著名的论文《国际贸易的相互倾销模型》（1983 年）中指出，寡头垄断厂商为实现企业利润最大化，将增加的产品产量以低于本国市场的价格销往国外市场[126]。在相互倾销理论中，国际贸易的结构不是完全由要素禀赋决定，各国开展对外贸易的原因在于垄断或寡头垄断企业的市场销售战略，相互倾销理论使国际贸易的结构更加不确定。

3. 规模经济贸易理论与出口贸易结构的决定

从斯密到赫克歇尔一俄林，都假设产品的规模报酬不变，即产出的增长或下

降与要素投入的增长或下降的幅度是一样的。克鲁格曼建立了规模经济和垄断竞争贸易模型，模型中假设企业是具有内部规模经济的，市场结构不再是完全竞争，而是垄断竞争的，这一模型有效地解释了现实中的国际贸易。按照规模经济理论，决定出口贸易结构的主要因素是生产规模不同。克鲁格曼指出："即使在缺少技术、资源及偏好等方面差异的情况下，规模经济也可以引导各国展开专业化分工和贸易。"[127]

4. 产品周期理论与出口贸易结构的决定

产品生命周期理论（Products Life Cycle Theory）是由美国经济学家费农（Raymond Vernon）于 1966 年在其《产品生命周期中的国际投资与国际贸易》一文中首先提出的[128]。费农从产品的技术创新的角度对工业先进国和落后国之间的产业结构调整和比较优势变化进而出口贸易结构变化作了论述，依据该理论，决定出口贸易结构的主要因素是生产技术的不同阶段。在产品生产的第一阶段，产品属于科技知识密集型产品，创新国家拥有新产品生产的比较优势，生产并出口该产品。第二阶段技术成熟以后，产品从知识密集型变成技能密集型或资本密集型，资本和熟练工人充裕的国家具有比较优势，生产并出口该商品。产品生产的第三阶段，劳动力成为决定产品是否有比较优势的主要因素，劳动力要素充裕的国家成为主要生产和出口国。

5. 技术差距理论与出口贸易结构

美国经济学家波斯纳（M. A. Posner）认为，各国或地区技术水平的差异，即技术差距是国际贸易中比较优势甚至垄断优势形成的重要原因。技术差距理论（Technological Gap Theory）把国家间的贸易和技术差距的存在联系起来，认为当一国通过技术创新研究开发出新产品后，它可凭借这种由技术差距形成的比较优势向其他国家出口这种产品，这种技术差距将持续到外国通过进口此新产品或技术合作等方式逐渐掌握该先进技术，能够模仿生产从而减少进口后才逐步消失，技术差距论以不同国家之间的技术差距为分析前提，认为技术差距和模仿时滞决定了现实国际贸易格局[129]。技术差距理论证明了，即使在要素禀赋和需求偏好相似的国家间，技术领先也会形成比较优势，影响一个国家的出口商品结构。

6. 代表性需求贸易理论与出口贸易结构

"恩格尔法则"说明经济的不断增长会改变消费结构。瑞典经济学家林德认为，每个国家都存在一个代表性的需求水平，由于收入水平的差异，其需求水平也必然有差异。代表性需求贸易理论表明，在消费品的生产上，规模经济容易在各国代表性需求的产品生产上形成，收入水平比较接近的国家，相互间的贸易较多。林德认为收入变动是引起需求变动的主要因素，随着一国人均收入的提高，对工业消费品特别是奢侈品的需求增加，本国生产者会扩大生产，供给超过一国需求时，开始出口，只有与之收入相近的国家才会有需求。两国需求结构越相似，它们之间的潜在贸易程度就越深[130]。

7. 要素的国际流动理论与出口贸易结构

传统贸易理论中一般都假定生产要素在国际间不流动，但在现实中，生产要素在各国间可以流动，对出口贸易结构产生影响。劳动力的自由流动会改变一国的资源配置，假定劳动要素可以自由流动，那么劳动力将从工资率较低的 A 国流向工资率较高的 B 国。A 国劳动力的减少将使得劳动密集型产品生产减少，而资本密集型产品生产相对增加。A 国的生产可能性曲线向内收缩，但劳动密集型产品一端的收缩较大，劳动密集型产品的生产从 t_0 减少到 t_1，资本密集型产品的产量从 a_0 增加到 a_1，A 国劳动密集型产品的出口减少，资本密集型产品的进口也下降。B 国劳动力供给的增加使劳动密集型产品的生产增加，而资本密集型产品的生产相对减少，其生产可能性曲线向外扩张，劳动密集型产品一端的扩张较大，劳动密集型产品生产从 T_0 增加到 T_1，资本密集型产品产量从 A_0 降到 A_1。B 国劳动密集型产品进口减少，资本密集型产品出口下降[131]。

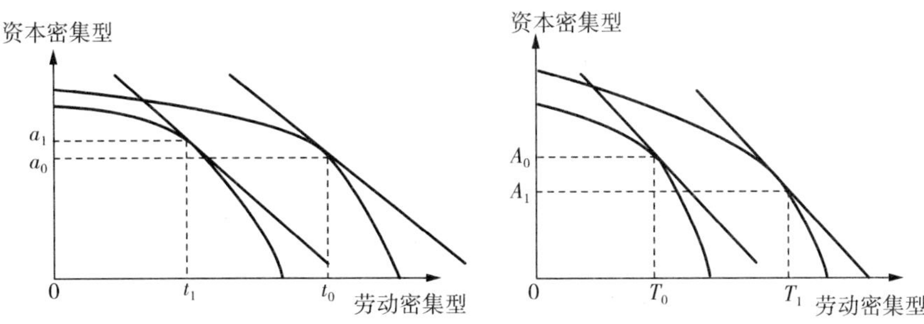

图 6　要素流动与出口贸易结构变化的图示

资本的国际流动对资本密集型产品的国际贸易也有替代作用，美国的罗伯特·蒙代尔（Mundell，1957）是最早研究国际贸易与要素流动之间关系的，他在赫克歇尔－俄林模型的基础上，得出国际贸易与要素流动之间是替代关系的结论[132]。马库森（Markuson，1983）改变了赫克歇尔-俄林模型中两国技术相同的假设条件，结果发现国际贸易与要素流动之间不仅存在替代性而且还存在互补性[133]。默瑞·坎姆（Kemp，1966）[134]，罗纳德·琼斯（Jones，1967）[135]，道格拉斯·普尔维斯（Purvis，1972）[136]，拉斯·斯文申（Svensson，1984）[137]在考虑国家间的技术差异后，发现要素的国际流动会促进出口贸易结构的改变。

8. 战略性贸易政策理论与出口贸易结构的决定

战略性贸易政策理论（Strategic Trade Policy Theory）是 20 世纪 70 年代末、80 年代初，加拿大不列颠哥伦比亚大学教授（James Grander）和斯潘塞（Spencer）以及美国斯坦福大学教授克鲁格曼等人在分析和论述了不完全竞争市场和规模经济条件下的国际经济与贸易格局及其原因后提出的。依据该理论，一国若想改变其对外贸易结构，便应选定一些对经济发展具有战略意义、能产生显著外部经济的战略性产业予以必要的扶持，通过产业政策和贸易政策的结合，提高该产业及其产品的国际竞争力。如图 7，F_0G_0是一国的生产可能性曲线，P_0是相对价格，该国在劳动密集型商品上具有优势，出口量为 A_0E_0，而在资本技术密集型商品上具有比较劣势，需要进口，进口量为 E_0C_0。在这种状态下，如果该国实施战略性贸易政策，对资本技术密集型产业采取扶持政策，新的生产可能性曲线由 F_0G_0移至 F_1G_1，假定相对价格不变，即 $P_1=P_0$，P_1与另一条无差异曲线相切于 C_1点，此时的比较优势及贸易结构发生了转换。该国在劳动密集型产品上由比较优势转为比较劣势，由出口国转为进口国，进口量为 C_1E_1，而在资本技术密集型产品上则由比较劣势转为比较优势，由进口国转为出口国，出口量为 E_1A_1。[138]

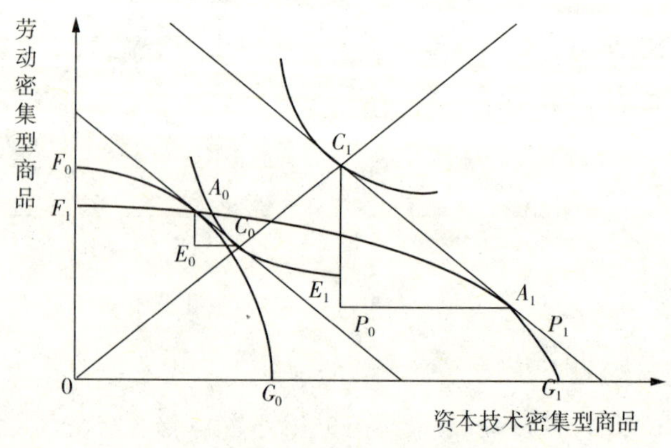

图 7　战略性贸易政策与出口贸易结构变化

9. 竞争优势理论与出口贸易结构的决定

迈克尔·波特的《竞争战略》(1980 年)、《竞争优势》(1985 年)、《国家竞争优势》(1990 年) 三部曲系统地提出了竞争优势理论。波特认为国家竞争优势取决于产业竞争优势，而产业竞争优势又决定了企业竞争战略，企业竞争战略会影响出口商品竞争力，影响出口贸易结构。波特认为一国竞争优势的决定因素包括生产要素、需求条件、相关产业和支持产业、企业战略、结构和竞争对手，并由此提出了产业国际竞争力的国家钻石模型。一国的外贸商品是否具有竞争力，关键在于产业是否具有竞争力[139]。

比较优势和竞争优势两者之间在内容上相互融合和渗透。竞争优势可以主动地创造出比较优势，比较优势也可动态地转化为竞争优势，顺比较优势的竞争方式和发展战略有利于提升一国产业的竞争力，顺利地实现产业演进和经济发展。竞争优势对于优化一国现存的出口贸易结构有着重要意义。改善出口贸易结构，积极参与国际分工，资源禀赋基本要素固然重要，但高级要素这一后天优势的决定作用越来越明显。出口贸易结构不仅是量上的问题，更重要的是一个质上的要求。

四、基于新兴古典贸易理论的出口贸易结构决定

杨小凯以内生比较优势为基础，重新阐释了绝对优势、比较优势等贸易理论中的核心概念，运用新兴古典经济学框架中的超边际分析方法，引入交易费用，对贸易问题进行重新解释，形成了新兴古典贸易理论。新兴古典贸易理论认为，交易效率和内生比较优势对国际贸易结构的决定有着重要影响。杨小凯认为分工能带来生产力的提高，但市场分工意味着有交易发生，交易必然有交易费用产生，当分工的好处大于交易费用时，贸易发生，反之，交易费用大于分工产生的好处时，贸易就不可行。成文利、萨克斯和杨小凯 (Cheng，Sachs and Yang，1999) 将李嘉图的技术比较优势引进 H－O 模型，严格证明了比较利益说的局限性。萨克斯－杨小凯－张定胜模型证明，一国有可能出口有外生技术比较劣势的产品，这是因为递增报酬可以产生所谓内生比较优势，所谓内生比较优势是指如果每个国家选择专业生产某种产品，它可以内生地创造出原来没有的比较和绝对优势[140]。根据内生比较优势理论，一国出口贸易结构的优化不能局限于本国的外部条件，即外生比较优势，而应充分发挥本国后天的能动作用，即内生比较优势。过度依赖外生比较优势，会导致贸易产品、方向和格局的静态化，这也是前

文提到的发展中国家陷入比较利益陷阱的根本原因。内生比较优势可以使一国贸易动态发展，具有可持续的竞争能力。

五、本章小结

1. 古典贸易理论与出口贸易结构决定

绝对优势贸易理论认为各国应该专门生产并出口具有“绝对优势”的产品，进口其“绝对劣势”的产品，各国以各自具有绝对优势的产品进行贸易，出口贸易结构才能得以优化，一国的出口贸易结构由绝对优势决定，决定出口贸易结构的主要因素是绝对技术差异。比较优势理论主张“两利相权取其重，两弊相权取其轻”，从而使外贸结构优化。古典贸易理论强调贸易的动因来自商品价格上的差别。依据古典贸易理论，发达国家出口资本和技术密集型产品；发展中国家则出口劳动密集型产品。长期依据此种国际分工和贸易，发展中国家的外贸将永远处于一种低层次的状态。

2. 新古典贸易理论与出口贸易结构决定

古典贸易理论是建立在“劳动价值论”的基础之上的，认为劳动是创造价值和造成生产成本差异的唯一要素[141]。新古典贸易理论在两种或两种以上生产要素的框架下分析产品的生产成本，产品生产中要素的使用比例（要素需求）和一国的资源储备比例（要素供给）决定要素价格，从而影响产品成本，成为决定比较优势和一国生产贸易结构的重要因素。新古典贸易理论认为，两国间相对要素禀赋差异是国际贸易发生的根本原因；劳动力相对充裕的国家出口劳动密集型产品，而进口资本密集型产品；不考虑贸易产生的动态利益，当存在着要素禀赋相对差异的两国分别进行不完全生产，各自发挥比较优势，然后进行贸易，则双方都能获利。这种静态的贸易利益，来自于专业化生产的生产效率的提高。自由贸易使得贸易各方都能获利，是最好的贸易政策选择。[142]

3. 新贸易理论与出口贸易结构的决定

新贸易理论不是对传统的贸易理论的全盘否定，而是对它的继承和发展。行业间贸易和行业内贸易并存，说明传统的古典和新古典贸易理论与新贸易理论之间的关系是互补的。新贸易理论建立在规模经济、产品差异、不完全竞争假设基础上，认为规模经济和产品差异化对国际贸易结构的决定作用很大；认为一国贸易模式的确定不完全由资源禀赋决定，不确定或历史的因素起着重要作用；认为建立在规模经济和产品差异基础上的国际贸易更多体现出产业内贸易特征；认为贸易的原因是相对要素禀赋差异和规模经济程度以及垄断程度共同作用的结果；认为在规模经济和不完全竞争的市场结构下，经济不可能达到完全竞争市场下的资源最佳配置状况，自由贸易政策未必是最好的政策，一国政府对具有规模经济效应的产业进行适当的干预和扶持，实施战略性贸易政策是必须的。

4. 新兴古典贸易理论与出口贸易结构决定

新兴古典经济学遵循了斯密的分工和专业化思想，将交易费用引入相关模型；新兴古典贸易理论与李嘉图的比较优势理论存在着本质的区别，李嘉图的比较优势是一种外生静态优势，而新兴古典贸易理论的核心是内生动态优势；新兴古典贸易理论与新贸易理论都是内生优势模型，但两种内生优势产生的基础不同，新贸易理论中内生优势的基础是规模经济，而新兴古典贸易理论中内生优势的基础是专业化经济。新兴古典贸易理论在一定程度上将各种贸易理论整合到统一的框架下，与以往的贸易理论相比，其解释力和包容性更强。

第三章　中国木质林产品的出口贸易状况

一、中国木质林产品出口规模分析

本文将木质林产品分为原木、其他原材、锯材、人造板、木制品、木家具、木浆、纸和纸制品。其中原木、其他原材、锯材属于资源密集型木质林产品，人造板、木制品、木家具属于劳动密集型木质林产品，木浆、纸和纸制品属于资本技术密集型木质林产品。

中国木质林产品进口总额从1992年的32.56亿美元增加到2007年的209.95亿美元，年均增长率为13.23%，占世界进口总额从1992年的3.04%增加到2007年的5.46%；出口总额从1992年的11.85亿美元增加到2007年的242.58亿美元，年均增长率为22.29%，占世界出口总额从1992年的1.39%增加到8.47%；贸易总额年均增长率为16.68%，占世界木质林产品贸易总额从1992年的2.31%增加到2007年6.91%。由于中国人均森林资源匮乏以及天然林保护工程的实施，中国木质林产品贸易长期处于逆差，1992年贸易逆差20.70亿美元，2002年以后，我国木质家具出口大量增加，贸易逆差逐年减少，2006年首次出现贸易顺差29.81亿美元，2007年贸易顺差32.62亿美元。

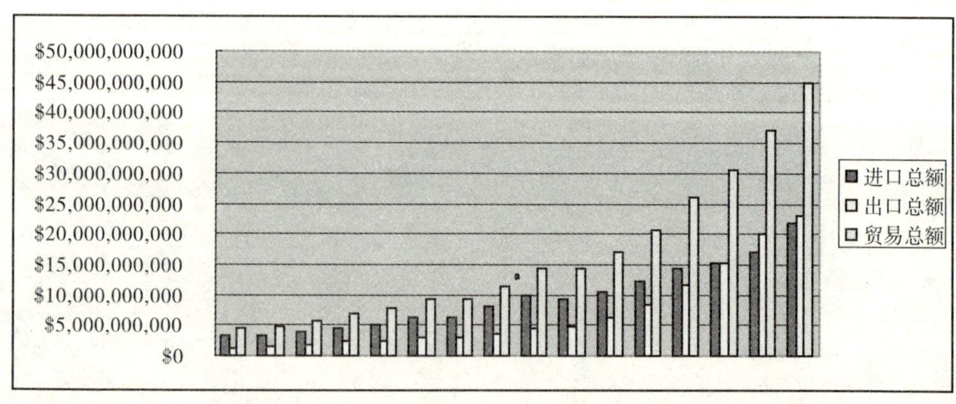

图8　1992—2007年中国木质林产品进出口规模

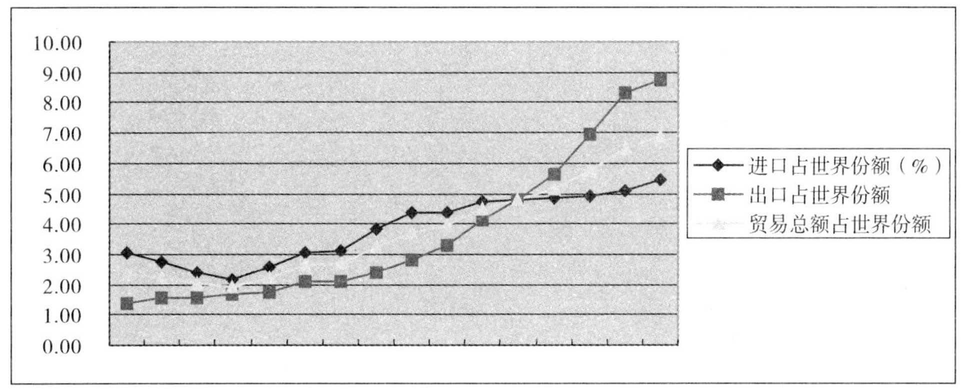

图 9　1992—2007 年中国木质林产品进出口占世界的份额

中国木质林产品增长率超过同期世界的增长率。1992—1997、1998—2001、2002—2007 三个阶段，木质林产品进出口总额增长、中国的进口增长和出口增长普遍超过世界增长水平，出口增长尤为明显。

表 1　中国与世界木质林产品年均增长率

阶段	总额增长		进口增长		出口增长	
	世界	中国	世界	中国	世界	中国
1992—1997	12.76%	15.86%	13.76%	13.71%	11.45%	21.07%
1998—2001	2.12%	15.81%	2.34%	14.57%	1.81%	18.34%
2002—2007	11.59%	21.49%	11.10%	15.61%	12.27%	29.20%

1. 中国木质林产品出口规模与进口规模的相关性

从 1981—2007 年，中国木质林产品的进口贸易与出口贸易发展都很迅速，进口额从 1981 年的 1800 百万元增加到 2007 年的 165654 百万元，年均增长 18.99%，出口额由 1981 年的 200 百万元增加到 2007 年的 175772 百万元，年均增长 29.79%。中国人均森林资源匮乏，原木、原材、锯材资源类密集型木质林产品长期依赖进口，而木制品、木家具劳动密集型木质林产品出口量很大，进口与出口之间是否存在长期的稳定关系？是否存在因果关系？本文对 1981—2007 年中国木质林产品的进出口进行了格兰杰检验。

表 2　1981—2007 年中国木质林产品进出口　　单位：百万元

年份	进口总额	出口总额	物价指数（以 1978 年为基期）
1981	1800	200	110.7
1982	2090	210	112.8
1983	2310	210	114.5
1984	3240	260	117.7
1985	4930	310	128.1
1986	5310	500	135.8
1987	7860	750	145.7
1988	10620	1430	172.6
1989	7720	1330	203.4
1990	9170	2590	207.7
1991	12340	3670	213.7
1992	17954	6536	225.2
1993	19039	8193	254.9
1994	33632	15616	310.2
1995	36928	20450	356.1
1996	42821	20827	377.8
1997	51296	25557	380.8
1998	51500	24504	370.9
1999	66249	28980	359.8
2000	80836	37040	354.4
2001	77433	40601	351.6
2002	87303	53137	347
2003	100760	69824	346.7
2004	118129	96666	356.4
2005	126076	124545	359.3
2006	135714	159481	362.9
2007	165654	175772	376.7

（1）数据与变量说明

本文所采集的数据为 1981—2007 年中国木质林产品历年的出口总额（EX）、进口总额（IM）和历年物价指数（P），其中物价指数以 1978 年为基期（1978＝100）。数据来源说明：1992—2007 年数据来自 Comtrade. un. org 数据库，1981—1991 参考缪东玲的《中国木质林产品贸易与环境研究》中国林业出版社

2004 年，历年物价指数参考历年《中国统计年鉴》，因为时间跨度较长，物价变化较为激烈，所以物价指数也作为经济变量加入模型中。同时为了消除价格波动的影响，对我国木质林产品的进出口额按历年的物价指数进行了平减，为消除时间序列中存在的异方差现象，同时为使序列趋势线性化，对所采用数据分别取自然对数，分别记为 lnEX、lnIM 和 lnP。

（2）模型建立、估计结果分析

① 变量的平稳性检验

Granger 因果关系检验方法要求检验的时间序列是平稳的。因此，在因果分析前，首先需要检验时间序列数据的平稳性。本文采用 ADF（Augmented Dickey-Fuller）法进行单位根检验。ADF 检验是通过下面三个模型完成的：

模型 1：
$$\Delta X_t = \delta X_{t-1} + \sum_{i=1}^{m} \beta_i \Delta X_{t-i} + \varepsilon_t \tag{3.1}$$

模型 2：
$$\Delta X_t = \alpha + \delta X_{t-1} + \sum_{i=1}^{m} \beta_i \Delta X_{t-i} + \varepsilon_t \tag{3.2}$$

模型 3：
$$\Delta X_t = \alpha + \beta t + \delta X_{t-1} + \sum_{i=1}^{m} \beta_i \Delta X_{t-i} + \varepsilon_t \tag{3.3}$$

模型 3 中的 t 是时间变量，代表了时间序列随时间变化的某种趋势。三个模型的原假设都是 H_0：$\delta=0$，即存在一个单位根。只要其中有一个模型的检验结果拒绝了原假设，就可认为该时间序列是平稳的，当三个模型的检验结果都不能拒绝原假设时，则认为时间序列是非平稳的。检验结果见下表：（使用 Eviews6.0 软件）

表 3　进出口相关性的 ADF 单位根检验结果

变量	滞后阶数	ADF检验值	1%	ADF临界值 5%	1%	平稳性决策	
lnEX	原序列	0	−0.255086	−3.711457	−2.981038	−2.629906	否
	一阶差分（dlnEX）	0	−5.999931***	−3.724070	−2.986225	−2.632604	是
lnIM	原序列	0	−0.846535	−3.711457	−2.981038	−2.629906	否
	一阶差分（dlnIX）	5	−4.004063***	−3.808546	−3.020686	−2.650413	是

（续表）

变量		滞后阶数	ADF检验值	ADF临界值 1%	5%	1%	平稳性决策
lnP	原序列	2	−2.033810	−3.737853	−2.991878	−2.635542	否
	一阶差分（dlnP）	1	−2.902503*	−3.737853	−2.991878	−2.635542	是

说明：***、**、* 分别表示在1%、5%、10%水平上显著

由上表可知，lnEX、lnIM 和 lnP 原变量都是非平稳序列，但是它们的一阶差分变量都是平稳序列，其中的滞后期是由 SIC 准则确定，符合协整检验的要求，同时为进行 Granger 因果关系检验提供了必要条件。

② Johansen 协整关系检验

协整关系（Engle & Granger，1987）是 20 世纪 80 年代以来计量经济学建模的一个重大突破，其基本思想是：如果两个或多个非平稳的时间序列之间的某种线性组合表现出平稳性，即变量之间可能存在着长期稳定的均衡关系，则这几个时间序列之间是协整的，组合中序列的系数为协整向量。最常用的检验方式有 EG 两步检验和 Johansen 检验，EG 两步法多用于两个变量的协整关系检验，而 Johansen 检验可以适用于多个变量之间的检验，本文选用较优的 Johansen 协整检验，以判断 lnEX、lnIM 和 lnP 三个变量之间是否存在长期稳定的均衡关系。Johansen 检验给出了协整向量的最大似然统计量，以及协整向量个数 r，当似然比统计量大于临界值，则拒绝原假设，否则接受原假定。具体检验结果见下表：

表 4　lnEX、lnIM 与 lnP 变量之间 Johansen 协整检验结果

特征值	迹（Trace）统计量	5%水平临界值	原假设 H_0	备择假设 H_1	结论
0.652601	41.25452	35.19275	$r=0$	$r\geqslant 1$	拒绝
0.280154	14.82247	20.26184	$r\leqslant 1$	$r\geqslant 2$	接受
0.232166	6.604538	9.164546	$r\leqslant 2$	$r=3$	接受
特征值	最大特征值（Max-Eigen）统计量	5%水平临界值	原假设 H_0	备择假设 H_1	结论

（续表）

特征值	迹（Trace）统计量	5%水平临界值	原假设 H_0	备择假设 H_1	结论
0.652601	26.43204	22.29962	$r=0$	$r\geqslant 1$	拒绝
0.280154	8.217936	15.89210	$r\leqslant 1$	$r\geqslant 2$	接受
0.232166	6.604538	9.164546	$r\leqslant 2$	$r=3$	接受

协整结果表明：在5%的置信水平上，拒绝 H_0：$r=0$ 的假设，接受 H_0：$r\leqslant 1$ 的假设，即变量lnEX、lnIM与lnP之间存在着协整关系，各变量在长期中存在着稳定的均衡关系。估计出的lnEX、lnIM和lnP三变量的协整（长期）关系为（括号内为标准误差）：

$$\begin{aligned}\mathrm{lnEX}=3.323698&\mathrm{lnIM}-2.146702\mathrm{lnP}-13.30423+\hat{\mu}_t\\ (0.81916)&\qquad\quad(1.60426)\end{aligned} \tag{3.4}$$

由标准化协整关系来看，中国木质林产品的出口与进口之间存在着显著的相关性。

③ Granger因果关系检验

通过上述的分析，变量lnEX与lnIM序列的一阶差分都是平稳的，并且两者具有长期的协整关系，但是否存在因果关系还需要进一步验证，下面用Granger因果关系检验来验证两者之间是否存在因果关系。

对两变量dlnEX（记为 Y）和dlnIM（记为 X），格兰杰因果关系检验要求估计以下两个回归模型：

$$Y_t=\sum_{i=1}^{m}\alpha_i X_{t-i}+\sum_{i=1}^{m}\beta_i Y_{t-i}+\mu_{1t} \tag{3.5}$$

$$X_t=\sum_{i=1}^{m}\lambda_i Y_{t-i}+\sum_{i=1}^{m}\delta_i X_{t-i}+\mu_{2t} \tag{3.6}$$

格兰杰因果关系检验是通过受约束的F检验完成的。如针对 X 不是 Y 的格兰杰原因这一假设，即针对式中 X 滞后项前的参数整体为零的假设，分别做包含与不包含 X 滞后项的回归，得到回归的残差平方和 RSS_U 和 RSS_R；构造F统计量：

$$\mathrm{F}=\frac{(\mathrm{RSS}_R-\mathrm{RSS}_U)\ /m}{\mathrm{RSS}_U/\ (n-k)} \tag{3.7}$$

式中，m 为 X 的滞后项个数，n 为样本容量，k 为包含可能存在的常数项及其他变量在内的无约束回归模型的待估参数的个数。

如果计算的 F 值大于给定显著水平 α 下 F 分布的相应的临界值 $F_{\alpha}(m, n-k)$，则拒绝原假设，认为 X 是 Y 的格兰杰原因。具体的分析结果见下表：

表 5　进出口相关性的 Granger 因果关系检验结果

零假设	滞后期数	F 统计量	P 值
lnEX 不是 lnIM 的 Granger 原因	1	1.43689	0.2434
lnIM 不是 lnEX 的 Granger 原因		0.60654	0.4444
lnEX 不是 lnIM 的 Granger 原因	2	1.29853	0.2961
lnIM 不是 lnEX 的 Granger 原因		2.75163	0.0892
lnEX 不是 lnIM 的 Granger 原因	3	2.71202	0.0796
lnIM 不是 lnEX 的 Granger 原因		4.32821***	0.0205
lnEX 不是 lnIM 的 Granger 原因	4	8.13564***	0.0016
lnIM 不是 lnEX 的 Granger 原因		4.82923***	0.0131
lnEX 不是 lnIM 的 Granger 原因	5	5.89464***	0.0086
lnIM 不是 lnEX 的 Granger 原因		8.12671***	0.0027

说明：***、**、* 分别表示在 1%、5%、10%水平上显著

由上表可知，在滞后 1 期和 2 期时，两者相互之间不具有 Granger 因果关系；在滞后 3 期时，进口是出口的 Granger 原因，而出口不是进口的 Granger 原因；在滞后 3 期以上，木质林产品进出口具有双向的 Granger 因果关系。通过 Granger 因果关系检验可以看出，中国木质林产品的进口会导致其出口贸易的变化。

④ 误差修正模型（ECM）的建立

根据 Granger 定理，若变量之间是协整的，则它们之间存在着长期均衡关系；而在短期，这些变量可能是非均衡的，变量间这种短期不均衡关系可以由误差修正模型来描述。对于同阶差分的平稳序列，存在着某种线形组合把相互协整过程和长期稳定均衡结合起来，而之所以能够这样，是因为误差修正机制在起作用，防止了长期关系偏差在规模和数量上的扩大，因此，任何一组相互协整的时间序列变量都存在误差修正机制，反映短期调节行为。所以，误差修正模型可以刻画中国木质林产品出口、进口与价格变化之间的短期波动及调整机制。因此，在上述协整检验的基础上，借助 Eviews6.0 软件，对序列 lnEX、lnIM 与 lnP 三变量建立向量误差修

正模型。用 ECM_t 表示残差$\hat{\mu}_t$，建立如下误差修正模型：

$$\begin{aligned}\Delta \ln EX_t = & 0.5982\Delta \ln IM_t - 0.5068\Delta \ln P_t + 0.7788\Delta \ln EX_{t-2} \\ & (4.0022) \qquad (-1.0708) \qquad (4.2826) \\ & -0.6048\Delta \ln IM_{t-2} - 0.0246\Delta \ln P_{t-2} - 0.2491 ECM_{t-1} \\ & (-3.0266) \qquad (-0.0569) \qquad (-3.1282)\end{aligned} \tag{3.8}$$

模型中 $\Delta \ln P_t$ 的系数值没有统计显著性，所以把该变量从模型中剔除，最后确定误差修正模型如下：

$$\begin{aligned}\Delta \ln EX_t = & 0.6292\Delta \ln IM_t + 0.6942\Delta \ln EX_{t-2} - 0.5673\Delta \ln IM_{t-2} - 0.2244 ECM_{t-1} \\ & (4.3739) \qquad (4.27969) \qquad (-3.0293) \qquad (-3.0038)\end{aligned} \tag{3.9}$$

从上面的方程式可以看出，回归系数都通过了显著性检验，误差修正项的系数为−0.2244，符合反向修正原则，表明短期的非均衡状态逐渐向长期的均衡状态趋近。从短期动态关系来看，lnIM 的系数为 0.6292，说明中国木质林产品的进口对出口具有正向的促进作用。

（3）基本结论

通过采用 1981—2007 年的年度时间序列数据，利用 Johansen 协整检验、Granger 因果关系检验和误差修正模型分析了中国木质林产品的出口与进口之间的关系，得出如下的结论：

第一，经过对数化后的数据通过平稳性检验表明都具有一阶段整，通过协整方程和误差修正模型，可得到中国木质林产品的出口额和进口额之间的长期静态关系和短期动态关系。长期方程表明，中国木质林产品进口的提高将显著的促进木质林产品的出口；而其短期动态关系表明，进口年增长率提高 1%会促进出口的年增长率提高 0.6292%。

第二，通过 Granger 因果关系检验，在长期中出口额的变动会导致进口额的变化，同时进口额的变动会导致出口贸易额的变化，两者具有双向的 Granger 因果关系，协整方程和误差修正模型给出了具体的定量分析。因此，在当前外部需求减少的情况下，我国要继续保持木质林产品出口的平稳增长，可以通过增加资源类木质林产品的进口，促进劳动密集型和资本技术密集型木质林产品的出口，这样既有利于我们保护国内有限森林资源的要求，又能促进凭借劳动密集型优势的木质林产品的出口。但随着国际环保意识的不断增强，各国对资源密集型木质林产品的出口限制力度会不断增强，我国木质林产品出口对进口依赖很重，将面临资源保障受到威胁的风险。

2. 中国木质林产品出口规模影响因素

最早将引力模型运用到国际贸易领域的是 Tinbergen（1962）[143]和 Poyhonen（1963）[144]，贸易引力模型在实际贸易流动的研究中运用非常广泛。贸易引力模型的基本形式为：

$$X_{ij}=A\ (Y_iY_j)\ /D_{ij} \tag{3.10}$$

式中，X_{ij}表示国家i向国家j出口的贸易量；A是常数项；Y_i和Y_j分别表示i国与j国的国内生产总值（GDP），Y_iY_j表示两国国内生产总值的乘积；D_{ij}表示国家i与国家j之间的距离，通常用两国首都之间的直线距离近似的替代，则两国经济规模越大，距离越近，两国间的贸易量越大[145]。

引力模型的优势是具有一定的灵活性，可根据具体情形增减模型中的变量，以及模型的对数及线性形式的运用，反映制度安排的虚拟变量、双边汇率、人均收入、共同语言、人口密度等因素都可以引入到模型中[146]。

（1）理论模型的构建以及变量选择

为了研究中国木质林产品的出口贸易流动，本文遵循标准引力模型的引力方程，增加了是否是 APEC 成员的虚拟变量，为了消除异方差，对相应变量取对数，构建模型如下：

$$\ln T_{ij}=\beta_0+\beta_1\ln\mathrm{GDP}_j+\beta_2\ln\mathrm{PGDP}_j+\beta_3\ln\mathrm{D}_{ij}+\beta_4\mathrm{APEC}+u_{ij} \tag{3.11}$$

其中，β_0、β_1、β_2、β_3、β_4是回归系数，u_{ij}为标准随机误差。

T_{ij}表示某时期中国对贸易伙伴木质林产品的出口额。GDP_j反映了进口国的进口需求能力，经济规模总量越大，潜在的进口能力越大，进而双边的贸易流量也越大，对贸易的作用为正，系数预期为正。PGDP_j表示某时期进口国j的人均GDP，代表进口国的经济发展水平和消费能力，与双边贸易水平正相关，系数预期为正。D_{ij}代表两国之间运输成本的高低，是阻碍贸易的重要因素，在其他条件既定的情况下，贸易双方距离越远，运输成本就越高；运输成本越高，产品的进口价格与其出口价格的差异越大，贸易的盈利可能也就越小，导致贸易总额就越小，所以此系数预期为负。本文在分析时引入了 APEC（亚太经济合作组织）作为一个虚拟变量，表示双边贸易的两国是 APEC 的成员国，当两国同属于

APEC 成员国时取 1，否则取 0，这个虚拟变量用来检验区域经济组织对两国间贸易的促进作用，变量系数预期为正，而且系数值越大越说明区域组织促进了双边贸易的增长。

本文选取 2003、2004、2005、2006 年 30 个中国的木质林产品主要出口国（地区）作为实证分析对象，包括美国、日本、香港、荷兰、俄罗斯、澳大利亚、韩国、德国、新加坡、马来西亚、英国、泰国、法国、印度、意大利、菲律宾、印尼、西班牙、加拿大、巴西、越南、南非、智利、哈萨克斯坦、芬兰、伊朗、比利时、安哥拉、墨西哥、沙特阿拉伯。这些贸易伙伴遍布亚洲、欧洲、非洲、拉丁美洲、北美洲、大洋洲，2005、2006 年中国对这 30 个国家（地区）的木质林产品出口总额占中国木质林产品出口总额的 86%以上。中国对各贸易伙伴的木质林产品出口贸易额来自联合国统计署数据库。GDP 和人均 GDP 来自世界银行世界经济展望数据库。中国与各贸易伙伴间的空间距离采用的是两国政治中心之间的直线距离，即北京与各国首都之间的直线距离，中国与中国香港之间的距离为北京到香港间的直线距离，距离单位是海里，距离参考高金田（2008）。[147]

本文使用 2003—2006 年各年的我国与 30 个主要贸易伙伴国的截面数据进行经验分析，来考察我国主要贸易伙伴国（地区）的进口需求能力、贸易伙伴国的经济发展水平以及我国与贸易伙伴国（地区）的距离等因素对我国木质林产品出口的影响。引力模型原始数据见附录 1。

具体回归结果见下表：

表 6　引力模型回归结果分析

变量	回归 1（2003 年）		回归 2（2004 年）		回归 3（2005 年）		回归 4（2006 年）	
	系数	T 值	系数	T 值	系数	T 值	系数	T 值
C	6.695603	2.237367*	5.484299	1.925554**	6.500520	2.240251**	5.576883	2.018476**
lnGDP	0.552018	4.218882***	0.594618	4.732538***	0.565186	4.374726***	0.601944	4.856348***
lnPGDP	0.650678	4.692772***	0.565716	4.300683***	0.503372	3.716448***	0.404548	3.111970***
lnD	−1.005806	−4.163074***	−0.926969	−4.029965***	−0.928228	−3.952838***	−0.851403	−3.808224***
APEC	0.944793	2.949500***	0.909495	2.989157***	0.606729	1.961596**	0.511891	1.743648*
R Square	0.816383		0.837146		0.787191		0.769324	
F 值	33.23438		32.12805		23.11900		20.84429	
D.W. 值	2.153268		2.020812		2.046644		1.953326	

注：***、**、* 分别表示在 1%、5%、10%下显著

回归结果显示，各变量都通过 T 统计检验和 F 统计检验，方程的拟合度很好，D. W. 值也在 2 附近，方程在整体上拟合很好。这说明以 GDP、人均 GDP、地理距离和 APEC 为解释变量的贸易引力模型可以很好的解释中国与主要伙伴的贸易情况。下面以回归 4 为具体分析对象，分析该模型的经济意义。根据上表中的结果可以得到方程如下：

$$\ln T_{ij}=5.576883+0.601944\ln GDP_j+0.404548\ln PGDP_j -0.851403\ln D_{ij}+0.511891APEC+u_{ij} \quad (3.12)$$

也即 $T_{ij}=e^{5.576883}GDP_j\ 0.601944(GDP_j/P_j)\ 0.404548D_{ij}-0.851403e^{0.511891APEC}$

由方程可以得到，当贸易伙伴的 GDP 每增加 1%时，我国对贸易伙伴的木质林产品出口额将增加 0. 601944 个百分点；贸易伙伴的人均 GDP 每增加 1%时，我国对贸易伙伴的木质林产品出口额将增加 0. 404548 个百分点；而当我国与贸易伙伴的距离每增加 1 个百分点，我国对贸易伙伴的木质林产品出口额将下降 0: 851403 个百分点。

因此可以得出以下结论：首先，由回归结果可以看出，各项回归系数都满足了理论上的要求，即影响我国与贸易伙伴木质林产品双边贸易的主要因素是经济规模、人均收入水平、中国与贸易伙伴国的空间距离、贸易制度安排（区域组织安排）等，与预期相符。其中，经济规模、人均收入水平和贸易制度安排对贸易有促进作用，系数为正。距离代表的是贸易成本，是双边贸易的阻碍因素，系数为负。

其次，在回归系数中虚拟变量 APEC 项的系数较大，这说明我国同 APEC 成员之间的木质林产品双边贸易占据重要地位。这一结果与事实相符，中国最大的木质林产品贸易伙伴如美国、香港、日本、韩国等都是 APEC 成员。同时，从上表的回归结果可以看出，随着时间的推移，该变量的系数逐渐变小，对我国商品出口的影响力逐渐减弱，这与我国当前最好与主要国家出口贸易的基础上，积极开拓新兴市场，努力扩展出口渠道与更多的国家发展双边贸易的政策是分不开的。

最后，在回归结果中，贸易距离的系数显著为负且都比较大，较大距离回归系数说明距离是我国木质林产品进行双边贸易的主要阻碍作用，因此如何开拓近距离的新兴贸易伙伴，更好地利用新的运输工具，选择最佳运输路线，提高运输过程中的管理水平，最大限度地减少运输成本将对我国木质林产品的出口起到非常重要的作用。

（2）基于引力模型分析结果的中国木质林产品出口贸易潜力的预测

根据模型计算得到的参数值，可得到中国对出口贸易伙伴的出口额预测方程如下：

$$T_{ij}=e^{5.576883}GDP_j\ 0.601944(GDP_j/P_j)\ 0.404548D_{ij}-0.851403e^{0.511891APEC} \quad (3.13)$$

并由此方程得出实际出口额与预计出口额的比值。

表 7　2006 年中国对其他国家（地区）的木质林产品出口实际值与模拟值的比值

国家	美国	日本	中国香港	韩国	德国
T/T_0	3.98	0.73	3.57	0.38	0.75
国家	新加坡	马来西亚	荷兰	俄罗斯	澳大利亚
T/T_0	0.67	1.38	1.31	0.48	1.14
国家	英国	泰国	法国	印度	意大利
T/T_0	2.00	0.89	0.59	1.18	0.67
国家	菲律宾	加拿大	巴西	印尼	西班牙
T/T_0	0.63	1.34	0.28	0.89	1.19
国家	伊朗	比利时	安哥拉	墨西哥	沙特阿拉伯
T/T_0	1.59	1.37	1.08	0.59	2.80
国家	越南	南非	智利	哈萨克斯坦	芬兰
T/T_0	2.04	2.16	0.63	1.06	0.21

对中国与世界主要木质林产品进口国之间的贸易发展潜力进行实证分析，把中国对该国的实际出口额 T 与引力模型预测的理想出口额 T_0 的比值定义为贸易潜力系数 T/T_0。若 $0<T/T_0<1$，则认为贸易不足，存在贸易潜力。如果 $1<T/T_0<2$，则认为这两个国家（地区）间的贸易饱和，贸易潜力需要开发。如果 $T/T_0>2$，就认为这两个国家（地区）间贸易过度。

由此可将中国木质林产品的出口市场分为以下三大类：

① 潜力市场。这种市场存在贸易潜力，T/T_0 值越小，贸易潜力越大。以 2006 年的实证数据分析，韩国、俄罗斯、巴西、芬兰市场的 T/T_0 值小于 0.5，意味着实际出口值与预测值之间还存在较大的差距，贸易潜力巨大。当 $0.5<T/T_0<1$，意味着存在贸易潜力。日本、德国、新加坡、泰国、法国、意大利、菲

律宾、印尼、墨西哥、智利都属于贸易潜力开拓型的市场。

② 饱和市场。这种市场是贸易潜力开发型，$1<T/T_0<2$，意味着这两个国家间的贸易饱和。马来西亚、荷兰、澳大利亚、印度、加拿大、西班牙、伊朗、比利时、安哥拉、哈萨克斯坦、英国属于贸易饱和市场。

③ 过度市场。这种市场是贸易潜力衰退型，$T/T_0>2$，意味着两个国家间的贸易充分或过度。美国、香港、沙特阿拉伯、越南、南非属于贸易潜力衰退型的过度市场。

二、中国木质林产品出口竞争力分析

1. 中国木质林产品出口竞争力分析

评价出口竞争力的指标有很多，按照指标选取的代表性、科学性原则，同时基于本文要比较分析 15 个主要木质林产品大国（地区）的竞争力，按照数据的可得性原则，构建木质林产品出口竞争力指标如下：国际市场占有率、贸易竞争指数 TSC、显示性比较优势指数 RCA、出口增长优势指数、出口依存度、出口贡献率、净出口。

（1）出口优势变差指数

出口优势变差指数的计算公式：出口优势变差指数＝（Gi-Go）×100，式中 Gi 为 i 产品出口增长率，Go 为总出口增长率，将各产品的出口增长率与总的外贸出口增长率进行比较，从而可以确定一定时期内，该种产品是否具有较强的出口竞争力。通过比较 1995 年到 2007 年的外贸出口增长率和木质林产品出口增长率，计算出口优势变差指数，1998 年、2000 年、2003 年、2007 年为负值，其他年份均为正值，说明 2007 年以前中国木质林产品出口相对具有出口竞争力，但竞争力并不是特别强，2007 年木质林产品出口增长率大大降低，低于同期外贸出口增长率，出口优势变差指数为－4.43。

表 8　1995—2007 年中国木质林产品出口优势变差指数

	外贸出口增长率（%）	木质林产品出口增长率（%）	出口优势变差指数（%）
1995	22.95	35.15	12.20
1996	1.52	2.30	0.77
1997	21.02	23.07	2.06
1998	0.56	－4.00	－4.55

（续表）

	外贸出口增长率（%）	木质林产品出口增长率（%）	出口优势变差指数（%）
1999	6.05	18.28	12.23
2000	27.84	27.81	−0.03
2001	6.78	9.63	2.85
2002	22.36	30.87	8.51
2003	34.59	31.40	−3.19
2004	35.39	38.45	3.05
2005	28.42	30.18	1.76
2006	27.16	31.58	4.42
2007	25.68	21.25	−4.43

（2）显性比较优势指数（Revealed Comparative Advantage Index，简称 RCA）

该指数是巴拉萨（Balassa，1965）首创的国际竞争力测度工具，又称相对出口绩效指数（Index of Relative Export Performance）。目前，该指数有好几种算法，本文采用的是巴拉萨的解释，即 RCA 指数，是指一国某产业出口在世界该产品出口中的份额与该国所有产品的出口在世界出口中的份额的比率。其计算公式为 $RCA=(Xi/\sum Xi)/(X/\sum X)$，Xi 为一国 i 商品出口值，$\sum Xi$ 为世界 i 商品出口总值；X 为一国出口总值；$\sum X$ 为世界出口总值。若 $RCA>2.25$，表明该国产品具有极强国际竞争力，$1.25<RCA<2.25$，表明该国产品具有较强的竞争力，$0.8<RCA<1.25$，表明该国产品具有中等竞争力，$RCA<0.8$，表明竞争力较弱。木家具 1994 年 RCA 为 1.095，逐年提高，2003 年大于 2.5，2006 年为 3.08，具有极强国际竞争力。木制品 1992 年 RCA 为 2.34，平缓上升，2001 年后有下降趋势，2006 年 RCA 为 1.809，具有较强的竞争力。其他原材 RCA 指数 1995 年后下降幅度很大，1995 年 RCA 为 2.633，2007 年为 0.125，从 1995、1996、1997 年的极强国际竞争力，1998—2002 年为较强竞争力，2004 年开始竞争力变为较弱。人造板 RCA 指数 1994 年为 0.152，逐年上升，2007 年为 1.502，竞争力由较弱变为较强，尤其是 2004 年后增长幅度非常明显。木浆、纸和纸制品、锯材显性比较优势一直很弱。总体而言，劳动密集型木质林产品具有强的国际竞争力，且增长趋势明显，资源密集型木质林产品和资本技术密集型木质林产品竞争力都较弱，资源密集型木质林产品显性比较优势指数不断下降，资本技术

密集型木质林产品显性比较优势指数正在不断上升。

表 9　1994—2007 年中国各类木质林产品显性比较优势指数

	原木	其他原材	锯材	人造板	木制品	木家具	木浆	纸和纸制品
1994	0.217	1.606	0.236	0.152	2.340	1.095	0.011	0.256
1995	0.215	2.633	0.268	0.213	2.498	1.132	0.037	0.277
1996	0.130	2.518	0.268	0.286	2.443	1.290	0.023	0.281
1997	0.118	2.317	0.225	0.390	2.193	1.520	0.021	0.318
1998	0.060	1.896	0.152	0.259	2.160	1.650	0.018	0.309
1999	0.034	1.877	0.176	0.383	2.332	1.865	0.006	0.288
2000	0.027	1.870	0.191	0.471	2.344	2.013	0.012	0.349
2001	0.020	1.752	0.205	0.511	2.409	2.059	0.011	0.344
2002	0.009	1.395	0.168	0.629	2.307	2.365	0.019	0.332
2003	0.007	1.091	0.166	0.571	2.170	2.571	0.019	0.332
2004	0.004	0.721	0.113	0.864	2.068	2.723	0.012	0.333
2005	0.003	0.456	0.124	1.163	1.828	2.897	0.022	0.376
2006	0.002	0.289	0.133	1.451	1.809	3.083	0.029	0.431
2007	0.001	0.125	0.121	1.502	1.508	2.014	0.034	0.454

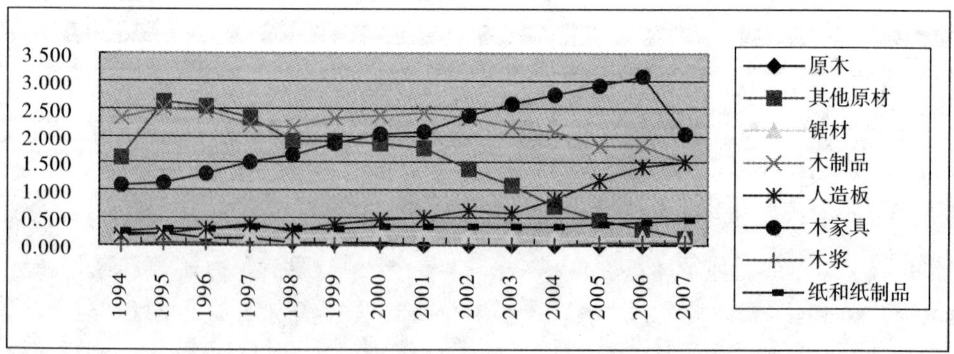

图 10　1994—2007 年中国各类木质林产品显性比较优势指数比较

表 10　1994—2007 年中国分类木质林产品显性比较优势指数

	资源密集型	劳动密集型	资本技术密集型
1994	0.317	0.979	0.184
1995	0.435	1.078	0.197
1996	0.401	1.152	1.152
1997	0.345	1.234	0.240
1998	0.268	1.263	0.237
1999	0.265	1.431	0.220
2000	0.271	1.547	0.248
2001	0.279	1.596	0.258
2002	0.222	1.716	0.256
2003	0.207	1.721	0.256
2004	0.138	1.829	0.255
2005	0.125	1.951	0.291
2006	0.118	2.126	0.330
2007	0.094	1.729	0.345

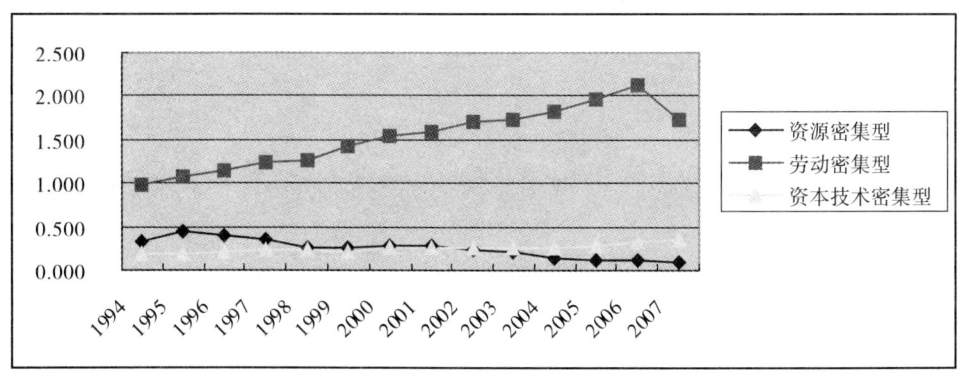

图 11　1994—2007 年中国三类木质林产品显性比较优势指数比较

(3) 贸易专业化系数（Trade Specialization Coefficient，简称 TSC）也被称为贸易竞争指数

计算公式为 TSC=（Ei - Ii）/（Ei+Ii），其中 Ei 为产品 i 的出口总额，Ii 为产品 i 的进口总额，如果一国某一产业的进口额很大，而出口额很小，则说明

该产业属于进口主导型产业，TSC 数值将趋于－1，表示其产品在国际市场上的竞争力很弱，当 TSC＝－1 时，该产业为完全进口专业化；如果一国某产业的进口额和出口额基本持平，则该产业属于贸易平衡型，TSC 趋于 0。如果出口额很大，进口额相对较小，则该产业属出口主导型，TSC 趋于正 1，表明该产业在国际上具有较强竞争力。因此，贸易竞争指数又称为“水平分工度指标”，表明各类产品的国际分工状况。从 1994 年到 2007 年，木家具和木制品 TSC 趋于正 1，具有较强竞争力。其他原材和锯材 TSC 波动很大，其他原材从 1995 年的 0.912 较强竞争力逐年下降到 2007 年的－0.530，锯材从 1995 年的 0.132 下降到 2007 年的－0.638。原木的 TSC 一直很低，接近于－1，在国际市场上的竞争力很弱。人造板的 TSC 有明显改善的趋势，从 1994 年的－0.849 上升到 2007 年的 0.964，纸和纸制品 TSC 一直为负值，但有改善趋势。总体而言，劳动密集型木质林产品 TSC 不断上升，具有较强的国际竞争力；资源密集型木质林产品的 TSC1995 年后不断下降，趋向于－1，国际竞争力很弱；资本技术密集型木质林产品的 TSC 一直很弱，总体贸易竞争指数上升趋势明显。

表 11　1994—2007 年中国各类木质林产品贸易竞争指数

	原木	其他原材	锯材	人造板	木制品	木家具	木浆	纸和纸制品	总体
1994	－0.818	0.761	0.059	－0.849	0.809	0.822	－0.974	－0.731	－0.366
1995	－0.773	0.912	0.132	－0.768	0.808	0.896	－0.921	－0.676	－0.287
1996	－0.880	0.884	0.038	－0.666	0.862	0.951	－0.971	－0.758	－0.346
1997	－0.917	0.859	－0.161	－0.556	0.887	0.954	－0.970	－0.749	－0.335
1998	－0.959	0.803	－0.504	－0.696	0.836	0.944	－0.980	－0.737	－0.355
1999	－0.987	0.721	－0.652	－0.543	0.888	0.963	－0.996	－0.767	－0.391
2000	－0.990	0.741	－0.691	－0.460	0.937	0.973	－0.990	－0.698	－0.372
2001	－0.993	0.725	－0.668	－0.255	0.966	0.970	－0.992	－0.673	－0.312
2002	－0.997	0.680	－0.717	－0.059	0.972	0.972	－0.986	－0.657	－0.243
2003	－0.998	0.607	－0.670	－0.039	0.971	0.969	－0.984	－0.619	－0.181
2004	－0.999	0.479	－0.726	0.335	0.965	0.973	－0.991	－0.586	－0.100
2005	－0.999	－0.044	－0.687	0.591	0.969	0.975	－0.981	－0.507	－0.006
2006	－0.999	－0.148	－0.653	0.749	0.968	0.974	－0.974	－0.401	0.081
2007	－1.000	－0.530	－0.638	0.964	0.807	0.960	－0.967	－0.402	0.072

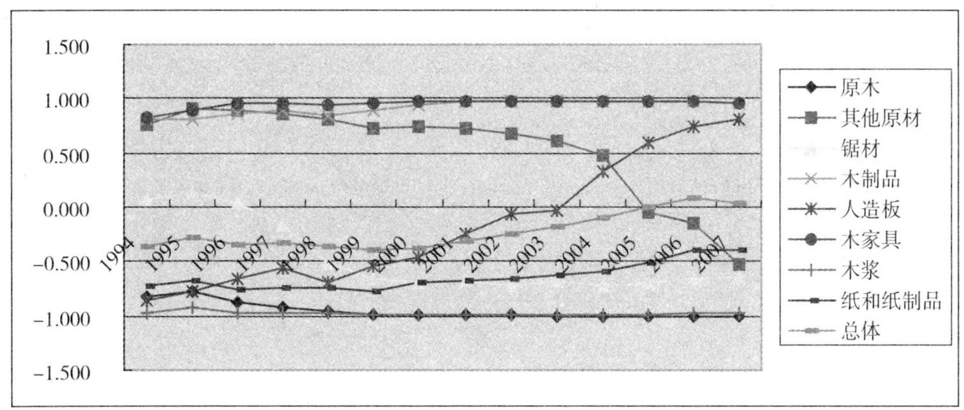

图 12　1994—2007 年中国各类木质林产品贸易竞争指数比较

表 12　1994—2007 年中国三类木质林产品的 TSC 指数

	资源密集型	劳动密集型	资本技术密集型	总体
1994	−0.322	0.057	−0.770	−0.366
1995	−0.085	0.187	−0.728	−0.287
1996	−0.226	0.294	−0.800	−0.346
1997	−0.400	0.354	−0.785	−0.335
1998	−0.550	0.356	−0.785	−0.355
1999	−0.736	0.458	−0.826	−0.391
2000	−0.763	0.521	−0.791	−0.372
2001	−0.758	0.656	−0.773	−0.312
2002	−0.807	0.720	−0.756	−0.243
2003	−0.798	0.743	−0.732	−0.181
2004	−0.838	0.811	−0.725	−0.100
2005	−0.846	0.868	−0.662	−0.006
2006	−0.854	0.908	−0.595	0.081
2007	−0.885	0.913	−0.588	0.072

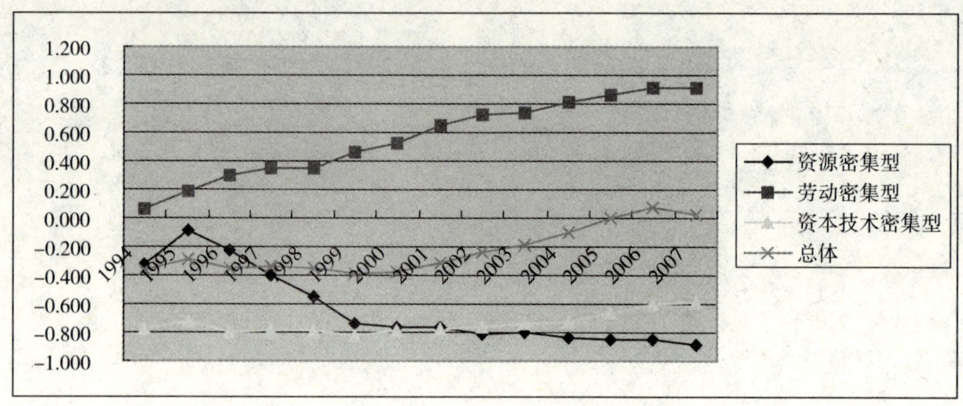

图 13　1994—2007 年中国三类木质林产品的 TSC 指数比较

（4）国际市场占有率

国际市场占有率指在国际市场上占有的份额，是竞争力强弱的直接表现。计算公式为 A 国 i 类产品的国际市场占有率＝A 国 i 类产品出口额/世界 i 类产品出口总额。木家具国际市场占有率不断上升，2006 年占 25.47%，2007 年占 18.92%，受进口国贸易壁垒的影响，2007 年和 2006 年相比降幅很大；木制品国际市场占有率上升趋势很明显，1994 年占 7.53%，2007 年占 14.18%；其他原材的占有率 2001 年开始逐年下降，2006 年为 1.17%；人造板从 1994 年的 0.49%上升到 2007 年的 14.11%，增长很明显；原木占有率一直很低，并在不断下降，2007 年仅占 0.01%；锯材占有率也很低，2007 年仅占 1.14%，纸和纸制品占有率较低，但增长明显，从 1994 年的 0.82%上升 2007 年的 4.27%。总体而言，中国木质林产品的国际市场占有率不断上升，从 1994 年的 1.55%上升到 2007 年的 8.74%。

表 13　1994—2007 年中国各类木质林产品国际市场占有率

	原木	其他原材	锯材	人造板	木制品	木家具	木浆	纸和纸制品	总体
1994	0.70%	5.17%	0.76%	0.49%	7.53%	3.53%	0.04%	0.82%	1.55%
1995	0.68%	8.36%	0.85%	0.68%	7.94%	3.60%	0.12%	0.88%	1.65%
1996	0.39%	7.61%	0.81%	0.87%	7.38%	3.90%	0.07%	0.85%	1.74%
1997	0.41%	7.99%	0.78%	1.34%	7.56%	5.24%	0.07%	1.10%	2.10%
1998	0.21%	6.61%	0.53%	0.91%	7.53%	5.76%	0.06%	1.08%	2.10%
1999	0.12%	6.69%	0.63%	1.36%	8.31%	6.65%	0.02%	1.03%	2.39%

（续表）

	原木	其他原材	锯材	人造板	木制品	木家具	木浆	纸和纸制品	总体
2000	0.11%	7.50%	0.76%	1.89%	9.41%	8.08%	0.05%	1.40%	2.82%
2001	0.09%	7.79%	0.91%	2.27%	10.71%	9.15%	0.05%	1.53%	3.30%
2002	0.05%	7.24%	0.87%	3.26%	11.97%	12.27%	0.10%	1.72%	4.13%
2003	0.04%	6.50%	0.99%	3.40%	12.94%	15.33%	0.12%	1.98%	4.79%
2004	0.02%	4.79%	0.75%	5.74%	13.73%	18.09%	0.08%	2.21%	5.65%
2005	0.02%	3.44%	0.93%	8.78%	13.80%	21.87%	0.17%	2.84%	6.94%
2006	0.01%	2.39%	1.10%	11.99%	14.94%	25.47%	0.24%	3.56%	8.34%
2007	0.01%	1.17%	1.14%	14.11%	14.18%	18.92%	0.32%	4.27%	8.74%

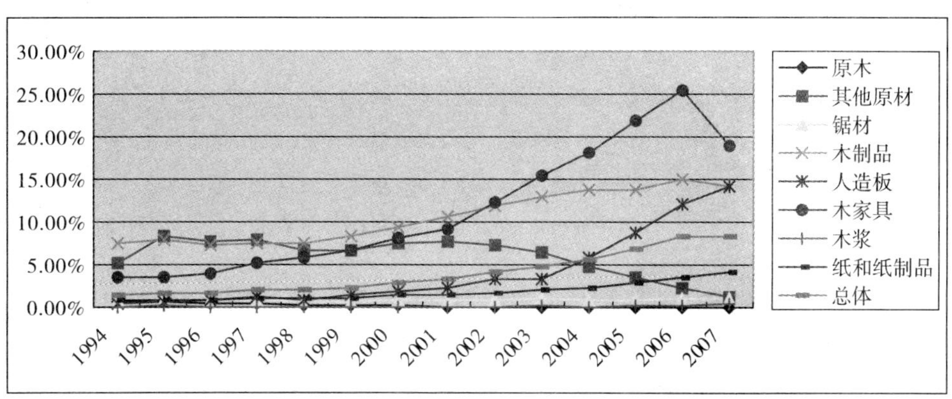

图 14　1994—2007 年中国各类木质林产品国际市场占有率比较

（5）出口依存度

出口依存度表明了出口贸易对国民经济的作用，也表明了一国某商品出口的竞争力。计算公式是：出口依存度＝（出口贸易额/GDP）×100%，本文用林业总产值代替 GDP，测算木质林产品出口对林业产值的促进作用。1981 年以来，木质林产品的出口依存度上升幅度很大，但都一直低于同期的中国外贸总体出口依存度。

表 14　1981—2007 年中国木质林产品出口依存度

	木质林产品出口（万元）	林业总产值（万元）	出口依存度	中国总出口额（百万）	中国 GDP（亿元）	中国外贸总体出口依存度
1981	19955.30	2033000	0.98%	36761	4891.561	7.52%
1982	20435.65	2191000	0.93%	41383	5323.351	7.77%
1983	21098.67	2338000	0.90%	43833	5962.652	7.35%
1984	24986.18	2669000	0.94%	58056	7208.052	8.05%
1985	30610.53	2795000	1.10%	80886	9016.037	8.97%
1986	50135.69	2038000	2.46%	108211	10275.18	10.53%
1987	54046.01	2093000	2.58%	146995	12058.62	12.19%
1988	75526.62	2467000	3.06%	176672	15042.82	11.74%
1989	144643.85	2665000	5.43%	195606	16992.32	11.51%
1990	169718.94	3871000	4.38%	298584	18667.82	15.99%
1991	291456.53	4259000	6.84%	382710	21781.5	17.57%
1992	653649.16	5082000	12.86%	467629	26923.48	17.37%
1993	819303.59	7038000	11.64%	528481	35333.92	14.96%
1994	1561586.21	10734000	14.55%	1042184	48197.86	21.62%
1995	2044977.21	13330000	15.34%	1245181	60793.73	20.48%
1996	2082744.02	14435000	14.43%	1257643	71176.59	17.67%
1997	2555732.15	17086000	14.96%	1516068	78973.03	19.20%
1998	2450428.04	27278452	8.98%	1522354	84402.28	18.04%
1999	2897983.79	31877337	9.09%	1615977	89677.05	18.02%
2000	3704000.92	35554725	10.42%	2063444	99214.55	20.80%
2001	4060147.42	40904753	9.93%	2202444	109655.2	20.09%
2002	5313678.54	46342420	11.47%	2694787	120332.7	22.39%
2003	6982426.44	58603258	11.91%	3628789	135822.8	26.72%
2004	9666598.52	68922066	14.03%	4910333	159878.3	30.71%
2005	12454487.15	84587418	14.72%	6264809	183217.4	34.19%
2006	15948132.68	106522163	14.97%	7759459	211923.5	36.61%
2007	18445492.00	125334211	14.72%	9345563	249529.9	37.45%

（数据来源：1981—2007 年中国 GDP 取自 2008 年中国统计年鉴；1981—1991 年进出口数据以及 1981—1997 林业总产值参考：缪东玲．中国木质林产品贸易与环境研究．中国林业出版社，2004 年版；1998—2007 的林业总产值参考历年林业统计年鉴；1992—2007 的林产品出口总额由联合国贸易数据库计算整理。）

（6）出口贡献率

出口贡献率用某产品的出口额占该国家（地区）的总出口额的比重来表示。木质林产品总体贡献率略有上升，但原木、其他原材、锯材资源类木质林产品的贡献率都下降很明显，原木长期以进口为主，出口贡献率2007年只有0.0001%，其他原材和锯材的出口贡献率也非常小。劳动密集型木质林产品中人造板、木家具的出口贡献率增长明显，但木制品的出口对资源密集型木质林产品的依赖很重，贡献率的下降趋势与资源类木质林产品相同，总体来说，劳动密集型木质林产品的出口贡献率是最大的，2006年木家具的出口贡献率达0.9065%，2007年有所下降，达0.8057%，木家具是所有木质林产品出口贡献率最高的。木浆的出口贡献率一直很小，2007年为0.0075%，纸和纸制品的出口贡献率一直在0.25%左右，总体来说，资本技术密集型木质林产品出口贡献率变动幅度不大。

表15　1994—2007年中国各类木质林产品出口贡献率

	原木	其他原材	锯材	人造板	木制品	木家具	木浆	纸和纸制品	总体
1994	0.0357%	0.0782%	0.1355%	0.0654%	0.5361%	0.4078%	0.0043%	0.2343%	1.4973%
1995	0.0317%	0.1360%	0.1308%	0.0836%	0.5634%	0.4019%	0.0185%	0.2800%	1.6459%
1996	0.0194%	0.1235%	0.1285%	0.1123%	0.5504%	0.4620%	0.0075%	0.2548%	1.6584%
1997	0.0161%	0.1026%	0.1060%	0.1491%	0.5116%	0.5247%	0.0063%	0.2701%	1.6866%
1998	0.0068%	0.0831%	0.0626%	0.0896%	0.5012%	0.5901%	0.0051%	0.2719%	1.6102%
1999	0.0041%	0.0752%	0.0715%	0.1398%	0.5862%	0.6718%	0.0016%	0.2458%	1.7959%
2000	0.0032%	0.0683%	0.0719%	0.1497%	0.5506%	0.6695%	0.0041%	0.2782%	1.7954%
2001	0.0021%	0.0643%	0.0740%	0.1632%	0.5626%	0.6960%	0.0031%	0.2781%	1.8434%
2002	0.0010%	0.0497%	0.0591%	0.2131%	0.5463%	0.8312%	0.0048%	0.2665%	1.9717%
2003	0.0007%	0.0398%	0.0540%	0.1942%	0.5022%	0.8707%	0.0048%	0.2586%	1.9250%
2004	0.0003%	0.0257%	0.0371%	0.3079%	0.4742%	0.8814%	0.0027%	0.2392%	1.9684%
2005	0.0003%	0.0163%	0.0369%	0.3935%	0.3941%	0.8981%	0.0047%	0.2515%	1.9954%
2006	0.0001%	0.0100%	0.0368%	0.4633%	0.3744%	0.9065%	0.0061%	0.2674%	2.0647%
2007	0.0001%	0.0044%	0.0322%	0.4684%	0.2974%	0.8057%	0.0075%	0.2824%	1.9920%

（7）净出口

净出口指产品的出口额与进口额之差，从某种程度上也能反映出口的竞争能力。长期以来，原木一直处于贸易逆差状态，并且逆差不断增大。其他原材2005年后出现净出口为负值，锯材1997年后出现负值，逆差不断增大。木制品、木家具的净出口不断增加，人造板由1994年的贸易逆差893.19万美元变为2007年的贸易顺差5096万美元，净出口变动幅度很大。木浆、纸和纸制品贸易逆差不断增大，表明资本技术密集型木质林产品中国竞争力较弱。

表16 1994—2007年中国木质林产品净出口额 单位：百万美元

	原木	其他原材	锯材	木制品	人造板	木家具	木浆	纸和纸制品	总体
1994	−387.19	81.80	18.37	580.13	−893.19	445.24	−395.67	−1539.84	−2090.35
1995	−321.22	193.05	45.53	749.44	−823.80	565.24	−644.57	−1736.88	−1973.22
1996	−428.48	175.01	14.07	769.53	−678.04	680.45	−763.65	−2414.23	−2645.34
1997	−647.56	173.31	−74.27	879.30	−683.93	936.63	−736.42	−2951.98	−3104.91
1998	−586.63	136.01	−233.28	838.79	−753.37	1053.17	−914.34	−2801.05	−3260.70
1999	−1240.62	122.73	−522.56	1074.93	−647.86	1284.72	−1411.54	−3161.85	−4502.05
2000	−1647.70	144.90	−802.89	1327.02	−634.86	1645.41	−2110.79	−3211.45	−5290.35
2001	−1688.42	143.73	−791.66	1470.88	−297.38	1823.50	−2067.69	−3042.84	−4449.88
2002	−2135.09	131.01	−975.13	1753.87	−87.24	2667.70	−2152.12	−3330.85	−4127.85
2003	−2444.26	131.69	−962.00	2168.03	−69.83	3754.85	−2639.48	−3676.52	−3737.52
2004	−2802.36	98.63	−1167.30	2763.82	917.91	5156.64	−3551.56	−4008.95	−2593.17
2005	−3241.50	−11.54	−1235.45	2956.04	2228.29	6755.95	−3689.78	−3948.96	−186.97
2006	−3927.97	−33.69	−1341.57	3569.41	3846.33	8666.15	−4333.63	−3463.65	2981.38
2007	−5354.62	−121.36	−1382.20	3555.91	5096.00	9609.31	−5455.69	−4616.83	3262.23

2. 木质林产品竞争力的国际比较

(1) 显性比较优势指数的比较

显性比较优势的国际比较，1994年在主要贸易伙伴中，RCA指数排在前三的是，印尼为4.647，波动较大，2002年后逐年下降，2007年RCA指数为2.760。加拿大1994年RCA指数为3.814，波动较平缓，2007年RCA指数为2.967。马来西亚1994年RCA指数为2.945，下降幅度较明显，2002年后又逐年上升为2.040，2007年为1.862。排在后三位的是，日本1994年RCA指数为0.093，波动并不明显，2007年为0.118。韩国1994年RCA指数为0.201，1998年后逐年下降，2007年的RCA为0.148。澳大利亚1994年的RCA指数为0.411，略有上升趋势，2007年为0.539。中国1994年的RCA指数为0.481，在

15 个国家（地区）中排第 10，2007 年 RCA 指数为 0.930，在 15 个国家中排在第 6，上升趋势明显。

表 17　1994—2007 年中国与主要贸易伙伴木质林产品 RCA 指数

	1994	1995	1996	1997	1998	1999	2000
中国	0.481	0.519	0.575	0.610	0.602	0.672	0.703
美国	0.955	0.973	0.932	0.903	0.823	0.819	0.840
日本	0.093	0.094	0.093	0.098	0.097	0.107	0.109
中国香港	0.432	0.439	0.489	0.564	0.616	0.623	0.608
英国	0.456	0.458	0.479	0.485	0.494	0.488	0.471
韩国	0.201	0.197	0.213	0.229	0.268	0.256	0.237
加拿大	3.814	3.992	3.912	3.941	3.933	4.035	3.877
澳大利亚	0.411	0.427	0.447	0.462	0.462	0.506	0.495
德国	0.697	0.698	0.730	0.756	0.806	0.813	0.820
荷兰	0.616	0.599	0.593	0.540	0.596	0.616	0.579
法国	0.702	0.710	0.729	0.745	0.766	0.768	0.803
俄罗斯	—	—	1.092	1.174	1.375	1.523	1.338
印尼	4.647	4.280	4.427	4.030	3.350	4.261	3.807
泰国	0.656	0.650	0.636	0.662	0.785	0.916	0.944
马来西亚	2.945	2.364	2.584	2.524	1.952	2.085	1.942
	2001	2002	2003	2004	2005	2006	2007
中国	0.742	0.795	0.804	0.850	0.919	1.009	0.930
美国	0.813	0.825	0.835	0.842	0.873	0.912	0.852
日本	0.102	0.110	0.109	0.107	0.107	0.121	0.118
中国香港	0.579	0.568	0.476	0.393	0.342	0.326	0.289
英国	0.478	0.490	0.534	0.539	0.511	0.477	0.532
韩国	0.238	0.210	0.205	0.190	0.177	0.162	0.148
加拿大	3.774	3.777	3.783	4.102	3.834	3.660	2.967
澳大利亚	0.486	0.562	0.620	0.632	0.557	0.535	0.539
德国	0.859	0.891	0.854	0.852	0.978	1.022	0.961

（续表）

	1994	1995	1996	1997	1998	1999	2000
荷兰	0.583	0.594	0.607	0.552	0.548	0.567	0.498
法国	0.789	0.773	0.796	0.795	0.825	0.852	0.832
俄罗斯	1.414	1.509	1.447	1.399	1.374	1.347	1.437
印尼	3.911	3.974	3.838	3.444	3.292	3.302	2.760
泰国	0.988	1.014	0.984	0.980	0.969	0.929	0.881
马来西亚	1.820	1.814	1.815	1.862	1.900	2.040	1.862

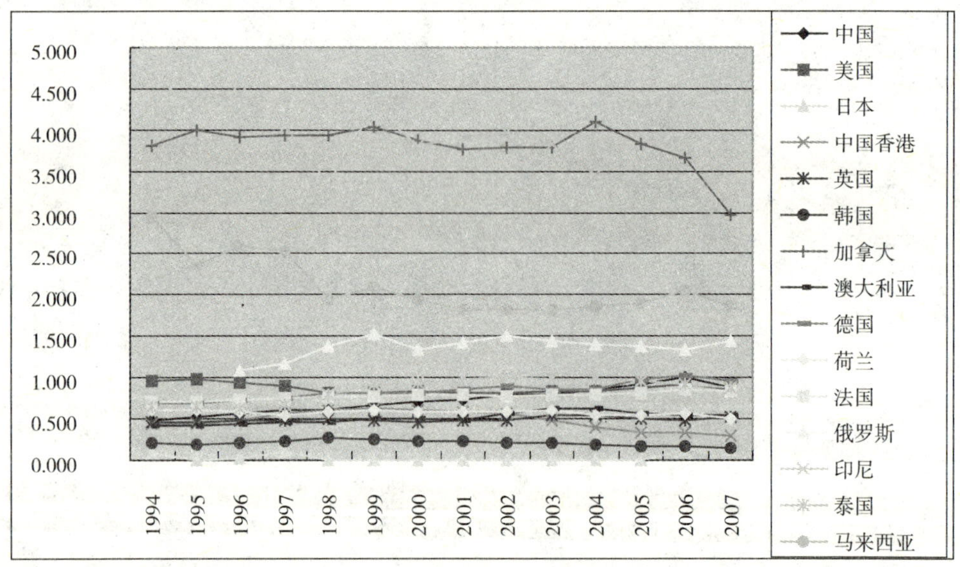

图 15　1994—2007 年中国与主要贸易伙伴木质林产品 RCA 指数比较

（2）TSC 指数的国际比较

在 15 个木质林产品贸易大国中，TSC 国际比较，印尼 TSC 一直很高，1994 年为 0.731，2006 年为 0.644，2007 年为 0.583；俄罗斯的 TSC 先上升后下降，1999 年的 TSC 为 0.546，下降趋势明显，2006 年为 0.396，2007 年为－0.731；马来西亚 1994 年的 TSC 为 0.679，略有下降，2006 年为 0.517，2007 年为－0.712；加拿大 1994 年的 TSC 为 0.555，2006 为 0.4，2007 年为 0.335，略有下降；泰国上升趋势明显，从 1994 年的－0.327 上升为 2006 年的 0.112，但 2007

年只有－0.758，急剧下降；韩国、英国、澳大利亚、美国的 TSC 一直是负数，相对较弱；日本 TSC 一直趋向于－1，国际竞争力很弱；中国的 TSC 不断提高，从 1994 年的－0.366，排第 8 位，上升到 2007 年为 0.072，排第 3 位。

表 18　1994—2007 年 15 个主要木质林产品贸易国（地区）的 TSC 指数

	1994	1995	1996	1997	1998	1999	2000
中国	－0.366	－0.287	－0.346	－0.335	－0.355	－0.391	－0.372
美国	－0.268	－0.267	－0.306	－0.326	－0.485	－0.525	－0.523
日本	－0.888	－0.889	－0.905	－0.896	－0.913	－0.909	－0.906
中国香港	－0.320	－0.329	－0.325	－0.308	－0.260	－0.257	－0.249
英国	－0.617	－0.609	－0.592	－0.575	－0.592	－0.598	－0.610
韩国	－0.777	－0.773	－0.758	－0.710	－0.533	－0.616	－0.649
加拿大	0.555	0.544	0.570	0.535	0.511	0.537	0.527
澳大利亚	－0.598	－0.579	－0.529	－0.521	－0.562	－0.565	－0.585
德国	－0.185	－0.149	－0.118	－0.111	－0.091	－0.062	－0.046
荷兰	－0.434	－0.420	－0.438	－0.438	－0.443	－0.445	－0.441
法国	－0.347	－0.358	－0.343	－0.331	－0.334	－0.341	－0.356
俄罗斯	—	—	0.298	0.212	0.291	0.546	0.539
印尼	0.731	0.665	0.716	0.703	0.659	0.719	0.627
泰国	－0.327	－0.346	－0.332	－0.171	0.150	0.166	0.118
马来西亚	0.679	0.583	0.638	0.630	0.626	0.605	0.552
	2001	2002	2003	2004	2005	2006	2007
中国	－0.312	－0.243	－0.181	－0.100	－0.006	0.081	0.072
美国	－0.554	－0.528	－0.545	－0.580	－0.578	－0.541	－0.650
日本	－0.916	－0.858	－0.861	－0.861	－0.849	－0.837	－0.817
中国香港	－0.240	－0.218	－0.230	－0.269	－0.296	－0.304	－0.312
英国	－0.627	－0.632	－0.631	－0.649	－0.651	－0.660	－0.668
韩国	－0.660	－0.657	－0.635	－0.610	－0.634	－0.676	－0.696
加拿大	0.499	0.469	0.451	0.484	0.453	0.400	0.335
澳大利亚	－0.496	－0.486	－0.510	－0.502	－0.515	－0.513	－0.507

（续表）

	1994	1995	1996	1997	1998	1999	2000
德国	−0.003	0.037	0.029	0.083	0.122	0.181	−0.040
荷兰	−0.444	−0.443	−0.415	−0.416	−0.408	−0.399	−0.398
法国	−0.354	−0.353	−0.364	−0.374	−0.383	−0.373	−0.393
俄罗斯	0.421	0.405	0.377	0.402	0.422	0.396	−0.731
印尼	0.683	0.701	0.699	0.627	0.637	0.644	0.583
泰国	0.152	0.139	0.128	0.110	0.084	0.112	−0.758
马来西亚	0.521	0.537	0.565	0.519	0.524	0.517	−0.712

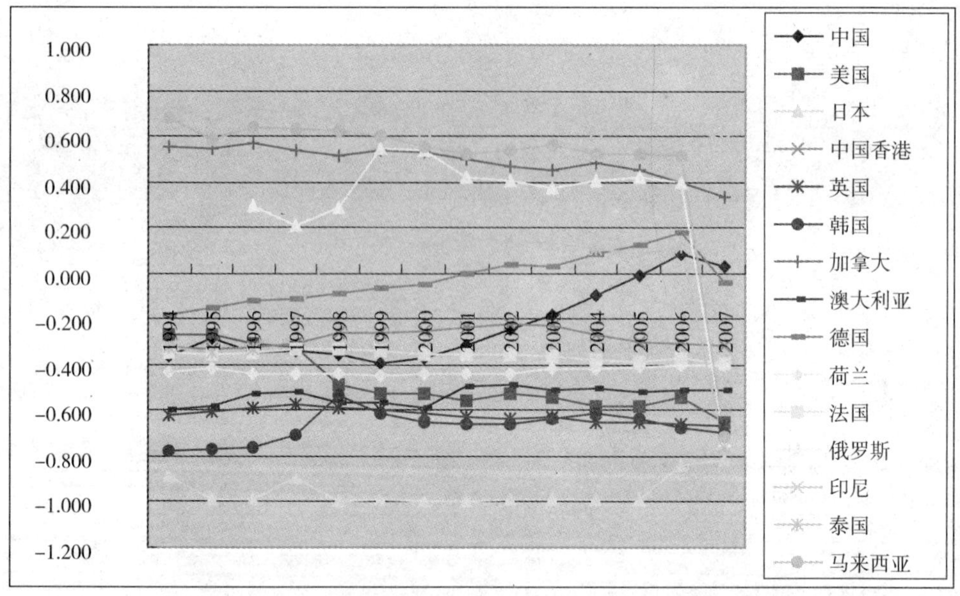

图 16　1994—2007 年 15 个主要木质林产品贸易国（地区）的 TSC 比较

（3）国际市场占有率的国际比较

15 个主要木质林产品贸易国（地区）的国际市场占有率，排在前三的是加拿大、美国、德国，加拿大和美国占有率下降趋势明显，德国有所上升。中国 1999 年后上升趋势非常明显，从 1994 年的排在第 10 上升到第 3，占有率从 1.55%上升到 8.74%。其他国家的占有率历年都小于 5%，波动幅度不大。

表 19　1994—2007 年 15 个主要木质林产品贸易国（地区）的国际市场占有率

	1994	1995	1996	1997	1998	1999	2000
中国	1.55%	1.65%	1.74%	2.10%	2.10%	2.39%	2.82%
美国	13.02%	12.12%	11.62%	11.71%	10.62%	10.37%	10.55%
日本	0.98%	0.89%	0.77%	0.77%	0.71%	0.82%	0.84%
中国香港	1.74%	1.63%	1.77%	2.00%	2.04%	1.99%	1.98%
英国	2.41%	2.29%	2.43%	2.55%	2.53%	2.37%	2.14%
韩国	0.51%	0.52%	0.55%	0.59%	0.67%	0.67%	0.66%
加拿大	16.87%	16.29%	15.84%	16.06%	16.02%	17.62%	17.30%
澳大利亚	0.52%	0.48%	0.54%	0.55%	0.49%	0.50%	0.51%
德国	7.92%	7.80%	7.66%	7.31%	8.32%	8.07%	7.26%
荷兰	2.39%	2.27%	2.11%	1.88%	1.90%	1.92%	1.68%
法国	4.36%	4.31%	4.14%	3.98%	4.37%	4.16%	3.82%
俄罗斯	—	—	1.94%	1.93%	1.89%	2.03%	2.22%
印尼	4.95%	4.15%	4.41%	4.06%	3.11%	3.79%	3.81%
泰国	0.79%	0.78%	0.71%	0.73%	0.80%	0.98%	1.05%
马来西亚	4.61%	3.72%	4.05%	3.75%	2.71%	3.22%	3.07%
	2001	2002	2003	2004	2005	2006	2007
中国	3.30%	4.13%	4.79%	5.65%	6.94%	8.34%	8.74%
美国	9.93%	9.12%	8.22%	7.71%	7.82%	8.07%	7.64%
日本	0.69%	0.73%	0.70%	0.68%	0.63%	0.66%	0.65%
中国香港	1.85%	1.83%	1.48%	1.17%	0.99%	0.90%	0.78%
英国	2.17%	2.19%	2.24%	2.11%	1.94%	1.81%	1.81%
韩国	0.60%	0.54%	0.54%	0.54%	0.50%	0.45%	0.42%
加拿大	16.46%	15.20%	14.01%	14.56%	13.69%	12.11%	9.62%
澳大利亚	0.51%	0.58%	0.59%	0.61%	0.58%	0.56%	0.58%
德国	8.20%	8.74%	8.69%	8.69%	9.47%	9.78%	9.85%
荷兰	1.65%	1.66%	1.88%	1.80%	1.74%	1.79%	1.84%
法国	3.82%	3.75%	3.88%	3.68%	3.55%	3.48%	3.47%

（续表）

	1994	1995	1996	1997	1998	1999	2000
俄罗斯	2.36%	2.56%	2.63%	2.84%	3.29%	3.46%	3.91%
印尼	3.68%	3.62%	3.19%	2.76%	2.79%	2.84%	2.43%
泰国	1.07%	1.10%	1.07%	1.06%	1.06%	1.03%	1.04%
马来西亚	2.68%	2.72%	2.59%	2.64%	2.67%	2.79%	2.53%

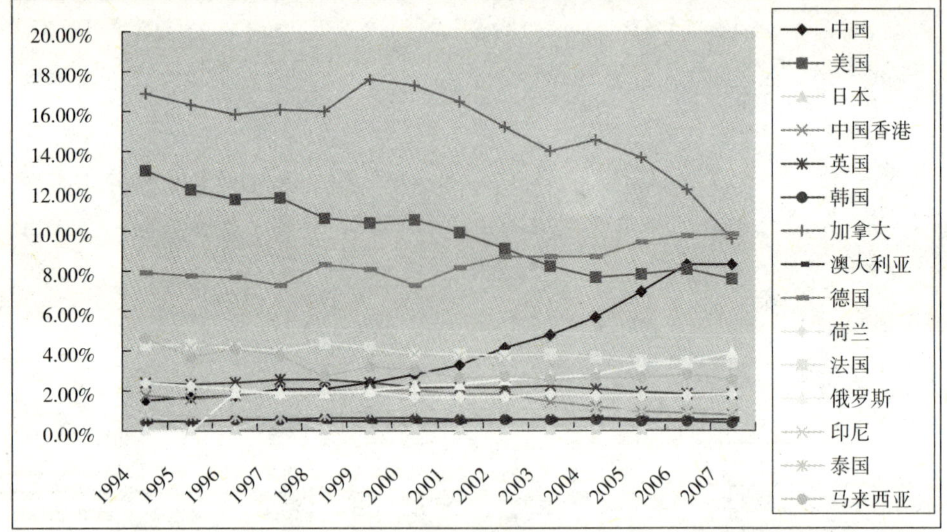

图 17　1994—2007 年 15 个主要木质林产品贸易国（地区）的国际市场占有率比较

（4）出口增长优势指数的比较

出口增长优势指数以某产品出口增长率占该国（地区）总的贸易增长率的比重。出口增长优势指数 1996 年该指数为 1.507，排在第 5，2007 年该指数为 0.828，排在第 8。

表 20　1996—2007 年 15 国（地区）出口增长优势指数

	1996	1997	1998	1999	2000	2001
中国	1.507	1.098	−7.180	3.020	0.999	1.421
美国	−1.014	0.241	12.433	0.735	0.820	1.869
日本	2.269	1.097	1.491	2.568	0.752	1.448

（续表）

	1996	1997	1998	1999	2000	2001
中国香港	1.348	3.716	0.281	−3.829	0.509	2.222
英国	0.347	0.683	1.513	1.644	−0.271	1.354
韩国	0.583	1.610	−3.654	0.410	0.311	1.159
加拿大	−0.968	0.451	6.239	1.256	0.407	1.870
澳大利亚	0.601	0.803	1.266	−3.012	0.557	7.683
德国	−52.196	1.340	1.547	−5.231	−1.933	1.464
荷兰	68.916	−2.354	0.326	2.975	−0.940	1.347
法国	129.951	12.116	0.913	0.875	1.338	3.269
俄罗斯		−0.980	0.366	13.861	0.452	0.134
印尼	0.331	−0.883	3.085	−71.663	0.324	1.011
泰国	9.061	0.924	−0.680	3.005	0.899	0.710
马来西亚	0.908	−11.245	4.368	1.509	0.211	1.765
	2002	2003	2004	2005	2006	2007
中国	1.381	0.908	1.086	1.062	1.163	0.828
美国	0.755	0.462	0.781	0.704	0.885	0.795
日本	3.340	0.616	0.705	−0.386	1.819	1.274
中国香港	0.640	−0.630	−0.458	−1.027	−0.072	0.058
英国	1.850	1.610	0.784	−0.212	0.117	−15.584
韩国	−0.593	0.630	0.563	−0.165	−0.100	0.646
加拿大	1.033	0.551	1.339	−0.028	−0.404	−0.981
澳大利亚	7.014	1.867	0.920	0.056	0.335	1.482
德国	1.496	0.579	0.801	2.151	0.884	0.896
荷兰	1.541	0.944	0.443	0.250	0.823	0.642
法国	0.563	0.965	0.743	0.425	0.717	1.206
俄罗斯	2.012	0.636	0.751	0.681	0.622	1.811
印尼	1.965	−0.046	0.096	0.369	0.637	−0.071
泰国	1.530	0.587	0.775	0.421	0.389	0.949
马来西亚	0.920	0.674	0.950	0.593	1.102	0.493

（5）出口依存度的比较

在进行国际比较时，基于主要木质林产品贸易大国（地区）林业总产值数据的不可获得性，出口依存度以该国（地区）木质林产品的出口额占该国（地区）的 GDP 的比重。2007 年中国排在马来西亚、加拿大、印尼、泰国、中国香港、俄罗斯、德国之后，居世界第 8。

表 21　2003—2007 年 15 国（地区）木质林产品出口依存度

	2003	2004	2005	2006	2007
中国	0.5141%	0.6046%	0.6798%	0.7525%	0.7392%
美国	0.1325%	0.1365%	0.1380%	0.1466%	0.1517%
日本	0.0291%	0.0307%	0.0304%	0.0368%	0.0342%
中国香港	1.6454%	1.4569%	1.2188%	1.1331%	1.0542%
英国	0.2181%	0.2042%	0.1935%	0.1850%	0.1952%
韩国	0.1564%	0.1641%	0.1383%	0.1215%	0.1186%
加拿大	2.8852%	3.0824%	2.6930%	2.3225%	1.9637%
澳大利亚	0.1918%	0.1927%	0.1746%	0.1758%	0.2154%
德国	0.6267%	0.6534%	0.7424%	0.8073%	0.8337%
荷兰	0.6149%	0.6119%	0.6099%	0.6536%	0.6745%
法国	0.3792%	0.3696%	0.3656%	0.3742%	0.3819%
俄罗斯	1.0734%	0.9936%	0.9416%	0.8424%	0.9514%
印尼	2.3903%	2.2218%	2.1324%	1.8682%	1.7034%
泰国	1.3267%	1.3531%	1.3138%	1.2038%	1.2762%
马来西亚	4.3768%	4.6057%	4.4656%	4.5041%	4.3371%

（6）出口贡献率的比较

1994—2007 年中国木质林产品出口贡献率平缓上升，在 15 个主要木质林产品贸易国（地区）中 1994 年排在第 9，2007 年排在第 6。

表 22　1994—2007 年 15 个主要木质林产品贸易国（地区）出口贡献率

	1994	1995	1996	1997	1998	1999	2000
中国	1.4973%	1.6459%	1.6584%	1.6866%	1.6102%	1.7959%	1.7954%
美国	2.97%	3.09%	2.69%	2.50%	2.20%	2.19%	2.14%
日本	0.29%	0.30%	0.27%	0.27%	0.26%	0.29%	0.28%
中国香港	1.35%	1.39%	1.41%	1.56%	1.65%	1.67%	1.55%
英国	1.42%	1.45%	1.38%	1.34%	1.32%	1.30%	1.20%
韩国	0.63%	0.62%	0.61%	0.63%	0.72%	0.68%	0.61%
加拿大	11.87%	12.66%	11.29%	10.89%	10.51%	10.79%	9.90%
澳大利亚	1.28%	1.35%	1.29%	1.28%	1.24%	1.35%	1.26%
德国	2.17%	2.21%	2.11%	2.09%	2.16%	2.17%	2.10%
荷兰	1.92%	1.90%	1.71%	1.49%	1.59%	1.65%	1.48%
法国	2.18%	2.25%	2.10%	2.06%	2.05%	2.05%	2.05%
俄罗斯	—	—	3.15%	3.25%	3.68%	4.07%	3.42%
印尼	14.46%	13.58%	12.78%	11.14%	8.96%	11.39%	9.72%
泰国	2.04%	2.06%	1.84%	1.83%	2.10%	2.45%	2.41%
马来西亚	9.16%	7.50%	7.46%	6.98%	5.22%	5.57%	4.96%
	2001	2002	2003	2004	2005	2006	2007
中国	1.8434%	1.9717%	1.9250%	1.9684%	1.9954%	2.0647%	1.9920%
美国	2.02%	2.05%	2.00%	1.95%	1.89%	1.87%	1.82%
日本	0.25%	0.27%	0.26%	0.25%	0.23%	0.25%	0.25%
中国香港	1.44%	1.41%	1.14%	0.91%	0.74%	0.67%	0.62%
英国	1.19%	1.21%	1.28%	1.25%	1.11%	0.98%	1.14%
韩国	0.59%	0.52%	0.49%	0.44%	0.38%	0.33%	0.32%
加拿大	9.37%	9.36%	9.06%	9.49%	8.32%	7.49%	6.35%
澳大利亚	1.21%	1.39%	1.48%	1.46%	1.21%	1.10%	1.16%
德国	2.13%	2.21%	2.04%	1.97%	2.12%	2.09%	2.06%
荷兰	1.45%	1.47%	1.45%	1.28%	1.19%	1.16%	1.07%
法国	1.96%	1.92%	1.91%	1.84%	1.79%	1.74%	1.78%
俄罗斯	3.51%	3.74%	3.47%	3.24%	2.98%	2.76%	3.08%
印尼	9.71%	9.85%	9.19%	7.97%	7.14%	6.76%	5.91%
泰国	2.45%	2.51%	2.36%	2.27%	2.10%	1.90%	1.89%
马来西亚	4.52%	4.50%	4.35%	4.31%	4.12%	4.17%	3.99%

（7）净出口的比较

中国1994年至2005年木质林产品净出口都是负值，2006年为2981.38百万美元，2007年为3262.23百万美元。1994年净出口排在第7，2007年净出口排在第5。

表23　1994—2007年15个主要木质林产品贸易国（地区）的净出口

单位：百万美元

	1994	1995	1996	1997	1998	1999	2000
中国	−2090.35	−1973.22	−2645.34	−3104.91	−3260.70	−4502.05	−5290.35
美国	−11161.34	−13134.33	−14750.71	−16579.21	−28223.28	−33471.87	−36679.84
日本	−18242.92	−21176.69	−20940.03	−19468.21	−20966.36	−23969.40	−25590.98
中国香港	−1914.90	−2370.13	−2454.26	−2616.65	−2019.85	−2009.71	−2086.28
英国	−9093.45	−10590.34	−10155.30	−10142.82	−10363.46	−10312.16	−10624.44
韩国	−4189.23	−5313.62	−4988.06	−4209.15	−2163.22	−3148.72	−3857.61
加拿大	14079.69	17050.26	16583.59	16397.26	15256.70	17994.52	18930.01
澳大利亚	−1797.59	−1974.66	−1743.44	−1743.83	−1771.49	−1914.09	−2278.35
德国	−4206.12	−4057.69	−2941.85	−2684.84	−2341.72	−1553.71	−1114.49
荷兰	−4289.16	−4894.77	−4725.31	−4294.12	−4241.68	−4504.19	−4205.97
法国	−5424.44	−7142.96	−6239.60	−5763.58	−6188.49	−6287.99	−6692.41
俄罗斯	—	—	1283.17	992.60	1197.60	2096.22	2466.48
印尼	4891.92	4926.08	5308.66	4916.58	3476.01	4635.53	4657.26
泰国	−896.40	−1230.53	−1014.29	−441.14	292.66	407.25	350.82
马来西亚	4361.12	4072.44	4550.61	4245.30	2945.40	3549.89	3464.35
	2001	**2002**	**2003**	**2004**	**2005**	**2006**	**2007**
中国	−4449.88	−4127.85	−3737.52	−2593.17	−186.97	2981.38	3262.23
美国	−36727.92	−31675.28	−34732.97	−44098.60	−46903.16	−45646.71	−39320.43
日本	−22344.52	−13767.46	−15293.82	−17362.09	−15496.74	−16326.34	−16157.51
中国香港	−1729.38	−1585.18	−1561.96	−1776.64	−1824.97	−1876.09	−1964.28
英国	−10885.11	−11732.63	−13469.33	−16089.39	−15922.44	−16808.33	−20158.02
韩国	−3449.23	−3249.68	−3309.86	−3489.79	−3797.70	−4491.15	−5400.36

（续表）

	1994	1995	1996	1997	1998	1999	2000
加拿大	16284.59	15095.86	15321.37	19648.90	18710.05	16599.46	13398.63
澳大利亚	−1505.09	−1716.33	−2173.87	−2551.57	−2719.69	−2844.62	−3310.38
德国	−62.12	977.53	849.54	2752.11	4528.48	7200.30	−2252.24
荷兰	−3915.95	−4107.40	−4694.72	−5288.15	−5248.69	−5716.87	−6751.69
法国	−6205.84	−6386.92	−7824.15	−9109.36	−9669.09	−9921.11	−12448.36
俄罗斯	2078.36	2301.06	2537.30	3374.22	4271.59	4717.60	5881.48
印尼	4440.73	4641.18	4617.65	4397.35	4762.81	5332.39	4970.85
泰国	420.80	417.63	428.62	431.36	358.63	498.38	671.22
马来西亚	2725.13	2953.54	3287.02	3727.41	4018.96	4570.80	4548.34

（8）基于主成分分析的木质林产品国际竞争力比较分析

表 24　15 个木质林产品大国 2003—2007 年各指标的数据的均值

	显性比较优势指数	TSC 指数	国际市场占有率	出口优势变差指数	出口依存度	出口贡献率	净出口（百万美元）
中国	0.9024	−0.0268	6.89%	1.0094	0.0066	1.99%	−54.81
美国	0.8628	−0.5788	7.89%	0.7254	0.0014	1.91%	−42140.37
日本	0.1124	−0.845	0.66%	0.8055	0.0003	0.25%	−16127.30
中国香港	0.3652	−0.2822	1.06%	−0.4258	0.0130	0.82%	−1800.79
英国	0.5186	−0.6518	1.98%	−2.657	0.0020	1.15%	−16489.50
韩国	0.1764	−0.6502	0.49%	0.3148	0.0014	0.39%	−4097.77
加拿大	3.6692	0.4246	12.80%	0.0954	0.0259	8.14%	16735.68
澳大利亚	0.5766	−0.5094	0.58%	0.932	0.0019	1.28%	−2720.03
德国	0.9334	0.075	9.30%	1.0622	0.0073	2.06%	2615.64
荷兰	0.5544	−0.4072	1.81%	0.6204	0.0063	1.23%	−5540.02
法国	0.82	−0.3774	3.61%	0.8112	0.0037	1.81%	−9794.41
俄罗斯	1.4008	0.1732	3.23%	0.9002	0.0096	3.11%	4156.44
印尼	3.3272	0.638	2.80%	0.197	0.0206	7.39%	4816.21
泰国	0.9486	−0.0648	1.05%	0.6242	0.0129	2.10%	477.64
马来西亚	1.8958	0.2826	2.64%	0.7624	0.0446	4.19%	4030.51

① 主成分分析

主成分分析（Principal Components Analysis，PCA）是一种多元统计方法，这种方法能够消除样本指标间的相互关系，在保持样本主要信息量的前提下，提取少量有代表性的主要指标。同时，在分析过程中得到主要指标的合理权重，把各变量之间的复杂关系进行最佳综合简化，达到对高维变量空间的降维处理。它克服了定性方法的主观性和随意性，又避免了层次分析法设置指标权重的主观性，是一种比较好的研究出口竞争力的定量方法。主成分分析主要分以下几个步骤：1）对样本数据进行标准化转换；2）样本相关矩阵 R 的计算；3）相关矩阵 R 的特征值和对应的特征向量的计算；4）提取主成分并计算各主成分的贡献率；5）对主成分的经济意义作出分析，并用主成分进行综合评价。

表 25　主成分分析的相关矩阵

Correlation Matrix

	RCA	TSC	国际市场占有率	出口优势变差指数	出口依存度	出口贡献率	净出口
Correlation RCA	1.000	0.861	0.539	0.030	0.685	1.000	0.542
TSC	0.861	1.000	0.441	0.198	0.747	0.861	0.714
国际市场占有率	0.539	0.441	1.000	0.156	0.198	0.538	0.142
出口优势变差指数	0.030	0.198	0.156	1.000	0.067	0.029	0.135
出口依存度	0.685	0.747	0.198	0.067	1.000	0.684	0.562
出口贡献率	1.000	0.861	0.538	0.029	0.684	1.000	0.542
净出口	0.542	0.714	0.142	0.135	0.562	0.542	1.000

表 26　主成分分析的变量共同度

Communalities

	Initial	Extration
RCA	1.000	0.906
TSC	1.000	0.905
国际市场占有率	1.000	0.428
出口优势变差指数	1.000	0.875

（续表）

	Initial	Extration
出口依存度	1.000	0.671
出口贡献率	1.000	0.905
净出口	1.000	0.512

Extration Method：Principal Component Analysis

由表 25 可知，在 7 个变量中很多变量之间存在高度相关，故需要进行因子分析。同时由表 26 可知，从反映的各个变量的两个因子共同度可看出，多个变量都能很好地被两个因子（主成分）解释，因为有 5 个变量的因子共同度均在 0.65 以上。

表 27　主成分分析的解释方差总和

Total Variance Explained

Component	Intial Eigenvalues			Extraction Sums of Squared Loading			Rotation Sums of Squared Loadings		
	Total	%of Variance	Cumulative %	Total	%of Variance	Cumulative %	Total	%of Variance	Cumulative %
1	4.163	59.475	59.475	4.163	59.475	59.475	4.032	57.607	57.607
2	1.039	14.842	74.316	1.039	14.842	74.316	1.170	16.709	74.316
3	0.964	13.766	88.082						
4	0.444	6.338	94.420						
5	0.286	4.080	98.500						
6	0.105	1.500	100.000						
7	0.19E−006	3.12E−005	100.000						

从表 27 的特征值可看出，第一个因子的特征值为 4.163，大约占去方差的 59.475%，基于 Facter 过程取特征值大于 1 的规则，提取了前两个因子，2 个因子的特征值共占去方差 74.316%。可见，被放弃的其他几个因子解释的方差仅占 25%，因此说明前两个因子提供了原始数据的足够信息。

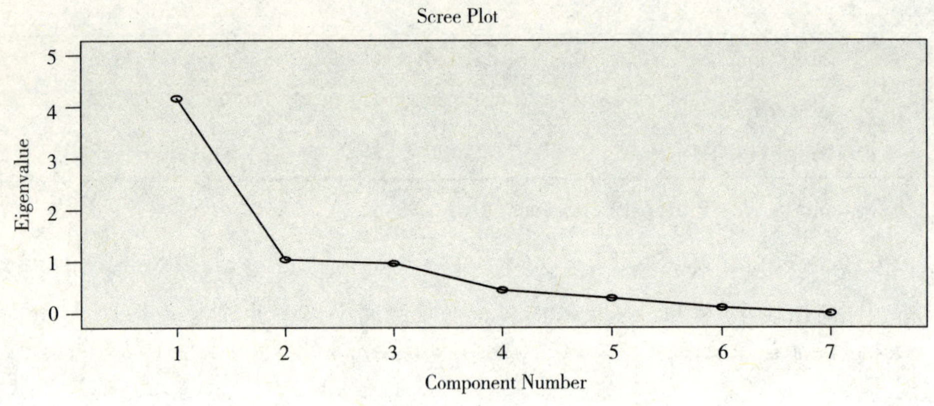

图 18　主成分分析的碎石图

图 18 是碎石图，是按照特征值大小排列的主成分散点图，从图中可见，前两个成分的特征值在 1 以上，可以初步得出，提取两个因子将能够概括绝大部分信息。

表 28　主成分分析的因子负荷矩阵

Component Matrix

	Component	
	1	2
RCA	0.948	−0.091
TSC	0.951	0.031
国际市场占有率	0.545	0.362
出口优势变差指数	0.151	0.923
出口依存度	0.799	−0.181
出口贡献率	0.947	−0.092
净出口	0.712	−0.069

表 29　主成分分析的旋转后因子负荷矩阵

Rotated Component Matrix

	Component	
	1	2
RCA	0.946	0.105
TSC	0.924	0.225
国际市场占有率	0.459	0.466
出口优势变差指数	−0.041	0.935
出口依存度	0.819	−0.014
出口贡献率	0.946	0.104
净出口	0.711	0.078

表 30　主成分分析的因子转化矩阵

Component Transformation Matrix

Component	1	2
1	0.979	0.205
2	−0.205	0.979

Extraction Method：Principal Component Analysis.

Rotation Method：Varimax with Kaiser Normalization.

表 28 与表 29 是因子负荷矩阵和旋转后因子负荷矩阵，表 30 是因子转化矩阵，旋转前的因子负荷矩阵乘以因子转化矩阵就是旋转后的因子负荷矩阵。由于初始因子负荷矩阵对因子命名和解释不明显，而从表 29 可以看出旋转后的因子系数更加明显的向两极分化，有了更鲜明的实际意义。由表 29 可以得到两个主成分表达式：

因子 1

$$F_1 = 0.946\times X_1 + 0.924\times X_2 + 0.459\times X_3 - 0.041\times X_4 + 0.819\times X_5 + 0.946\times X_6 + 0.711\times X_7$$

因子 2

$$F_2 = 0.105\times X_1 + 0.225\times X_2 + 0.466\times X_3 + 0.935\times X_4 - 0.014\times X_5 + 0.104\times X_6 + 0.078\times X_7$$

其中：X_1 为 RCA 指数，X_2 为 TSC 指数，X_3 为国际市场占有率，X_4 为出

口优势变差指数，X_5 为出口依存度，X_6 为出口贡献率，X_7 为净出口。

同时，由表 29 可知，F_1 中系数的绝对值主要有：RCA、TSC、出口依存度、出口贡献率及净出口，它代表了竞争实力；F_2 中系数的绝对值主要有国际市场占有率和出口优势变差指数，它代表了竞争态势。

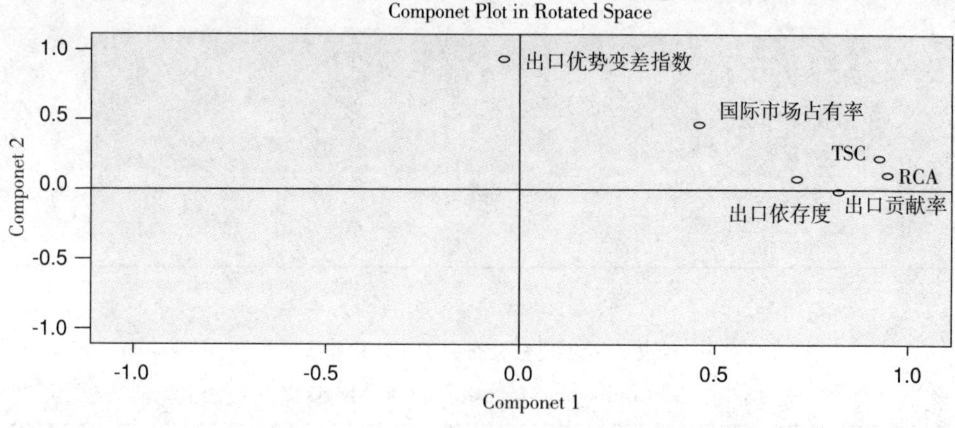

图 19　主成分分析旋转后因子散点图

图 19 为旋转后因子散点图，图中的坐标轴就是各个主因子，从图中可以看出 F_1、F_2 与 7 个变量之间的关系。

表 31　主成分分析的因子得分系数矩阵

Component Score Coefficient Matrix

	Component	
	1	2
RCA	0.241	−0.039
TSC	0.217	0.076
国际市场占有率	0.057	0.368
出口优势变差指数	−0.146	0.877
出口依存度	0.223	−0.131
出口贡献率	0.241	−0.040
净出口	0.181	−0.030

Extration Method：Principal Component Analysis.

Rotation Method：Varimax with Kaiser Normalization.

Component Scores.

表 31 为因子得分系数矩阵，从表中可以得到因子得分表达式，如下所示：

$F_1' = 0.241 \times X_1 + 0.217 \times X_2 + 0.057 \times X_3 - 0.146 \times X_4 + 0.223 \times X_5 + 0.241 \times X_6 + 0.181 \times X_7$

$F_2' = -0.039 \times X_1 + 0.076 \times X_2 + 0.368 \times X_3 + 0.877 \times X_4 - 0.131 \times X_5 - 0.040 \times X_6 - 0.030 \times X_7$

表 32　主成分分析的因子得分协方差矩阵

Component Score Covariance Matrix

Component	1	2
1	1.000	0.000
2	0.000	1.000

Extration Method：Principal Component Analysis.

Rotation Method：Varimax with Kaiser Normalization.

Component Scores.

从表 32 可以看出旋转后 F_1、F_2 得分的协方差矩阵，由于因子得分协方差矩阵为单位矩阵，说明提取的两个因子之间是不相关的。

② 结果分析

下面根据上述结果计算各国的木质林产品出口竞争力指数，计算公式为：$F = (57.607 \times F_1 + 16.709 \times F_2) / 74.316$，得到各主因子和综合因子得分表，见表 33。

表 33　各主因子及综合因子得分表

	F_1	F_2	F（综合）	名次
中国	−0.09336	0.97236	0.146253	6
美国	−0.98777	0.86384	−0.57146	12
日本	−1.25057	0.18693	−0.92737	14
中国香港	−0.22902	−1.02515	−0.40802	10
英国	−0.38182	−2.95433	−0.96022	15
韩国	−0.86856	−0.3019	−0.74115	13
加拿大	2.20409	0.32097	1.780695	1
澳大利亚	−0.68493	0.27346	−0.46945	11

（续表）

	F_1	F_2	F（综合）	名次
德国	0.04849	1.26208	0.32135	5
荷兰	−0.53341	0.07956	−0.39559	9
法国	−0.50751	0.46076	−0.28981	8
俄罗斯	0.3067	0.46213	0.341646	4
印尼	1.72716	−0.42693	1.24284	2
泰国	0.00541	−0.04821	−0.00665	7
马来西亚	1.24509	−0.12557	0.936915	3

从表33中可以看出全球前15大木质林产品生产国（地区）的竞争力综合得分及其排名。下面对我国在竞争实力和竞争态势（即我国在各主因子上的得分情况）与世界其他各国进行比较，这有助于我国清楚自己的缺陷，从而制定有效的措施弥补自己的不足。

从单个因子来看，根据表33，可以清楚地看出，我国的木质林产品的竞争力排在世界第6位，在加拿大、印尼、马来西亚、俄罗斯和德国之后，高于泰国、法国等其他国家。我国木质林产品的竞争力综合值是明显落后于加拿大、印尼和马来西亚三国的，与俄罗斯和德国两国之间也有50%的差距，因此，从整体上来看，我国的木质林产品的竞争力在世界市场上并不强。再通过 F_1 和 F_2 这两个因子来分析，可以看出我国在 F_2（即竞争态势）上的得分比较高，仅落后于德国，可见造成我国木质林产品竞争力不强的主要原因并不是 F_2，而是 F_1（即竞争实力）造成的，与排名靠前的国家相比，我国木质林产品的竞争实力是很低的。

通过上述分析可以看出，虽然我国在木质林产品竞争实力上还无法与木质林产品竞争强国相比，但是我国木质林产品的竞争态势（F_2）非常好，因此，可以说我国的木质林产品在世界市场上的竞争是大有可为的。首先，我国应保持劳动密集型木质林产品的优势，继续发挥区位优势、成本优势、气候优势等已经具有的较高国际竞争力。其次，我国应苦练内力，积极提升我国木质林产品的竞争实力（F_1），可以通过加大对木质林产业的资本和技术的投入，提高我国木质林产品的出口附加值。最后，我国应该加大对国外先进生产技术的引进和学习，培养具有高素质的劳动者，通过“干中学”提高自身产品的竞争力，使我国木质林产品在世界市场上获得更大的收益。

三、中国木质林产品出口贸易面临的困境

中国木质林产品出口规模增长幅度很大，2006 年、2007 年开始由逆差转为顺差，但在出口增长的过程中，面临着两个主要问题。

1. 资源保障安全问题

劳动密集型木质林产品出口规模的增长对资源类木质林产品进口的依赖很严重，我国木质林产品贸易属于典型的补缺型贸易。中国是世界第一大木材净进口国，同时又是世界家具的最大出口国，“大进大出”现象很突出。随着国际环保呼声的不断增强，中国大量进口木材，尤其是对来源可疑的木材的进口引起了国际环保组织对中国的指责，甚至提出“中国威胁世界森林”的论点，大大影响了中国的林产品大国形象。原木等资源类木质林产品进口的过度依赖使得我国面临的舆论压力非常大。同时，俄罗斯等资源密集型木质林产品的主要出口国纷纷限制原木等出口，俄罗斯连续多次上调原木的出口关税使得我国的进口成本不断增加，随着世界天然林资源的不断减少，各国对资源类木质林产品的出口的限制措施还会不断加强，我国木质林产品出口对进口的过度依赖可能无法满足出口的可持续发展，产业安全受到影响。

2. 出口贸易摩擦增多问题

中国木质林产品遭遇的贸易摩擦形式越来越多样化，反倾销、反补贴、保障措施、技术性贸易壁垒、绿色贸易壁垒、知识产权保护以及劳动标准等。世界金融危机使得我国木质林产品主要的出口市场国内需求萎缩，贸易保护主义不断加剧，2009 年 1—4 月，“两反两保”调查 38 起，比同期上升 26.7%。

中国木质林产品的出口以劳动密集型木质林产品为主，2007 年，劳动密集型木质林产品出口占所有木质林产品出口的 82.79%。美国一直是中国木家具第一大出口国，占中国总出口额的 50%左右，木家具出口市场的过于集中，使得出口遭遇贸易摩擦的风险很大。木家具等长期以来靠低价格的竞争优势赢得市场，低价策略使我国获益较少，甚至有的木质林产品出现贸易条件恶化现象。同时，低价策略很容易遭受反倾销调查，杨红强（2007）实证研究表明从 1995—2006 年，中国木质林产品遭受反倾销调查共 26 起，其中美国对华反倾销最多，具有很强的示范效应，欧盟等国家纷纷效仿。

技术性贸易壁垒是木质林产品出口面临的一个主要壁垒：包括绿色技术标准、绿色检疫制度、人造板 CG 认证制度、森林认证等。例如欧盟 2003 年的《关于限制经过砷防腐处理的木材进入市场的指令》、美国加州严格限制生产销售或进口的复合木制品，以及含有复合木制品之成品的甲醛排放的 CARB 法规、美国的明确规定中国输美的所有木制品都必须经过熏蒸或热处理，出具植物检疫证书，贴可溯源标识的《建议法案——中国木制工艺品输美检疫要求》等等，都将对中国木质林产品的出口带来影响。

出口贸易摩擦增多的一个重要原因是我国木质林产品的出口结构不尽合理。出口市场的过于集中，出口商品的过于集中都容易遭受反倾销、技术性贸易壁垒，产业内贸易水平不高也容易引起贸易摩擦。资源保障安全问题说明对资源密集型木质林产品的过于依赖，低附加值的劳动密集型的木质林产品的大量出口，从可持续发展的角度分析，这样的贸易结构存在一定的风险。

本书第四、第五、第六章将分别从出口商品结构、出口模式结构、出口市场结构三方面实证分析木质林产品出口结构的相关问题，第七章构建了出口结构风险指标体系，分析了历年出口结构风险的警戒状态，进行了风险预警。第八章总结出口贸易结构存在的问题，提出结构优化对策。

四、本章小结

1. 基于 1992—2007 年数据，分析中国木质林产品贸易状况表明

第一，进出口规模增长幅度很大。中国木质林产品进口总额从 1992 年的 32.56 亿美元增加到 2007 年的 209.95 亿美元，年均增长率为 13.23%，占世界进口总额从 1992 年的 3.04%增加到 2007 年的 5.46%，尤其是原木、原材、锯材资源类密集型和资本技术密集型进口依赖很严重。出口总额从 1992 年的 11.85 亿美元增加到 2007 年的 242.58 亿美元，年均增长率为 22.29%，占世界出口总额从 1992 年的 1.39%增加到 8.47%，尤其是木制品、木家具劳动密集型木质林产品出口量很大。中国木质林产品贸易总额年均增长率为 16.68%，占世界木质林产品贸易总额从 1992 年的 2.31%增加到 2007 年的 6.91%。

第二，中国木质林产品贸易具有典型的单向补缺型特征。中国木质林产品贸易长期处于逆差状态，1992 年贸易逆差 20.70 亿美元，2002 年以后，由于木质家具出口大量增加，贸易逆差逐年减少，2006 年首次出现贸易顺差 29.81 亿美元，2007 年贸易顺差 32.62 亿美元。木质林产品属于典型的大进大出型，通过

Granger因果关系检验表明在长期中出口额的变动会导致进口额的变化，同时进口额的变动也会导致出口额的变化，两者具有双向的Granger因果关系。在当前金融危机、木家具等木质林产品的出口市场需求萎缩的形势下，增加资源类木质林产品的进口，有助于劳动密集型、资本技术密集型木质林产品出口的稳定增长。

第三，基于2003—2006年中国木质林产品出口30个国家（地区）的数据，用引力模型对中国木质林产品出口规模影响因素进行分析表明，当贸易伙伴的GDP、人均GDP增加时，我国对贸易伙伴的木质林产品出口额也将增加，呈现显著的正相关性。此结论表明，当前，全球金融危机冲击实体经济，各国国内需求疲软、国际市场萎缩，经济增长受到很大影响，这势必会影响到我国木家具等木质林产品的出口。张艳红（2009）研究表明，2008年1—9月木家具出口量比2007年同期下降12.72%，纤维板下降13.72%，刨花板下降34.15%，胶合板下降13.02%，木制品下降22.7%。

引力模型分析表明，当我国与贸易伙伴的距离增加时，我国对贸易伙伴的木质林产品出口额将下降，呈现显著的负相关性。这一结论说明，在当前金融危机，出口木质林产品利润空间下降的形势下，要尽量减少交易环节的成本，减少运输物流成本，优先选择地理位置较近的贸易伙伴。虚拟变量APEC项的系数较大，说明我国同APEC成员之间的贸易规模占据重要地位，此结论表明，恰当的制度安排有助于促进出口贸易的发展。

第四，基于2006年数据的贸易潜力分析表明韩国、俄罗斯、巴西、芬兰市场属于贸易潜力巨大的新兴市场，我国应积极拓展这些新兴国家市场。在金融危机的形势下，传统的主要出口市场，如美国市场、欧洲市场、日本市场等进口需求都有很大程度的萎缩，即使是模型表明的贸易潜力巨大的韩国和俄罗斯也是受世界金融危机影响很大的国家，所以，在这种形势下，出口市场的多元化战略显得非常重要，有助于避免出口市场过于集中带来的风险，包括进口国的技术壁垒、反倾销、反补贴、保障措施、特保以及其他非关税壁垒所带来的贸易摩擦风险。要发挥林产品贸易大国的影响力，不断规范全球林业贸易秩序，建立公平竞争的国际木质林产品贸易环境。

2. 基于1994—2007年的数据，分析中国木质林产品出口竞争力表明

第一，单个竞争力指标（出口优势变差指数、显性比较优势指数、贸易竞争指数、国际市场占有率、出口贡献率、净出口）表明，中国木质林产品出口相对具有出口竞争力，但竞争力并不是特别强，木家具具有极强国际竞争力、木制品具有较强的竞争力、其他原材竞争力较弱、人造板竞争力由较弱变为较强，木浆、纸和纸制品、锯材竞争力一直很弱。总体而言，劳动密集型木质林产品具有强的国际竞争力，且增长趋势明显，国际市场占有率、对中国整个外贸出口的贡献率增长明显，资源密集型木质林产品和资本技术密集型木质林产品竞争力都较弱，在国际市场上的占有率不高，贡献率不高。

第二，在15个国家（地区）中，2007年显性比较优势中国排在第6，贸易竞争力指数中国排第三位，国际市场占有率排第3，出口依存度居世界第8，出口贡献率排在第6，净出口排在第5。基于主成分分析的综合竞争力显示中国的木质林产品的竞争力排在世界第6位，在加拿大、印尼、马来西亚、俄罗斯和德国之后，竞争力综合值明显落后于加拿大、印尼和马来西亚三国，与俄罗斯和德国两国之间也有50％的差距，从整体上来看，中国的木质林产品的竞争力在世界市场上并不强。中国在竞争态势上的得分比较高，仅落后于德国，可见造成中国木质林产品竞争力不强的主要原因并不是竞争态势，而是竞争实力造成的，与排名靠前的国家相比，中国木质林产品的竞争实力是很低的。

3. 当前中国木质林产品出口面临着资源保障安全和出口贸易摩擦增多两大主要的困境

主要木质林产品的出口对资源类木质林产品的进口依赖过重导致的资源保障安全问题，从可持续发展的角度分析，当前的贸易结构存在一定的风险。在全球金融危机，贸易保护主义加剧的形势下，木质林产品出口贸易摩擦进一步增加，摩擦增多的一个重要原因是我国木质林产品的出口结构不尽合理，出口市场和出口商品的过于集中、产业内贸易水平不高都容易引起贸易摩擦。

第四章　中国木质林产品出口商品结构分析

一、中国木质林产品出口商品结构的变动

中国木质林产品出口以木家具、木制品、人造板为主，1992 年三者在出口中所占份额分别为 23.37%，38.40%，3.99%，2007 年所占份额分别为 42.44%，15.67%，24.67%。20 世纪 90 年代初期，中国木质林产品出口以原木和锯材为主，但 90 年代后期，由于生态环境保护，尤其是 1998 年实施的天然林保护工程，原木出口急剧下滑，1992 年出口占 4.79%，2007 年仅占 0.005%，其他原材出口份额也在大幅度下降，从 1992 年的 4.19%下降到 2007 年的 0.23%，锯材从 1992 年的 8.24%下降到 2007 年的 1.69%，总体而言，资源密集型木质林产品在出口中所占份额在不断减少，2007 年仅占总额的 1.94%，相反，劳动密集型木质林产品所占份额却在不断上升，1992 年三者占总出口的 65.76%，2007 年三者占总出口的 82.79%。由于中国造纸技术落后，设备陈旧，以及企业规模偏小，经济效益差，环境污染严重等原因，生产相对落后，出口所占份额很少，历年出口最少的是木浆，1992 年仅占 0.11%，纸和纸制品所占份额也在不断下降，因此，资本技术密集型木质林产品出口所占份额也较小，且不断下降。

表 34　1992—2007 年中国木质林产品出口金额　单位：百万美元

	原木	其他原材	锯材	人造板	木制品	木家具	木浆	纸和纸制品	合计
1992	56.74	49.62	97.64	47.32	455.10	277.02	1.35	200.53	1185.31
1993	70.90	72.20	133.01	68.02	491.11	345.35	3.05	238.27	1421.91
1994	43.18	94.63	163.99	79.15	648.77	493.47	5.20	283.47	1811.86
1995	47.16	202.33	194.66	124.34	838.25	597.91	27.54	416.61	2448.78

（续表）

	原木	其他原材	锯材	人造板	木制品	木家具	木浆	纸和纸制品	合计
1996	29.30	186.48	194.16	169.66	831.33	697.90	11.34	384.87	2505.04
1997	29.47	187.52	193.84	272.58	935.15	959.14	11.50	493.78	3082.98
1998	12.46	152.74	114.98	164.71	921.18	1084.66	9.35	499.71	2959.78
1999	8.01	146.51	139.37	272.57	1142.59	1309.54	3.03	479.07	3500.70
2000	7.94	170.17	179.14	373.11	1372.01	1668.49	10.18	693.26	4474.30
2001	5.55	171.05	196.86	434.40	1497.04	1852.07	8.25	740.11	4905.34
2002	3.17	161.84	192.33	693.98	1778.88	2706.33	15.56	867.72	6419.81
2003	2.89	174.38	236.79	851.24	2200.83	3815.51	21.15	1133.15	8435.94
2004	1.96	152.24	219.84	1827.06	2813.57	5229.34	16.15	1418.98	11679.15
2005	2.04	124.11	281.43	2998.29	3002.81	6843.16	35.67	1916.27	15203.79
2006	1.37	97.34	356.39	4489.50	3627.98	8783.74	58.64	2590.73	20005.69
2007	1.21	53.82	392.67	5703.59	3621.83	10953.07	91.93	3439.50	24257.62

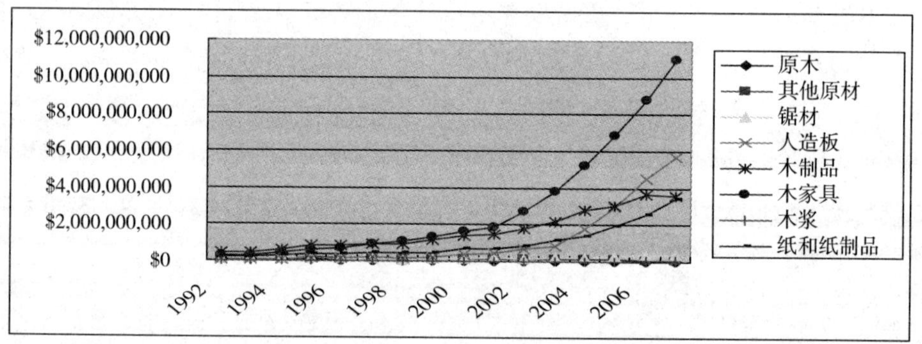

图 20　1992—2007 年中国木质林产品出口金额变化

表 35　1992—2007 年各类木质林产品在出口总额中所占份额

	1992	1997	2002	2006	2007
原木	4.787	0.956	0.049	0.007	0.005
其他原材	4.186	6.083	2.521	0.487	0.222
锯材	8.237	6.287	2.996	1.781	1.619

（续表）

	1992	1997	2002	2006	2007
人造板	3.992	8.841	10.810	22.441	23.513
木制品	38.395	30.333	27.709	18.135	14.931
木家具	23.371	31.111	42.156	43.906	45.153
木浆	0.114	0.373	0.242	0.293	0.379
纸和纸制品	16.918	16.016	13.516	12.950	14.179

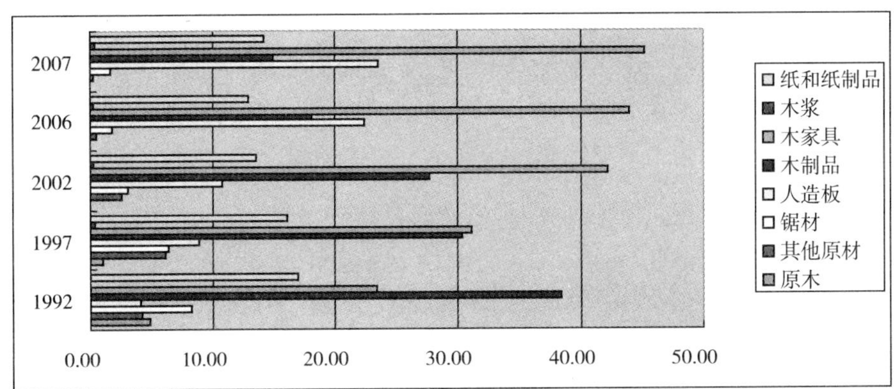

图 21　1992—2007 年各类木质林产品在出口总额中所占份额比较

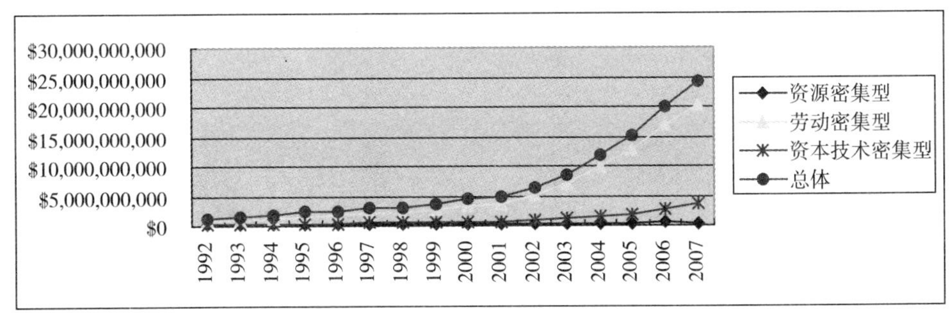

图 22　1992—2007 年中国三大类木质林产品出口比较

中国木质林产品出口与进口之间关系非常密切，研究和分析中国木质林产品的进口商品结构对于出口商品结构的深入研究非常有必要。中国长期以来制浆技术落后，在中国木质林产品进口中木浆、纸和纸制品资本技术密集型木质林产品所占份额很大，在 60% 左右。纸和纸制品 1994 年占 46.73%，1998 年占

53.06%，2002年占39.81%，2006年占35.56%，2007年占36.98%。木浆1994年占10.27%，1998年占14.85%，2002年占20.55%，2006年占25.80%，2007年占25.47%。原木始终在中国木质林产品进口中占较大的比重，这是因为：1998年实施天然林保护工程后，国内木材供给大量减少；房地产、家具、造纸行业的快速发展，带动国内木材需求的扩大；1999年1月开始，中国原木、锯材实行进口的“零关税”，同时放宽了对进口商的条件限制。从1994年的11.03%上升到2006年的23.08%，2007年的24.58%，锯材和其他原材进口整体也在上升，因此资源密集型木质林产品进口比重在上升。人造板进口从1994年的24.92%，逐年下降到2006年的3.78%，2007年的2.79%，木制品进口历年所占份额都很小，1992年为1.76%，并不断下降，2006年仅占0.34%，2007年占0.30%，木家具进口所占份额也很小，1992年占1.24%，2006年占0.69%，2007年占0.93%，因此，劳动密集型木质林产品在进口总额中所占比重很小。

表36　1994—2007年中国分类木质林产品进口额 单位：百万美元

	原木	其他原材	锯材	人造板	木制品	木家具	木浆	纸和纸制品	合计
1994	430.37	12.83	145.61	972.34	68.65	48.23	400.87	1823.31	3902.21
1995	368.37	9.28	149.13	948.14	88.81	32.67	672.11	2153.49	4422.00
1996	457.78	11.47	180.09	847.71	61.80	17.45	775.00	2799.10	5150.39
1997	677.03	14.21	268.11	956.51	55.85	22.51	747.92	3445.76	6187.90
1998	599.10	16.72	348.30	918.08	82.39	31.49	923.68	3300.76	6220.47
1999	1248.63	23.78	661.94	920.44	67.66	24.82	1414.57	3640.91	8002.75
2000	1655.64	25.27	982.03	1007.97	44.99	23.08	2120.97	3904.70	9764.65
2001	1693.98	27.33	988.52	731.78	26.16	28.57	2075.94	3782.95	9355.22
2002	2138.26	30.83	1167.46	781.21	25.02	38.63	2167.67	4198.57	10547.67
2003	2447.15	42.69	1198.79	921.07	32.80	60.66	2660.62	4809.67	12173.46
2004	2804.32	53.62	1387.14	909.14	49.74	72.71	3567.72	5427.93	14272.32
2005	3243.54	135.65	1516.89	770.00	46.77	87.22	3725.46	5865.24	15390.76
2006	3929.33	131.03	1697.96	643.16	58.57	117.59	4392.27	6054.38	17024.30
2007	5355.83	175.17	1774.87	607.59	65.92	220.38	5547.62	7247.99	20995.38

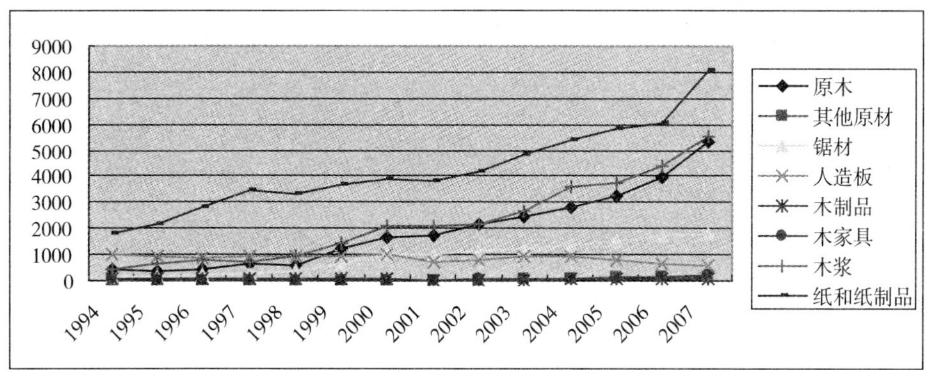

图 23　1994—2007 年中国各类木质林产品进口额比较

表 37　1994—2007 年中国三大类木质林产品进口额　单位：百万美元

	资源密集型	劳动密集型	资本技术密集型	总体
1994	588.81	1089.22	2224.18	3902.21
1995	526.78	1069.62	2825.6	4422
1996	649.34	926.96	3574.1	5150.39
1997	959.35	1034.87	4193.68	6187.9
1998	964.12	1031.96	4224.44	6220.47
1999	1934.35	1012.92	5055.48	8002.75
2000	2662.94	1076.04	6025.67	9764.65
2001	2709.83	786.51	5858.89	9355.22
2002	3336.55	844.86	6366.24	10547.67
2003	3688.63	1014.53	7470.29	12173.46
2004	4245.08	1031.59	8995.65	14272.32
2005	4896.08	903.99	9590.7	15390.76
2006	5758.32	819.32	10446.65	17024.3
2007	7305.87	875.29	13604	20995.38

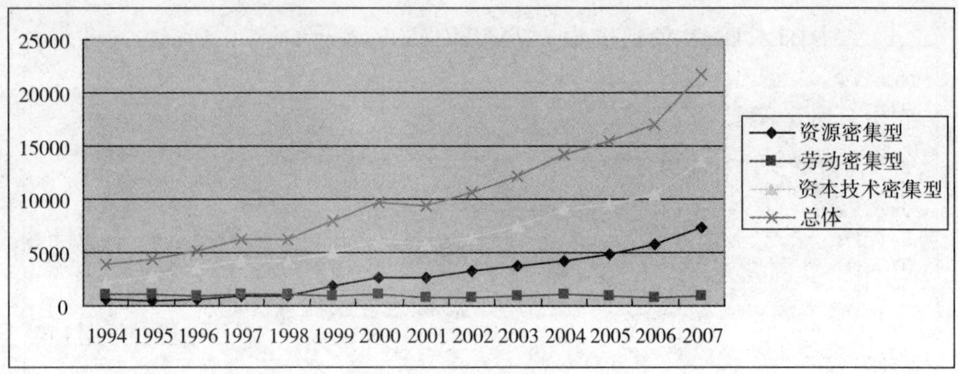

图 24　1994—2007 年中国三大类木质林产品进口比较

表 38　1994—2007 年各类木质林产品所占份额

	1994	1998	2002	2006	2007
原木	11.03	9.63	20.27	23.08	25.51
其他原材	0.33	0.27	0.29	0.77	0.83
锯材	3.73	5.60	11.07	9.97	8.45
人造板	24.92	14.76	7.41	3.78	2.89
木制品	1.76	1.32	0.24	0.34	0.31
木家具	1.24	0.51	0.37	0.69	1.05
木浆	10.27	14.85	20.55	25.80	26.42
纸和纸制品	46.73	53.06	39.81	35.56	34.52

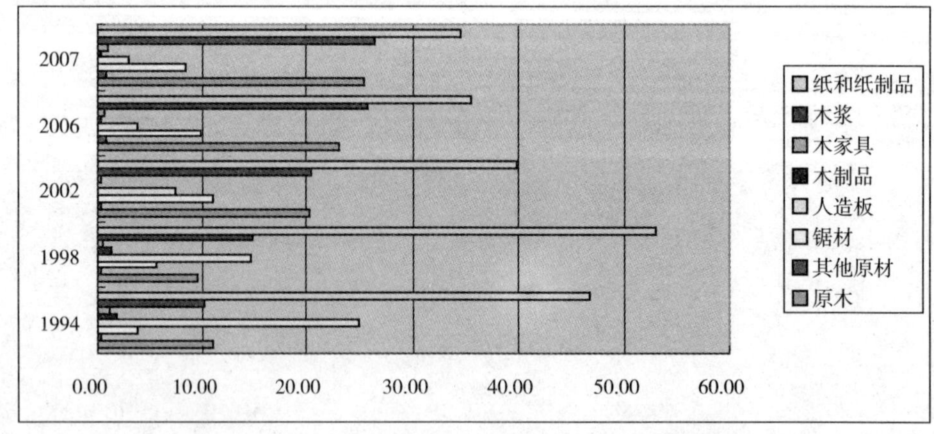

图 25　1994—2007 年各类木质林产品所占份额比较

二、中国木质林产品出口商品结构的形成机理

1. 中国木质林产品出口商品结构形成机理的定性分析

（1）生产要素对木质林产品出口商品结构的影响

木质林产品的生产要素主要有环境要素、劳动力要素、资本技术要素。一般认为，一国森林资源很丰富，即环境资源禀赋充裕的国家将扩大对资源密集型产品的出口，例如俄罗斯森林资源丰富，具有资源类木质林产品出口的比较优势。中国劳动力资源很丰富，但人均森林资源非常匮乏，第6次森林资源清查结果显示，中国森林资源存在总量不足、质量不高、分布不均的问题，森林覆盖率只有世界平均水平的61.52%，人均占有森林面积只有世界人均占有量的22%，人均占有森林蓄积量只有世界人均蓄积量的14.58%[148]，所以中国的资源密集型木质林产品主要以进口为主，而劳动密集型木质林产品具有很强的比较优势，尤其是木质家具的出口居世界第一，具有很强的国际竞争力。美国、加拿大、瑞典、芬兰制浆技术具有比较优势，所以木浆、纸类资本技术密集型的木质林产品具有较强的竞争实力。本文借助H－O要素禀赋模型进行分析。

假设甲国是劳动力资源丰富的国家，但其森林资源相对短缺；乙国是劳动力资源短缺的国家，但其森林资源相对丰富，甲、乙两国的生产可能性曲线如下[149]：

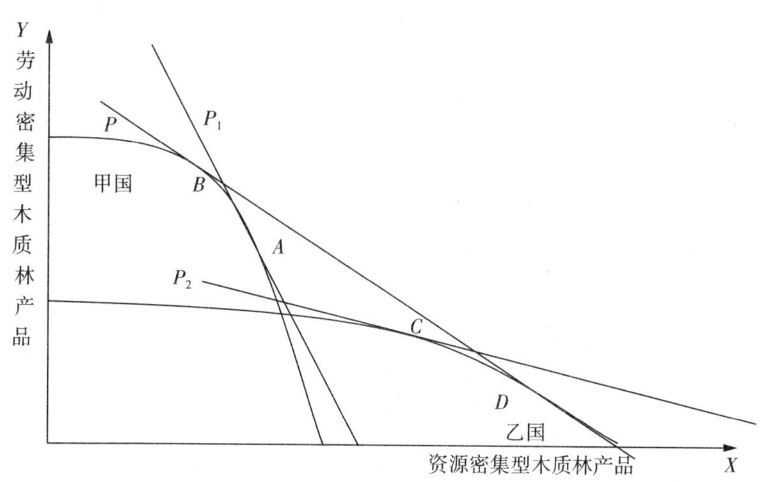

图26　生产要素与木质林产品出口商品结构变化的图示

如图所示，在封闭条件下，甲国的劳动力要素相对丰富，森林资源要素相对缺乏，生产可能性曲线偏向劳动密集型木质林产品，如人造板。在价格为 P_1 时，最优生产点为 A。乙国的森林资源相对丰富，而劳动力要素相对缺乏，生产可能性曲线偏向资源密集型木质林产品，如原木、锯材，在价格为 P_2 时，最佳生产点为 C 点。在开放经济条件下，两国将各自选择自己具有比较优势的产品进行生产，甲国选择劳动密集型木质林产品扩大生产，乙国选择资源密集型木质林产品扩大生产，达到均衡时的最终国际价格为 P，甲国的生产点从 A 变为 B，乙国的生产点从 C 变为 D。可见，生产要素的相对充裕程度会影响一国木质林产品出口的商品结构。

(2) 环境保护政策对木质林产品出口商品结构的影响

木质林产品的进出口以森林资源为基础，与环境密切相关。环境保护政策会影响和改变一国木质林产品出口结构，我国人均森林资源匮乏，尤其是 1998 年天然林保护工程实施以后，原木的出口急剧下降。印度尼西亚破坏性砍伐森林资源，对生态环境造成了严重的危害，于 20 世纪 80 年代开始实行限制原木出口的政策，成功地从以原木为主的资源密集型出口结构向以劳动密集型为主的出口结构转变，成为世界胶合板生产大国。同样，俄罗斯是世界重要的森林资源王国，以原木出口为主，但也意识到原木大量采伐对其国内环保造成的压力，开始限制原木的大量出口，开始加大林木深加工产品的生产，木质林产品的出口结构受到很大影响。如图 27，假设小国情况下，一国森林资源很丰富，实行环境保护政策前，生产可能性曲线偏向于资源密集型木质林产品，实行环境保护政策后，生产点将从 A 点转移到 B 点，即从资源密集型木质林产品转向劳动或资本技术密集型产品。

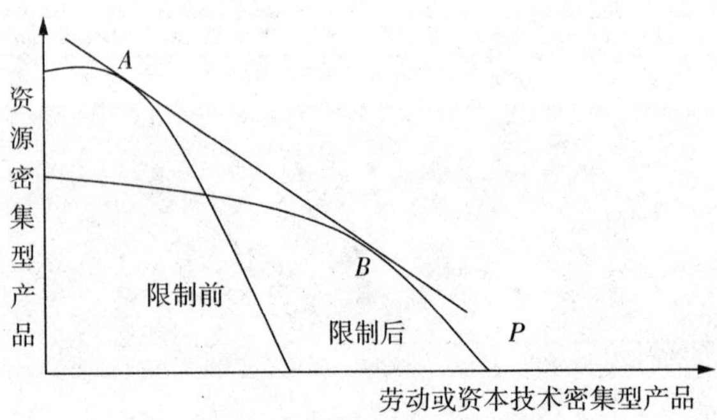

图 27　环境保护政策与木质林产品出口结构的变化

(3) 贸易扭曲对木质林产品出口结构的影响

关税对木质林产品出口结构的影响很明显。例如，俄罗斯意识到环境保护的压力以及大量依赖原木出口，用所得外汇购买林木深加工产品，很容易导致贫困化增长，如图 28。假设俄罗斯出口原木，进口林木深加工产品，原木出口增长前，生产可能性曲线为 AB，TT 为国际价格线，表示进口林木深加工产品和原木的交换比例，俄罗斯在 b 点生产，出口 gb 数量的原木，进口 cg 数量的林木深加工产品，在 c 点消费。现在假定原木出口迅速提高，生产可能性曲线 AB 向外扩张成 $A'B'$，导致原木国际价格大幅度下降，以 $T'T'$ 表示原木相对价格的降低，在 b' 点进行生产，在 c' 点消费，出口 $g'b'$ 数量的原木，进口 $c'g'$ 数量的制成品，消费水平反而低于出口增加前的 c 点，出口增加后贸易利益反而减少[150]。所以，俄罗斯从 2008 年 4 月起原木出口税率提高至 25%，不得低于 15 欧元/立方米，从 2009 年 1 月起提高至 80%，不低于 50 欧元/立方米，原木出口关税税率的不断上调旨在限制原木的大量出口。长此以往，必然使其木质林产品出口结构慢慢从资源密集型向劳动密集型或资本技术密集型转变。为了应对国际金融危机对我国对外贸易的冲击，财政部主要负责人 2009 年指出我国将在以往与有关国家和地区签订的一系列自由贸易协定和关税优惠协定的基础上，进一步实施比最惠国税率更加优惠的协定税率和特惠税率。

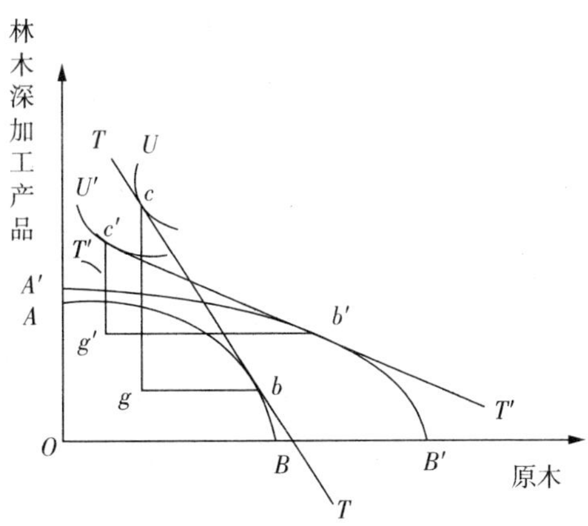

图 28　贫困化增长的图示

出口退税的调整可以促进木质林产品出口总量的增加，同时也可以改善木质林产品出口贸易结构。周泽峰 (2008) 通过模型分析得出结论：林产品出口退税额每变动 1%，林产品出口总额将变动 0.2961%，而且各木质林产品出口退税敏感度不一样，最敏感的胶合板与最迟钝的木制品比较，敏感度相差 0.5576，说明林产品出口退税调整不仅对整个林产品出口额有显著影响，而且对林产品贸易结构优化具有较强的影响力[151]。张艳红（2009）研究表明，2006 年原木、木片、木制品出口退税率的降低导致了 2007 年三者出口额分别减少 11.51%、55.56%、0.12%。我国历年不断调整主要木质林产品出口退税率，旨在不断优化林产品的出口贸易结构，1997—2003 年，我国基本上对所有的木质林产品都实行 5%和 13%的出口退税率；2004 年，我国对资源型木质林产品，包括原木、木制一次性筷子等取消或降低了出口退税率；2006 年 1 月 1 日起取消了纸、纸板和纸浆 13%的出口退税率；2007 年 1 月 1 日起取消了实木复合地板的出口退税；2007 年 7 月 1 日起部分木制品和木家具出口退税率下调。然而受世界金融危机的影响，国际市场需求疲软，为促进出口，2008 年 8 月、11 月、12 月连续 3 次调高出口退税率，人造板、地板出口退税率从 5%提高到 9%，家具从 11%提高到 13%，2009 年 4 月，部分木制品出口退税率从 9%上调至 11%，部分纸板从 0 上调到 13%，部分纸制品从 5%上调到 13%。

森林认证、反倾销和反补贴调查等等也会影响一国木质林产品出口结构，各类木质林产品受影响的程度并不一样，我国的木制品、木家具、纸制品受影响很大。森林认证是指按统一的标准、统一的指标体系评估森林经营情况，其目的是为了保证木制品所使用的木材来自于经营状况良好的森林，据森林管理委员会（FSC）统计，截至 2006 年 12 月 21 日，全世界共有 76 个国家的 875 处的森林通过认证，这就意味着尚未通过森林认证的木制品出口相对来说会缺乏竞争力。我国以劳动密集型木质林产品出口为主，但其频繁遭遇反倾销和反补贴调查，受损严重。2006 年 2 月美国商务部对我国出口木制卧室家具进行的第一次反倾销年度复审中，应诉的 47 家企业中，9 家企业得到 1.24%～216.01%不等的税率，38 家企业获得了 62.94%的加权平均税率，没有应诉的企业均适用 216.01%的统一惩罚性税率。2007 年 5 月 30 日，加拿大边境服务署（CBSA）发布公告，对原产于或出口自中国的复合式地板进行反倾销和反补贴调查[152]。

当前，全球金融危机冲击实体经济，各国国内需求疲软，国际市场萎缩，国际贸易保护主义加剧。据商务部新闻办公室报道，2009 年 1—4 月，共有 13 个国家（地区）对中国发起“两反两保”调查 38 起，同比上升 26.7%，其中反倾销 24 例，反补贴 2 例，保障措施 7 例，特保 5 例。木家具和木制品是主要的出口木质林产品，历年遭遇反倾销、“绿色壁垒”的概率较高，2009 年面临的贸易摩擦更大。美国的 CARB 法规，也被称为“绿色法规”于 2009 年 1 月 1 日正式生效，该法规严格限制加州生产销售或进口复合木制品，以及含有复合木制品之成品的甲醛排放，该法规要求出口到加州的此类产品必须通过第三方认证，并注上符合的标记，否则不允许销售。金融危机后，贸易保护主义加剧，加州的此种做法，很容易被其他州甚至是其他国家所仿效，美国是中国木家具和木制品的主要的出口市场，将对我国木质林产品的出口产生重要影响。美国 2009 年还公布了《建议法案——中国木制工艺品输美检疫要求》，法案明确提出了中国输美的所有木制品都必须经过熏蒸或热处理，出具植物检疫证书，贴可溯源标识。

2. 中国木质林产品出口商品结构形成机理的实证分析

（1）变量构建及数据来源

① 出口商品结构。以劳动密集型和资本技术密集型木质林产品出口占木质林产品总出口的比重近似处理为我国木质林产品的出口商品结构。从 1995 年到 2007 年，资源密集型木质林产品的出口所占份额不断减少，所以出口商品结构指数不断提高，但目前劳动密集型木质林产品的出口所占份额非常大，资本技术密集型木质林产品所占份额有所增加，但所占份额不是特别大，出口的优势是建立在劳动力资源禀赋丰富的基础上的，很容易被取代和赶超，需要提高资本技术密集型木质林产品的生产和出口，进一步优化出口商品结构。

② 产业内贸易指数（GL）。一般来说，一个国家出口商品的贸易结构是从以产业间贸易为主发展到以垂直产业内贸易为主，最后以水平产业内贸易为主。明确一个产业的贸易形式是产业间贸易还是产业内贸易，是全面系统研究该产业贸易的基础。产业内贸易体现着高级的国际分工形式，是贸易结构优化的根源。本节中用国际上使用最为广泛的 GL 指数测算中国木质林产品产业内贸易指数。我国 1995—2007 年木质林产品的产业内贸易指数，变化幅度非常小。

③ 造林面积。反映了木质林产品的自然资源禀赋情况，从理论上说，造林面积越大，资源密集型类的木质林产品所占比重相对要提高，会影响木质林产品出口商品结构。

④ 劳动生产率。劳动生产率体现了一国劳动资源禀赋，按照林业总产值/林业从业人员数计算。劳动生产率越高，劳动力资源越丰富，一般认为劳动密集型木质林产品所占比重会越大。

⑤ 贸易开放度。进出口开放程度对出口商品结构的变化产生重要影响，一国贸易越开放，其与世界经济和贸易的联系越紧密，出口商品结构会更符合国际

市场的需求。贸易开放度以木质林产品的出口依存度来衡量。

出口商品结构形成机理的实证分析还应该考虑外商直接投资、木质林产品行业的研究与创新，贸易摩擦等，但由于数据无从得到，在模型中未能体现，只能期待以后进一步研究。

表 39 1995—2007 年中国木质林产品出口商品结构形成机理原始数据表

	出口商品结构（%）	产业内贸易	造林面积（百万公顷）	劳动生产率（万元/人）	贸易开放度（%）
1995	81.86	26.07	5.21461	10.33	15.34
1996	83.64	22.62	4.91938	7.86	14.43
1997	86.67	23.60	4.35493	8.46	14.96
1998	90.53	20.30	4.81105	10.31	8.98
1999	91.60	17.70	4.90071	11.44	9.09
2000	92.02	19.06	5.10514	12.42	10.42
2001	92.39	20.58	4.95304	13.06	9.93
2002	94.43	22.01	7.77097	15.83	11.47
2003	95.09	23.11	9.11889	10.72	11.91
2004	96.80	21.13	5.59808	11.97	14.03
2005	97.32	21.33	3.64794	13.33	14.72
2006	97.73	21.19	2.71793	15.52	14.97
2007	98.15	21.62	3.90771	18.34	14.72

（数据来源：出口商品结构、产业内贸易、贸易开放度指数根据联合国贸易统计数据库的数据计算整理；林业总产值来自历年《林业统计年鉴》，造林面积、林业从业人员数来自历年《中国统计年鉴》数据。）

（2）实证分析与估计结果

由于各变量的时间序列可能具有非平稳性，因此，首先对各变量进行单位根检验，揭示各变量的变化规律，然后运用格兰杰因果关系检验，测算变量与出口商品结构的因果关系。EXI 为出口商品结构指数，GL 为产业内贸易指数，lnLP 为劳动生产率的对数，lnSQ 为造林面积的对数，OPEN 为对外贸易开放度。

① ADF 平稳性检验

Granger 因果关系检验方法要求检验的时间序列是平稳的。因此，在因果分析前，首先需要检验时间序列数据的平稳性。本文采用 ADF（Augmented Dickey-Fuller）法进行单位根检验。ADF 检验是通过下面三个模型完成的：

模型 1：
$$\Delta X_t = \delta X_{t-1} + \sum_{i=1}^{m} \beta_i \Delta X_{t-i} + \varepsilon_t \quad (4.1)$$

模型 2：
$$\Delta X_t = \alpha + \delta X_{t-1} + \sum_{i=1}^{m} \beta_i \Delta X_{t-i} + \varepsilon_t \quad (4.2)$$

模型 3：
$$\Delta X_t = \alpha + \beta t + \delta X_{t-1} + \sum_{i=1}^{m} \beta_i \Delta X_{t-i} + \varepsilon_t \quad (4.3)$$

模型 3 中的 t 是时间变量，代表了时间序列随时间变化的某种趋势。三个模型的原假设都是 H_0：$\delta=0$，即存在一个单位根。只要其中有一个模型的检验结果拒绝了原假设，就可认为该时间序列是平稳的，当三个模型的检验结果都不能拒绝原假设时，则认为时间序列是非平稳的。检验结果见下表：（使用 Eviews6.0 软件）

表 40　出口商品结构形成机理的 ADF 单位根检验结果

变量		滞后阶数	ADF 检验值	ADF 临界值			平稳性决策
				1%	5%	10%	
EXI	原序列	0	−1.923497	−4.200056	−3.175352	−2.728985	否
	一阶差分	0	−2.953332*	−4.121990	−3.144920	−2.713751	是
LG	原序列	1	−1.722915	−4.297073	−3.212696	−2.747676	否
	一阶差分	2	−4.238507**	−4.297073	−3.212696	−2.747676	是
lnLP	原序列	0	−0.744982	−4.121990	−3.144920	−2.713751	否
	一阶差分	0	−4.154431**	−4.200056	−3.175352	−2.728985	是
lnSQ	原序列	1	−2.725376	−4.297073	−3.212696	−2.747676	否
	一阶差分	1	−3.623377**	−4.200056	−3.175352	−2.728985	是
OPEN	原序列	0	−1.561428	−4.121990	−3.144920	−2.713751	否
	一阶差分	0	−3.180900**	−4.200056	−3.175352	−2.728985	是

说明：***、**、* 分别表示在 1%、5%、10%水平上显著

由上表可知，EXI、GL、lnLP、lnSQ 和 OPEN 原变量都是非平稳序列，但是它们的一阶差分变量都是平稳序列，其中的滞后期是由 SIC 准则确定，为进行 Granger 因果关系检验提供了必要条件。

② Granger 因果关系检验

通过上述的分析，变量 EXI、LG、lnLP、lnSQ 与 OPEN 序列的一阶差分都是平稳的，它们之间是否存在因果关系还需要进一步验证，下面用 Granger 因果关系检验来验证它们之间的因果关系。

格兰杰因果关系检验（Granger Causality Test）解决了 X 是否引起 Y 的问题，主要看现在的 Y 能够在多大程度上被过去的 X 解释，加入 X 的滞后值是否使解释程度提高。如果 X 在 Y 的预测中有帮助，或者 X 与 Y 的相关系数在统计上显著时，就可以说"Y 是由 X Granger 引起的"。对两变量 Y 和 X，格兰杰因果关系检验要求估计以下两个回归模型：

$$Y_t = \sum_{i=1}^{m} \alpha_i X_{t-i} + \sum_{i=1}^{m} \beta_i Y_{t-i} + \mu_{1t} \tag{4.4}$$

$$X_t = \sum_{i=1}^{m} \lambda_i Y_{t-i} + \sum_{i=1}^{m} \delta_i X_{t-i} + \mu_{2t} \tag{4.5}$$

格兰杰因果关系检验是通过受约束的 F 检验完成的。如针对 X 不是 Y 的格兰杰原因这一假设，即针对式中 X 滞后项前的参数整体为零的假设，分别做包含与不包含 X 滞后项的回归，得到回归的残差平方和 RSS_U 和 RSS_R；构造 F 统计量：

$$F = \frac{(RSS_R - RSS_U)/m}{RSS_U/(n-k)} \tag{4.6}$$

式中，m 为 X 的滞后项个数，n 为样本容量，k 为包含可能存在的常数项及其他变量在内的无约束回归模型的待估参数的个数。如果计算的 F 值大于给定显著水平 α 下 F 分布的相应的临界值 $F_\alpha(m, n-k)$，则拒绝原假设，认为 X 是 Y 的格兰杰原因。

具体的分析结果见下表：

表 41　出口商品结构形成机理的 Granger 因果关系检验结果

零假设	滞后期数	F 统计量	P 值	结论
EXI 不是 GL 的 Granger 原因	2	1.99372	0.2168	接受 H_0
GL 不是 EXI 的 Granger 原因		7.62686***	0.0225	拒绝 H_0
EXI 不是 lnLP 的 Granger 原因	1	8.62640**	0.0166	拒绝 H_0
lnLP 不是 EXI 的 Granger 原因		3.53677*	0.0927	拒绝 H_0

（续表）

零假设	滞后期数	F统计量	P值	结论
EXI不是lnSQ的Granger原因	3	1.18172	0.4470	接受H_0
lnSQ不是EXI的Granger原因		0.20853	0.8848	接受H_0
EXI不是OPEN的Granger原因	3	10.6793***	0.0414	拒绝H_0
OPEN不是EXI的Granger原因		0.98276	0.5055	接受H_0

说明：***、**、*分别表示在1%、5%、10%水平上显著

由上表可以看出，产业内贸易（GL）是我国木质林产品出口商品结构指数（EXI）的单向Granger原因；EXI与劳动生产率（lnLP）之间存在双向的Granger因果关系；EXI与造林面积（lnSQ）之间不存在Granger因果关系；EXI是贸易开放度（OPEN）的单向Granger原因。

③ 回归分析

考虑到格兰杰因果分析得到的结果只是检验两个变量之间的因果关系，但无法判断他们之间的正向或反向关系以及起到预测作用。基于以上的格兰杰因果检验结果，可以构建以下多元回归模型：

$$EXI=C+\alpha_1 GL+\alpha_2 \ln LP+\alpha_3 \ln SQ+\alpha_4 OPEN+\hat{\mu} \quad (4.7)$$

具体回归结果见下表：

表42　出口贸易结构形成机理的回归分析结果

变量	系数	T统计量值	P值
C	0.373460	1.460725*	0.1822
GL	−1.792436	−2.141947**	0.0646
lnLP	0.144508	3.484146***	0.0083
lnSQ	0.057850	1.351679	0.2135
OPEN	1.191934	1.620176*	0.1439
Adjusted R-squared	0.637402		
F-statistic	6.273625		
Durbin-Watson stat	1.571993		

注：***、**、*分别表示在1%、5%、10%下显著

由上述结果可以看出，回归方程的拟合度不错，通过了 F 检验。回归结果显示，我国产业内贸易水平对我国的木质林产品出口商品结构产生负面作用，而我国劳动生产率的提高和贸易开放度的不断提升对我国的木质林产品出口商品结构产生正向的影响。这说明为了提高我国木质林产品出口商品结构指数，我国应该不断地提高我国的劳动生产率水平，提高产品的竞争力。同时，我国应继续加大对外开放力度，发挥我国的比较优势，优化我国木质林产品的出口商品结构。我国产业内贸易指数对我国木质林产品出口商品结构产生负的影响，这是因为我国主要以劳动密集型木质林产品出口为主，而劳动密集型木质林产品产业内贸易水平很低，以出口为主，进口很少，导致产业内贸易水平与出口商品结构显示出负相关。检验结果表明出口商品结构与造林面积之间不存在 Granger 因果关系，分析原因是我国森林的砍伐受限额砍伐制度因素的影响非常大，另外，目前我国林木成活率还不是很高，造林面积与资源类木质林产品的增多并无明显的因果关系。

三、中国木质林产品出口商品结构相关指数分析

1. 中国木质林产品出口商品结构变化指数

用来反映贸易结构变化的两个指数分别为劳伦斯指数（Lawrence Index）和收益性结构变动指数（Beneficiary Index）。劳伦斯指数的计算公式：

$$L=\frac{1}{2}\sum_{i=1}^{n}\left|S_{i,t}-S_{i,t-1}\right| \tag{4.8}$$

其中 $S_{i,t}=X_{i,t}/\sum_{i}X_{i,t}$，$S_{i,t}$ 是 i 产品 t 年 在一国出口中所占的比例。劳伦斯指数值的变化范围从 0 到 1，指数越接近 1 代表一国的出口产品结构变动幅度越大，越接近于 0 说明出口产品结构变化越不明显。

收益性结构指数（Bender，2001）也被称为结构优化指数，用来反映一国的出口结构是否向世界的动态需求方向变化，即说明一国出口商品结构的优化幅度，该指数为正数说明该国的出口商品结构出现优化的趋势，指数的值越大表明出口商品结构优化越明显。计算公式：

$$BSCI=\sum_{i=1}^{n}\left|\left|\frac{X_{i,t}/\sum_{i}X_{i,t}}{X_{i,t}-1/\sum_{i}X_{i,t}-1}\right|\times\left|\frac{(M_{i,t}/M_{i,t}-1)}{\sum M_{i,t}/\sum M_{i,t}-1}-1\right|\right.$$

$$\times \left| X_{i,t} / \sum_i X_{i,t} \right| \quad (4.9)$$

式中的下标 i 和 t 分别表示国家和时间，$X_{i,t}$ 为 t 年中国对 i 国木质林产品的出口额，$\sum_i X_{i,t}$ 为 t 年中国木质林产品的出口总额，$X_{i,t}-1$ 为 $(t-1)$ 年中国对 i 国的木质林产品的出口额，$\sum_i X_{i,t}-1$ 为 $(t-1)$ 年中国木质林产品的出口总额，$M_{i,t}$ 为世界 t 年的木质林产品进口额，$M_{i,t}-1$ 为世界 $t-1$ 年的木质林产品进口额。

中国木质林产品劳伦斯指数总体上呈波浪式下降趋势，且指数很小，说明出口市场结构变化的幅度非常小。收益性结构变动指数除了 1994 年和 2007 年，都大于 0，但指数都很小，说明出口市场结构优化的趋势很弱，甚至 2007 年出现指数小于 0，有恶化趋势。

表 43　1994—2007 年中国木质林产品出口产品结构变化指数

	1994	1995	1996	1997	1998	1999	2000
劳伦斯指数	0.038	0.037	0.041	0.03	0.039	0.045	0.02
收益性结构变动指数	−0.01903	0.00340	0.00499	0.00039	0.00466	0.00253	0.00103
	2001	2002	2003	2004	2005	2006	2007
劳伦斯指数	0.008	0.035	0.07	0.031	0.006	0.004	0.013
收益性结构变动指数	0.00037	0.00269	0.00042	0.00159	0.00001	0.00004	−0.00628

2. 中国木质林产品出口产品集中度指数

本文用 Gini-Hirschman 系数对中国木质林产品出口商品结构的集中度进行衡量，判断中国木质林产品出口商品结构变化的合理性。出口商品集中度是指一国出口商品集中于某类产品的程度，计算公式：

$$C_t = 100\sqrt{\sum_{i=1}^{n} \left(\frac{X_{it}}{X_t}\right)^2} \quad (4.10)$$

X_{it} 表示第 i 种木质林产品在 t 时期的出口值，X_t 表示 t 时期全部木质林产品的出口值，当出口产品越平均分配于各类时，C_t 值趋近于 $100/\sqrt{n}$，反之当出口产品只有一种时，C_t 值为 100，C_t 值越高，表示出口受少数产品种类的影响越大。

1992—2007 年中国木质林产品出口集中度显示出口商品集中度指数变化很小，这与劳伦斯指数的结果是一致的，从集中度反映，木质林产品的出口虽然并没有集中在一种产品上，但总体而言，1998 年后 C_t 值一直大于 50，而且略有上升，说明产品出口集中度略高。

表 44　1992—2007 年中国木质林产品出口集中度

年份	1992	1993	1994	1995	1996	1997	1998	1999
C_t	49.30	47.17	49.02	47.11	47.71	47.96	51.67	52.40
年份	2000	2001	2002	2003	2004	2005	2006	2007
C_t	51.68	51.88	53.48	54.96	54.61	54.48	54.14	54.94

3. 出口产品反应度指数

斯皮尔曼秩相关系数是用来检验两组变量相关程度的一种手段，本文运用该方法来计算和评价中国木质林产品出口的产品结构对世界需求变动的反应程度。选取的两组变量分别为：中国各类木质林产品的出口增长率；各类木质林产品在整个世界进口中的增长率。计算方法如下[153]：

$$R^s = 1 - 6\sum \frac{d^2}{n^3 - n} \tag{4.11}$$

公式中 R^s 为产品反应度，d 为两组变量的位差，n 为产品序列数。该指数的变动范围在－1 和 1 之间，指数为 1 时，表明一国的出口产品结构完全适应世界需求的变动趋势，指数为－1 时，则表明完全不适应世界需求的变动。1994—2007 年反应度指数波动很大，1994 年为 0.47619，1998 年为 0.97619，2005 年开始出现负值。说明最近几年中国木质林产品出口的商品结构对世界需求变动的反应程度较差。

表 45　1994—2007 年中国各类木质林产品出口增长率

	1994	1995	1996	1997	1998	1999	2000
原木	－39.10%	9.21%	－37.87%	0.60%	－57.73%	－35.73%	－0.87%
其他原材	31.06%	113.81%	－7.83%	0.56%	－18.55%	－4.07%	16.15%
锯材	23.29%	18.70%	－0.26%	－0.16%	－40.68%	21.21%	28.53%
人造板	16.36%	57.11%	36.45%	60.66%	－39.57%	65.49%	36.88%

（续表）

	1994	1995	1996	1997	1998	1999	2000
木制品	32.10%	29.21%	−0.83%	12.49%	−1.49%	24.04%	20.08%
木家具	42.89%	21.16%	16.72%	37.43%	13.09%	20.73%	27.41%
木浆	70.43%	429.37%	−58.80%	1.36%	−18.73%	−67.56%	235.80%
纸和纸制品	18.97%	46.97%	−7.62%	28.30%	1.20%	−4.13%	44.71%
	2001	2002	2003	2004	2005	2006	2007
原木	−30.04%	−42.83%	−9.04%	−32.16%	4.18%	−32.94%	−11.51%
其他原材	0.52%	−5.39%	7.75%	−12.70%	−18.48%	−21.56%	−44.72%
锯材	9.89%	−2.30%	23.12%	−7.16%	28.01%	26.63%	10.18%
人造板	16.43%	59.75%	22.66%	114.64%	64.10%	49.74%	27.04%
木制品	9.11%	18.83%	23.72%	27.84%	6.73%	20.82%	−0.17%
木家具	11.00%	46.12%	40.98%	37.05%	30.86%	28.36%	24.70%
木浆	−18.96%	88.48%	35.99%	−23.62%	120.85%	64.39%	56.76%
纸和纸制品	6.76%	17.24%	30.59%	25.22%	35.05%	35.20%	32.76%

表 46　1994—2007 年世界各类木质林产品进口增长率

	1994	1995	1996	1997	1998	1999	2000
原木	10.82%	12.67%	−11.08%	−0.71%	−20.79%	10.57%	9.73%
其他原材	18.99%	30.68%	−3.93%	−0.19%	−4.65%	−0.05%	2.33%
锯材	33.29%	5.00%	0.88%	7.60%	−13.57%	10.19%	0.09%
人造板	23.43%	14.47%	3.47%	8.49%	−7.59%	9.38%	1.06%
木制品	40.56%	20.84%	6.30%	9.04%	3.51%	9.74%	4.41%
木家具	17.81%	13.96%	9.50%	2.88%	8.66%	9.49%	8.19%
木浆	60.44%	61.21%	−27.50%	−0.92%	−5.38%	5.08%	34.54%
纸和纸制品	38.42%	36.15%	−1.92%	0.24%	3.03%	1.16%	5.20%
	2001	2002	2003	2004	2005	2006	2007
原木	−8.55%	0.00%	12.97%	16.55%	5.71%	8.42%	20.29%
其他原材	−5.33%	0.23%	15.86%	17.50%	13.25%	12.44%	18.87%
锯材	−8.19%	2.19%	7.19%	21.16%	4.01%	3.46%	6.21%

（续表）

	1994	1995	1996	1997	1998	1999	2000
人造板	−4.79%	9.91%	18.39%	27.99%	4.92%	7.45%	5.89%
木制品	−1.40%	6.76%	14.78%	20.91%	4.81%	11.35%	6.96%
木家具	0.96%	11.64%	16.43%	16.65%	10.35%	5.85%	56.33%
木浆	−19.52%	−4.69%	11.36%	17.36%	4.43%	10.62%	15.73%
纸和纸制品	−1.22%	3.20%	13.93%	12.26%	5.85%	6.33%	9.98%

表 47　1994—2007 年中国木质林产品反应度指数

	1994	1995	1996	1997	1998	1999	2000
R^s	0.47619	0.857143	0.880952	0.357143	0.97619	0.190476	0.071429
	2001	2002	2003	2004	2005	2006	2007
R^s	0.619048	0.309524	0.000000	0.404762	−0.38095	−0.28571	−0.2619

4. 产品分散度指数

产品分散度指数是贸易集中度指数（Herfindal 指数）的倒数，计算公式为：

$$EN^P = \frac{1}{\sum \left(\frac{X_{ik}}{X_{iw}}\right)^2} \tag{4.12}$$

其中，X_{ik} 为国家 i 出口产品 k 的数额，X_{iw} 为国家 i 全部产品的出口数额，i 代表国家，k 代表产品，w 代表世界 。1994—2007 年中国木质林产品分散度指数不断下降，意味着集中度越来越上升，容易出现风险，容易受到贸易摩擦以及进口国需求波动的影响。

表 48　1994—2007 年中国木质林产品分散度指数

	1994	1995	1996	1997	1998	1999	2000
EN^P	4.1619	4.5053	4.3928	4.3474	3.7458	3.6417	3.7438
	2001	2002	2003	2004	2005	2006	2007
EN^P	3.7157	3.4967	3.3104	3.3526	3.3694	3.4113	3.3130

四、中国木质林产品出口商品结构相关问题的实证分析

1. 中国木质林产品出口商品结构与林业经济增长相关性

(1) 数据与变量说明

本文所采集的数据为1981年到2007年我国林业总产值（FGDP）、木质林产品历年的出口总额（FEX）、资源密集型木质林产品出口额（FEX _ R）、劳动密集型木质林产品出口额（FEX _ L）、资本技术密集型木质林产品出口额（FEX _ K）和历年物价指数（P），其中物价指数以1978为基期（1978＝100）。因为时间跨度较长，物价变化较为激烈，所以物价指数也作为经济变量加入模型中。同时为了消除价格波动的影响，对我国木质林产品的进出口额按历年的物价指数进行了平减，为消除时间序列中存在的异方差现象，同时为使序列趋势线性化，对所采用数据分别取自然对数，分别记为lnFGDP、lnFEX、lnFEX _ R、lnFEX _ L和lnFEX _ K。（数据来源：1981—1997的林业总产值数据参考缪东玲的中国木质林产品贸易与环境研究，中国林业出版社，2004年8月版；1998—2007的林业总产值数据参考历年林业统计年鉴。）木质林产品出口额、资源类木质林产品出口额、劳动密集型木质林产品出口额、资本技术密集型木质林产品出口额，1992—2007年根据联合国贸易统计数据库提供的原始数据计算整理，1981—1991参考缪东玲的中国木质林产品贸易与环境研究，中国林业出版社，2004年8月版，物价指数参考历年中国统计年鉴。

表49　1981—2007年木质林产品出口商品结构与林业产业总产值

	木质林产品出口（万元）	资源密集型木质林产品（万元）	劳动密集型木质林产品出口（万元）	资本技术密集型木质林产品出口（万元）	林业产业总产值（万元）	物价指数（以1978年为基期）
1981	19955.30	2166.66	13438.47	4350.18	2033000	110.7
1982	20435.65	2577.67	13313.59	4544.39	2191000	112.8
1983	21098.67	2173.52	13628.90	5296.26	2338000	114.5
1984	24986.18	2713.74	15477.99	6794.45	2669000	117.7
1985	30610.53	3929.46	19022.41	7658.65	2795000	128.1
1986	50135.69	6866.93	31362.82	11905.94	2038000	135.8

（续表）

	木质林产品出口（万元）	资源密集型木质林产品（万元）	劳动密集型木质林产品出口（万元）	资本技术密集型木质林产品出口（万元）	林业产业总产值（万元）	物价指数（以1978年为基期）
1987	54046.01	13438.64	24319.08	16288.28	2093000	145.7
1988	75526.62	39524.98	17339.40	18662.24	2467000	172.6
1989	144643.85	40823.10	83780.63	20040.12	2665000	203.4
1990	169718.94	54563.40	90554.11	24601.43	3871000	207.7
1991	291456.53	84727.24	177487.34	29241.95	4259000	213.7
1992	653649.16	112496.20	429827.32	111325.64	5082000	225.2
1993	819303.59	159096.82	521155.18	139051.60	7038000	254.9
1994	1561586.21	260109.83	1052678.74	248797.63	10734000	310.2
1995	2044977.21	370902.48	1303172.61	370902.12	13330000	356.1
1996	2082744.02	340828.75	1412496.23	329419.04	14435000	377.8
1997	2555732.15	340576.65	1796291.72	418863.78	17086000	380.8
1998	2450428.04	231960.88	1797016.28	421450.88	27278452	370.9
1999	2897983.79	243294.68	2255594.06	399095.06	31877337	359.8
2000	3704000.92	295747.42	2825920.80	582332.71	35554725	354.4
2001	4060147.42	309118.32	3131611.90	619417.20	40904753	351.6
2002	5313678.54	295777.06	4286814.72	731086.77	46342420	347
2003	6982426.44	342718.01	5684293.10	955415.33	58603258	346.7
2004	9666598.52	309590.83	8169175.16	1187832.53	68922066	356.4
2005	12454487.15	333877.21	10521634.46	1598975.49	84587418	359.3
2006	15948132.68	362798.89	13473309.18	2112024.62	106522163	362.9
2007	18445492.00	340427.76	15419764.93	2685299.31	125334211	376.7

（2）实证分析

① 变量的平稳性检验

Granger 因果关系检验方法要求检验的时间序列是平稳的。因此，在因果分析前，首先需要检验时间序列数据的平稳性。本文采用 ADF（Augmented Dickey-Fuller）法进行单位根检验。ADF 检验是通过下面三个模型完成的：

模型 1：
$$\Delta X_t = \delta X_{t-1} + \sum_{i=1}^{m} \beta_i \Delta X_{t-i} + \varepsilon_t \tag{4.13}$$

模型 2：
$$\Delta X_t = \alpha + \delta X_{t-1} + \sum_{i=1}^{m} \beta_i \Delta X_{t-i} + \varepsilon_t \tag{4.14}$$

模型 3：
$$\Delta X_t = \alpha + \beta t + \delta X_{t-1} + \sum_{i=1}^{m} \beta_i \Delta X_{t-i} + \varepsilon_t \tag{4.15}$$

模型 3 中的 t 是时间变量，代表了时间序列随时间变化的某种趋势。三个模型的原假设都是 H_0：$\delta=0$，即存在一个单位根。只要其中有一个模型的检验结果拒绝了原假设，就可认为该时间序列是平稳的，当三个模型的检验结果都不能拒绝原假设时，则认为时间序列是非平稳的。检验结果见下表：（使用 Eviews6.0 软件）

表 50　ADF 单位根检验结果

变量		滞后阶数	ADF 检验值	ADF 临界值			平稳性决策
				1%	5%	10%	
lnFGDP	原序列	0	1.764768	−3.711457	−2.981038	−2.629906	否
	一阶差分	0	−3.388334**	−3.724070	−2.986225	−2.632604	是
lnFEX	原序列	4	−0.988082	−3.769597	−3.004861	−2.642242	否
	一阶差分	3	−2.916034*	−3.769597	−3.004861	−2.642242	是
lnFEX _ R	原序列	0	−2.234210	−3.711457	−2.981038	−2.629906	否
	一阶差分	0	−3.348397**	−3.724070	−2.986225	−2.632604	是
lnFEX _ L	原序列	0	−0.088738	−3.711457	−2.981038	−2.629906	否
	一阶差分	6	−5.394403***	−3.831511	−3.029970	−2.655194	是
lnFEX _ K	原序列	0	−0.094133	−3.711457	−2.981038	−2.629906	否
	一阶差分	0	−5.413002***	−3.724070	−2.986225	−2.632604	是

说明：***、**、* 分别表示在 1%、5%、10%水平上显著

由上表可知，lnFGDP、lnFEX、lnFEX _ R、lnFEX _ L 和 lnFEX _ K 原变量都是非平稳序列，但是它们的一阶差分变量都是平稳序列，其中的滞后期是由 SIC 准则确定，符合协整检验的要求，同时为进行 Granger 因果关系检验提供了必要条件。

② Johansen 协整关系检验

协整关系（Engle & Granger，1987）是20世纪80年代以来计量经济学建模的一个重大突破，其基本思想是：如果两个或多个非平稳的时间序列之间的某种线性组合变现出平稳性，即变量之间可能存在着长期稳定的均衡关系，则这几个时间序列之间是协整的，组合中序列的系数为协整向量。最常用的检验方式有EG两步检验和Johansen检验，EG两步法多用于两个变量的协整关系检验，而Johansen检验可以适用于多个变量之间的检验。Johansen检验给出了协整向量的最大似然统计量，以及协整向量个数r，当似然比统计量大于临界值，则拒绝原假设，否则接受原假定。

本文选用较优的Johansen协整检验，分别检验我国木质林产品出口与林业经济增长之间的关系以及检验不同类型的木质林产品（资源密集型木质林产品、劳动密集型木质林产品、资本技术密集型木质林产品）与林业经济发展之间的关系。具体的检验结果见表51和表52：

表51 lnFGDP与lnFEX之间的协整检验结果

特征值	迹（Trace）统计量	5%水平临界值	原假设 H_0	备择假设 H_1	结论
0.637048	28.83308	20.26184	$r=0$	$r\geqslant 1$	拒绝
0.213472	5.522921	9.164546	$r\leqslant 1$	$r\geqslant 2$	接受
特征值	最大特征值（Max-Eigen）统计量	5%水平临界值	原假设 H_0	备择假设 H_1	结论
0.637048	23.31016	15.89210	$r=0$	$r\geqslant 1$	拒绝
0.213472	5.522921	9.164546	$r\leqslant 1$	$r\geqslant 2$	接受

由表51可以看出，当 H_0：$r=0$ 时，迹检验与最大特征值似然比统计量的值分别为28.83308和23.31016大于5%显著水平的临界值20.26184和15.89210，所以拒绝零假设 H_0：$r=0$，即认为lnFGDP与lnFEX之间存在协整关系；而当 H_0：$r\leqslant 1$ 时，迹检验与最大特征值似然比统计量的值分别为5.522921和5.522921，小于各自的临界值9.164546，所以接受零假设 $r\leqslant 1$。因此，在5%的显著水平上，变量之间有且仅有1个协整关系，对应的协整方程为（括号内为标准误差）：

$$\ln FGDP = 4.909968 + 0.868701 \ln FEX + \hat{\mu}_t$$

$$(0.97025) \qquad (0.08315) \qquad (4.16)$$

由标准化协整关系来看，我国的木质林产品出口额与我国林业经济增长之间存在着显著的相关性。

表 52　不同种类木质林产品与 lnFGDP 之间的 Johansen 协整检验结果

特征值	迹（Trace）统计量	5%水平临界值	原假设 H_0	备择假设 H_1	结论
0.925689	136.5471	54.07904	$r=0$	$r\geqslant1$	拒绝
0.871303	76.75870	35.19275	$r\leqslant1$	$r\geqslant2$	拒绝
0.592662	29.60192	20.26184	$r\leqslant2$	$r\geqslant3$	拒绝
0.322217	8.945348	9.164546	$r\leqslant3$	$r\geqslant4$	接受
特征值	最大特征值（Max-Eigen）统计量	5%水平临界值	原假设 H_0	备择假设 H_1	结论
0.925689	59.78838	28.58808	$r=0$	$r\geqslant1$	拒绝
0.871303	47.15678	22.29962	$r\leqslant1$	$r\geqslant2$	拒绝
0.592662	20.65658	15.89210	$r\leqslant2$	$r\geqslant3$	拒绝
0.322217	8.945348	9.164546	$r\leqslant3$	$r\geqslant4$	接受

协整结果表明：在 5%的置信水平上，拒绝 H_0：$r\leqslant2$ 的假设，接受 H_0：$r\leqslant3$ 的假设，即变量 lnFGDP、lnFEX _ R、lnFEX _ L 与 lnFEX _ K 之间存在着至少一个协整关系，各变量在长期中存在着稳定的均衡关系。估计出各相关变量之间的协整（长期）关系为（括号内为标准误差）：

$$\ln FGDP = 11.25223 - 0.580834 \ln FEX\_R + 2.272168 \ln FEX\_L - 1.613260 \ln FEX\_K + \hat{\mu}_t$$

$$(0.11478) \qquad (0.02573) \qquad (0.17117) \qquad (0.21365)$$

对残差项 $\hat{\mu}_t$ 进行 ADF 单位根的检验结果说明，$\hat{\mu}_t$ 一阶差分的 ADF 统计量小于 1%置信水平的临界值，所以该序列项是平稳的，因此我国不同种类的木质林产品出口和我国林业经济增长之间存在着长期稳定的均衡关系。

可以看出劳动密集型木质林产品每增加 1 单位的出口，就会促进我国林业产值增长 2.272 个单位；同时，我们可以看到资源密集型木质林产品的出口在长期并没有促进我国林业产值的增加，这是因为相对来说我国的木质林产品资源是相当匮乏的，如果我国直接出口初级的木质林产品，由于附加值很低，获得的收益是很低的，长期将不利于我国林业经济发展。因此我国应该加强对我国木质出口产品的资本和技术投入，对出口的木质林产品进行深加工，提高产品的技术含量，而不应直接出口初级的木质林原材料。

③ Granger 因果关系检验

通过上述的分析，变量 lnFGDP、lnFEX _ R、lnFEX _ L 与 lnFEX _ K 序列的一阶差分都是平稳的，并且之间具有长期的协整关系，但 lnFGDP 是否与 lnFEX _ R、lnFEX _ L、lnFEX _ K 之间存在因果关系还需要进一步验证，下面用 Granger 因果关系检验来验证两者之间是否存在因果关系。

格兰杰因果关系检验（Granger Causality Test）解决了 X 是否引起 Y 的问题，主要看现在的 Y 能够在多大程度上被过去的 X 解释，加入 X 的滞后值是否使解释程度提高。如果 X 在 Y 的预测中有帮助，或者 X 与 Y 的相关系数在统计上显著时，就可以说"Y 是由 X Granger 引起的"。对两变量 Y 和 X，格兰杰因果关系检验要求估计以下两个回归模型：

$$Y_t = \sum_{i=1}^{m}\alpha_i X_{t-i} + \sum_{i=1}^{m}\beta_i Y_{t-i} + \mu_{1t} \tag{4.17}$$

$$X_t = \sum_{i=1}^{m}\lambda_i Y_{t-i} + \sum_{i=1}^{m}\delta_i X_{t-i} + \mu_{2t} \tag{4.18}$$

格兰杰因果关系检验是通过受约束的 F 检验完成的。如针对 X 不是 Y 的格兰杰原因这一假设，即针对式中 X 滞后项前的参数整体为零的假设，分别做包含与不包含 X 滞后项的回归，得到回归的残差平方和 RSS_U 和 RSS_R；构造 F 统计量：

$$F = \frac{(RSS_R - RSS_U)/m}{RSS_U/(n-k)} \tag{4.19}$$

式中，m 为 X 的滞后项个数，n 为样本容量，k 为包含可能存在的常数项及其他变量在内的无约束回归模型的待估参数的个数。如果计算的 F 值大于给定显著水平 α 下 F 分布的相应的临界值 F_α（m，$n-k$），则拒绝原假设，认为 X 是 Y 的格兰杰原因。

具体的分析结果见下表：

表 53　Granger 因果关系检验结果

零假设	滞后期数	F 统计量	P 值	结论
lnFGDP 不是 lnFEX 的 Granger 原因	3	1.21782	0.3336	接受 H_0
lnFEX 不是 lnFGDP 的 Granger 原因		4.24781**	0.0206	拒绝 H_0
lnFGDP 不是 lnFEX _ R 的 Granger 原因	3	0.20678	0.8903	接受 H_0
lnFEX _ R 不是 lnFGDP 的 Granger 原因		7.51391***	0.0021	拒绝 H_0
lnFGDP 不是 lnFEX _ L 的 Granger 原因	3	1.96162	0.1581	接受 H_0
lnFEX _ L 不是 lnFGDP 的 Granger 原因		7.85271***	0.0017	拒绝 H_0
lnFGDP 不是 lnFEX _ K 的 Granger 原因	3	3.28361**	0.0463	拒绝 H_0
lnFEX _ K 不是 lnFGDP 的 Granger 原因		2.53502*	0.0912	拒绝 H_0

说明：***、**、*分别表示在1%、5%、10%水平上显著

由上表可知，在滞后3期时，我国的林业产值与我国的木质林产品出口额、资源密集型木质林产品出口额和劳动密集型木质林产品出口额存在单向的Granger因果关系。在长期中，我国木质林产品总出口、资源密集型木质林产品出口和劳动密集型木质林产品出口是我国林业产值的Granger原因；而我国的林业产值与我国资本技术密集型木质林产品出口额存在双向的Granger因果关系。

出现这种情况的结果正是由于我国现在的木质林产品出口仍然是以初级产品和劳动密集型产品为主，资本技术密集型产品出口增长相对缓慢造成的（见图29）。我国在木质林产品的对外贸易中获得的利润相对较低，而与初级产品和劳动密集型木质林产品出口获得的低利润相比，由于过度开采而造成的我国水土流失、环境恶化等对我国林业经济发展的负面影响更大。

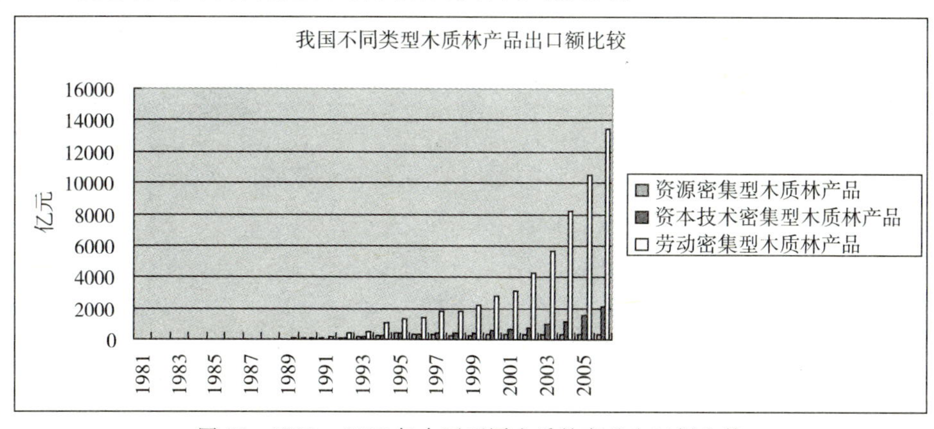

图 29　1981—2007 年中国不同木质林产品出口额比较

（3）结论政策建议

本文通过采用1981—2007年的年度时间序列数据，利用Johansen协整检验、Granger因果关系检验分析了我国木质林产品的出口总额及不同类型的木质林产品出口与我国林业总产值之间的关系。

从整体来看，通过协整关系检验可得到我国林业总产值与我国木质林产品的出口之间存在长期的均衡关系。我国木质林产品的出口每增长1%会带动我国林业产值增长0.868701%。从出口商品结构变化的角度来看，资源密集型木质林产品出口、劳动密集型木质林产品出口和资本技术密集型木质林产品出口和林业GDP之间也存在长期稳定的均衡关系。我国的资源密集型木质林产品出口和劳动密集型木质林产品出口都是我国林业产值增加的Granger原因，而我国资本技术密集型木质林产品的出口与我国林业产值之间存在双向的Granger因果关系。

上述的结论有如下的政策建议：

首先，我国应该转变木质林产品出口的结构，加大对木质林产品的资本和技术投入，逐渐实现木质林产品出口由劳动密集型产品为主向资本技术密集型产品转型升级，从而实现我国林业资源的节约和出口产品附加值的提高。

其次，通过增加对林业科研部门和农民教育培训的投入，来提高我国木质林出口产品的技术含量和质量水平，实现木质林产品出口由“以量取胜”向“以质取胜”转变。这样我国就可以在对外贸易中减少贸易摩擦并有效解决国外对我国木质林产品的技术壁垒问题。

2. 中国木质林产品出口商品结构与贸易竞争力相关性

表54　1992—2007年中国木质林产品出口结构与贸易竞争力

	NTB指数（贸易竞争力）	资源密集型木质林产品出口	劳动密集型木质林产品出口	资本技术密集型木质林产品出口
1992	－0.46619737	$203997029	$779435171	$201874372
1993	－0.39827325	$276113882	$904469244	$241325228
1994	－0.36582570	$301797062	$1221389234	$288671881
1995	－0.28718960	$444141398	$1560498871	$444140967
1996	－0.34555115	$409935714	$1698896141	$396212555
1997	－0.33491007	$410838197	$2166869791	$505276096
1998	－0.35518604	$280176440	$2170545448	$509053978

（续表）

	NTB指数 （贸易竞争力）	资源密集型 木质林产品出口	劳动密集型 木质林产品出口	资本技术密集型 木质林产品出口
1999	－0.39136513	$ 293894493	$ 2724706831	$ 482097844
2000	－0.37154110	$ 357251905	$ 3413607459	$ 703436302
2001	－0.31204115	$ 373466620	$ 3783510818	$ 748359545
2002	－0.24328013	$ 357348142	$ 5179188978	$ 883275064
2003	－0.18135031	$ 414060665	$ 6867576533	$ 1154301474
2004	－0.09992395	$ 374046522	$ 9869968059	$ 1435134992
2005	－0.00611114	$ 407579878	$ 12844262431	$ 1951945859
2006	0.08051270	$ 455102844	$ 16901213249	$ 2649369800
2007	0.02963235	$ 447695630	$ 20278491494	$ 3531429915

数据采用我国1992—2007年的RCA（贸易竞争力指数）数据和我国资源密集型、劳动密集型和资本技术密集型木质林产品出口额数据，分别用EXZY、EXLD和EXZBJS表示，同时这三组数据都按消费价格指数进行了平减，为消除时间序列中存在的异方差现象，同时为使序列趋势线性化，对三组数据分别取自然对数。具体回归结果见下表55。

表55　中国木质林产品出口商品结构与贸易竞争力回归模型结果

变量	系数	T统计量值	P值
C	－4.953265	－0.825171	0.4254
lnEXZY	0.377281	1.126359	0.2820
lnEXLD	1.156275	3.174090***	0.0080
lnEXZBJS	－1.337218	－2.894785***	0.0135
Adjusted R-squared	0.556646		
F-statistic	5.022144		
Durbin-Watson stat	2.269251		

注：***、**、*分别表示在1%、5%、10%下显著

回归结果显示，变量 lnEXLD 与 lnEXZBJS 的 t 值都通过了 1%水平下的检验，方程的拟合度也较好，F 值和 D. W. 值都通过显著性检验。结果表明我国劳动密集型木质林产品的出口与贸易竞争力有正相关关系，而资源密集型木质林产品与我国的贸易竞争力指数关系不显著，这符合我国的木质林产品出口的实际，资源密集型木质林产品在出口中所占比重非常非常低，劳动密集型木质林产品所占比重非常高。资本技术密集型木质林产品与出口竞争力出现负相关，这是因为目前我国纸类资本密集型木质林产品出口仍以低档产品为主，而进口以高档纸为主，竞争力较弱。我国要提高木质林产品出口的贸易竞争力，就应继续加大劳动密集型产品的出口份额，要提高资本技术密集型木质林产品的附加值，这既可以减少我国木质林资源的损耗，减少资源密集型产品的出口，实现生态环境的保护又可以提高我国木质林出口企业的生产率水平，进而提高我国的贸易竞争力。

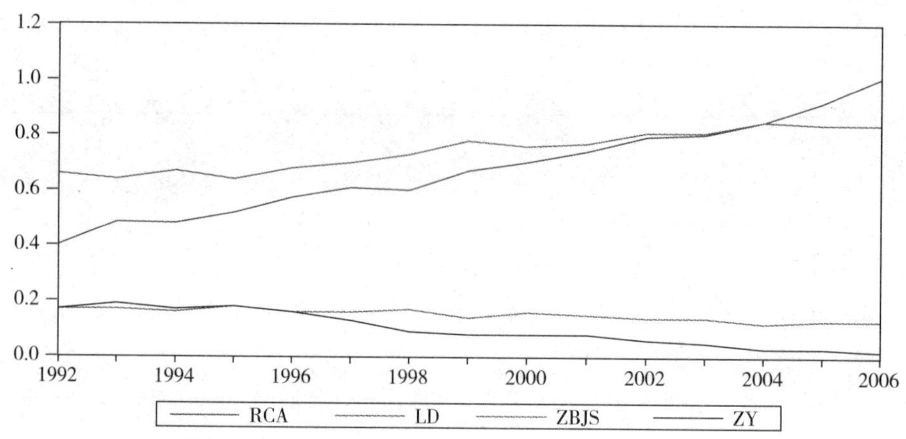

图 30　中国木质林产品出口商品结构与贸易竞争力相关性

由图 30 可以看出，我国的木质林产品的出口竞争力指数与劳动密集型木质林产品所占比重成正相关的关系，说明我国的木质林产品的出口仍然是以低廉的劳动力这一比较优势为基础的，虽然在当前这种贸易结构符合我国的现实，但是随着我国劳动力成本的上升，低廉的劳动力供给就会出现短缺。因此，我国应该在木质林产品以劳动密集型产品出口的基础上，提高资本技术密集型产品的附加值，在我国对外贸易中占据价值链的高端。

3. 中国木质林产品出口商品结构与贸易条件相关性

(1) 中国木质林产品的贸易条件

贸易条件是衡量一国在一定时期内出口盈利能力（相对于进口）或贸易利益的重要指标。在一定时期内，如果一国单位商品能换回的进口商品比基期增加或减少了，则被认为是贸易条件改善或恶化了。它不仅反映了一国贸易获利程度的高低，而且可以反映一国出口竞争力的优劣。实际中常用的贸易条件有四种不同形式，即价格贸易条件、收入贸易条件、单要素贸易条件、双要素贸易条件，这些不同形式的贸易条件分别从不同角度表示一国出口盈利能力或贸易利益的变动情况。本文以净贸易条件和收入贸易条件分析中国木质林产品的贸易条件。

净贸易条件又称价格贸易条件，在传统的国际贸易理论框架中被定义为一国出口与进口的交换比价（Net Barter Terms of Trade，以下简称 NBTT)，用公式表示为：净贸易条件（N）＝（出口商品价格指数/进口商品价格指数）×100，当出口商品价格指数相对于进口商品价格指数上升时，意味着同样数量的出口商品能够交换到比原来更多的进口商品，这就是贸易条件的改善，反之则是贸易条件的恶化。计算中国木质林产品总体净贸易条件时，按照各类木质林产品的贸易权重进行折算。收入贸易条件是在净贸易条件的基础上考虑出口数量，如果出口数量提高，也有利于贸易条件的总体改善。用公式表示为：收入贸易条件（I）＝（出口商品价格指数/进口商品价格指数）×出口商品数量指数[154]。计算中国木质林产品总体收入贸易条件时，按照各类木质林产品的贸易权重进行折算。

1994—2007 年原木、锯材、人造板、木制品、木浆、纸和纸制品基本都是出口单价大于进口单价，原因是我国森林资源总量不足，供需不平衡，供不应求导致木质林产品价格较高，而俄罗斯、加拿大、美国、泰国等国家森林资源丰富，木材价格相对较便宜，原木、锯材的净贸易条件相对于 1994 年基期，先有下降趋势，2000 年分别仅为 67.25、41.94，原因是 1999 年取消原木和锯材进口关税后，进口大量增加，国内供给相对充足，出口数量随之也增加，由于出口企业的恶性价格竞争，使出口价格指数下跌，净贸易条件恶化，同时两者的收入贸易条件恶化非常明显，原因是天然林保护工程的实施使原木、锯材资源类木质林产品出口数量大大下降。人造板、木制品、木家具、其他原材、木浆相对于 1994 年基期净贸易条件、收入贸易条件都得到改善。纸和纸制品净贸易条件波动明显，但收入贸易条件改善幅度很大。

表 56　1994—2007 年中国木质林产品净贸易条件

	原木	其他原材	锯材	人造板	木制品	木家具	木浆	纸和纸制品	总体
1994	100	100	100	100	100	100	100	100	100
1995	93.70	204.27	96.18	298.67	114.58	90.90	159.29	53.91	123.58
1996	72.42	174.95	83.02	1872.95	115.53	135.53	202.61	72.27	339.11
1997	91.99	105.25	85.92	1073.71	141.19	112.74	197.88	73.33	230.33
1998	92.31	122.38	76.67	1906.49	87.23	119.33	169.14	82.46	312.52
1999	84.97	103.24	58.68	1391.86	148.33	123.78	203.89	84.20	244.49
2000	67.25	68.93	41.94	2103.40	155.18	81.30	491.27	77.06	339.75
2001	85.78	54.50	41.00	2309.40	111.28	163.76	479.94	99.37	338.39
2002	90.75	85.13	70.48	2205.31	155.72	208.26	484.49	101.30	352.64
2003	87.98	219.71	71.23	2438.80	136.00	202.90	510.10	100.48	375.71
2004	82.42	182.22	68.56	1863.81	109.40	200.92	495.30	116.95	363.49
2005	73.42	179.09	57.60	1839.97	133.65	164.22	503.51	130.50	384.93
2006	71.98	204.73	54.43	1800.58	143.56	151.02	507.22	129.51	403.29
2007	62.11	237.88	27.82	1620.06	134.55	133.44	395.10	122.53	359.48

表 57　1994—2007 年中国木质林产品收入贸易条件

	原木	其他原材	锯材	人造板	木制品	木家具	木浆	纸和纸制品	总体
1994	100	100	100	100	100	100	100	100	100
1995	99.839	315.984	107.192	190.259	133.386	321.468	203.008	98.225	155.746
1996	50.877	264.755	85.976	197.847	125.000	204.604	300.178	102.599	147.787
1997	64.683	168.687	92.591	206.828	177.162	225.665	398.268	129.093	170.946
1998	32.547	157.938	54.506	185.273	207.283	211.863	431.251	143.720	181.432
1999	21.554	138.461	58.003	281.074	232.611	63.219	598.459	145.150	195.136
2000	0.027	107.125	0.002	305.209	297.147	152.887	9647.644	206.006	1589.304
2001	0.023	81.968	0.003	399.072	230.602	185.564	11178.304	277.857	1804.725
2002	0.015	113.942	0.126	669.433	389.334	359.599	16312.959	323.166	2354.576
2003	0.012	222.753	0.154	752.508	413.247	456.633	21417.337	432.760	3109.433
2004	0.008	172.656	0.134	1442.306	413.801	315.448	26441.280	561.974	4063.330
2005	0.008	136.611	0.156	2391.580	512.983	692.120	34365.603	840.239	4942.081
2006	0.005	112.540	0.180	3546.280	630.957	1011.602	43634.004	1179.404	6318.277
2007	0.003	60.432	0.944	1786.852	565.162	1336.420	46572.401	1448.861	6816.389

（2）中国木质林产品出口商品结构与贸易条件的相关性

表 58　1994—2007 年中国木质林产品出口商品结构与收入贸易条件

	收入贸易条件	资源密集型木质林产品所占比重	劳动密集型木质林产品所占比重	资本技术密集型木质林产品所占比重
1994	100	0.17	0.66	0.17
1995	155.746	0.19	0.64	0.17
1996	147.787	0.17	0.67	0.16
1997	170.946	0.18	0.64	0.18
1998	181.432	0.16	0.68	0.16
1999	195.136	0.13	0.70	0.16
2000	1589.304	0.09	0.73	0.17
2001	1804.725	0.08	0.78	0.14
2002	2354.576	0.08	0.76	0.16
2003	3109.433	0.08	0.77	0.15
2004	4063.33	0.06	0.81	0.14
2005	4942.081	0.05	0.81	0.14
2006	6318.277	0.03	0.85	0.12
2007	6816.389	0.03	0.84	0.13

数据采用 1994—2007 年我国收入贸易条件数据和木质林产品出口商品结构数据来分析他们之间的关系，用 SRMYTJ 表示我国的收入贸易条件，ZYBZ、LDBZ、ZBJSBZ 分别表示我国三种木质林产品的比重，具体回归结果见下表：

表 59　中国木质林产品出口商品结构与贸易条件的回归模型结果

变量	系数	T 统计量值	P 值
C	−44.42327	−2.003529**	0.0730
ZYBZ	19.25724	0.921543	0.3785
LDBZ	51.59169	2.393238**	0.0377
ZBJSBZ	72.05394	2.582645**	0.0273
Adjusted R−squared	0.958991		
F−statistic	102.3335		
Durbin−Watson stat	2.595302		

注：***、**、*分别表示在 1%、5%、10%下显著

由上表可以看出，劳动密集型商品与资本技术密集型商品比重的增加对我国收入贸易条件的改善起到了正的作用，而资源密集型产品对我国收入贸易条件的改善作用影响不大。这充分说明了随着我国木质林产品出口结构的改善，单纯的木质林初级产品的出口比重不断减少，而劳动密集型和资本技术密集型产品比重不断增加，我国充分发挥自身的劳动力资源比较优势，加大资本的投入，生产率水平不断提高，从而提升了出口产品的附加值，极大地改善了我国的收入贸易条件。

五、本章小结

1. 在中国木质林产品的8类产品中，木家具、木制品、人造板的出口比重很大，2007年所占份额分别为42.44%、15.67%、24.67%，合计82.78%，即中国木质林产品的出口以劳动密集型木质林产品为主。由于人均森林资源匮乏、天然林保护工程的实施，原木、锯材、其他原材等资源密集型木质林产品在木质林产品出口中所占份额越来越小。由于中国造纸技术落后，设备陈旧，以及企业规模偏小，经济效益差，环境污染严重等原因，资本技术密集型木质林产品出口所占份额也较小，且不断下降，历年出口最少的是木浆，1992年仅占0.11%，纸和纸制品所占份额也在不断下降。

2. 中国木质林产品出口商品结构形成机理的定性与定量分析的结果表明：第一，生产要素的相对充裕程度会影响一国木质林产品出口商品结构。中国人均森林资源匮乏、劳动力资源丰富、制浆技术相对落后，决定了中国木质林产品出口以劳动密集型为主，资源密集型出口会不断减少，随着科学技术的发展，木浆和纸类资本技术密集型木质林产品出口会不断增加。第二，林产品贸易与环境保护联系紧密，环境保护政策会影响和改变一国木质林产品出口，随着1998年天然林保护工程的实施，中国资源类木质林产品出口比重明显下降。第三，关税和出口退税对木质林产品贸易结构优化具有较强的影响力。森林认证、反倾销、技术性贸易壁垒等会对中国木质林产品出口结构产生一定影响。第四，中国劳动生产率的提高和贸易开放度的不断提升对中国木质林产品出口商品结构产生正向的影响，中国木质林产品目前产业内贸易水平不高，对木质林产品出口商品结构产生负向的影响。

3. 出口商品结构指数分析表明：劳伦斯指数显示中国木质林产品出口商品结构变化的幅度非常小，收益性结构变动指数显示出口商品结构优化的趋势很弱，甚至2007年出现指数小于0，有所恶化。反应度指数波动很大，2005年开始出现负值，说明最近几年中国木质林产品出口的商品结构对世界需求变动的反应程度较差。1994—2007年中国木质林产品分散度指数不断下降，意味着集中度越来越上升，容易出现风险，容易受到贸易摩擦以及进口国需求波动的影响。

4．中国木质林产品相关问题的实证分析表明：第一，中国木质林产品的出口与林业经济增长关系密切，出口每增长1％会带动林业产值增长0.868701％。不同类型木质林产品的出口对林业经济增长的贡献不同，劳动密集型木质林产品每增加1单位的出口，就会促进林业产值增长2.272个单位；而资源密集型木质林产品的出口在长期并没有促进林业产值的增加。第二，中国木质林产品的出口与贸易竞争力关系密切，中国劳动密集型木质林产品的出口与贸易竞争力有正相关关系，而资源密集型木质林产品与贸易竞争力指数关系不显著。第三，中国木质林产品的出口与贸易条件关系密切，劳动密集型与资本技术密集型木质林产品出口对收入贸易条件的改善起到了正的作用，而资源密集型木质林产品出口对收入贸易条件的改善作用影响不大。这充分说明了随着木质林产品出口结构的改善，单纯的木质林初级产品的出口比重不断减少，而劳动密集型和资本技术密集型产品比重不断增加，我国要充分发挥自身的劳动力资源比较优势，加大资本的投入，不断提高生产率水平和制浆技术，从而提升出口产品的附加值，极大地改善收入贸易条件。

第五章 中国木质林产品对外贸易模式结构分析

一、产业间贸易和产业内贸易两种贸易模式结构

解释贸易成因的两大理论是以比较优势为主流的传统贸易理论和以产业内贸易为主流的新贸易理论[155]。H－O 理论认为一国应当出口密集使用其充裕生产要素的产品，而进口密集使用其相对匮乏的生产要素的产品，该理论对于比较优势与专业化分工的决定因素的解释具有很强的实证意义[156][157]。然而，该理论不能合理解释二战后工业化国家出现的大量相似商品的双向贸易，即产业内贸易，这种产业内贸易通常不会导致整个产业在一国内消失或大规模萎缩，但各国生产和销售的产品范围会发生变化。首先系统地对产业内贸易进行研究并提出这一概念的是格鲁贝尔和劳埃德[158]。

产业内贸易和产业间贸易两者产生的基础不同，产业间贸易是由国家间的要素禀赋差异决定的，与国家的比较优势有关，而产业内贸易是由产品差异、不完全竞争的市场结构和规模经济推动的，与产业的竞争优势有关，即比较优势和要素禀赋是产业间贸易建立的基础，而规模经济和产品差异是产业内贸易建立的基础；产业内贸易和产业间贸易满足不同的需求，产业间贸易满足了人们对本国缺乏比较优势的产品的需求，而产业内贸易满足了人们对差异化产品的需求。因此，一般认为，产业间贸易在要素禀赋差异较大的国家之间容易发生，而产业内贸易在需求结构相似的国家之间更容易发生。

产业内贸易理论研究有三个基本派别：

第一是以 Krugman 为代表，核心论点是：在垄断竞争的市场结构中，产业内贸易产生的基本原因是规模经济。1981 年 Krugman 证明了由于规模经济，产业内贸易会在要素禀赋相似的国家之间进行。在垄断竞争的市场中，企业可以通过生产规模的扩大来降低单位生产成本，从而具有竞争优势。在产品存在水平差异的情况下，即使两国具有相同的技术水平和要素比例，为了满足多样化需求，

产业内贸易也会发生。

第二是以 Brander、Helpman 为代表，核心论点是：产业内贸易产生的重要原因是具有垄断力量的厂商之间的相互倾销。Brand 和 Helpman 证明了，在寡头垄断竞争的市场中，成本差异和规模经济即使不存在，寡头之间为了占据市场而进行的相互倾销也会使得产业内贸易产生。

第三是以 Falvey、Davis 等人为代表，核心论点是：产业内贸易的基本决定因素是要素禀赋和技术差异。Davis 的模型证明，在不完全竞争、不存在规模经济的情况下，一国的产业内贸易水平也可能提高。该模型假设市场上有许多要素密集度相似的产品，并且这些产品之间有很强的替代性，相互之间存在微小的技术差异，这会引起国家间的专业化生产，产业内贸易得以发生。

20 世纪后期，产业内贸易逐渐被细分为水平型和垂直型。Lancaster 最早用垂直型和水平型来描述产品的差异，解释水平型产业内贸易的模型有新张伯伦模型等，解释垂直型产业内贸易的模型有 Falvey 提出的新赫克歇尔—俄林模型等。

二、中国木质林产品产业内贸易相关指数分析

测度产业内贸易的指数有很多，本文利用 GL 指数、Bruelhart 指数、HIT 指数对中国木质林产品进行分析。

1. GL 指数

在测量产业内贸易水平的方法中，使用最广泛的是 Grubel 和 Lloyd 提出的 GL 指数。GL 指数的取值在 0～100 之间，当 0<GL<50 时，产业间贸易占主导地位；当 50<GL<100 时，产业内贸易占主导地位。计算公式如下：

$$GL_i=\left(1-\frac{|X_i-M_i|}{X_i+M_i}\right)\times 100 \tag{5.1}$$

GL_i指数能很好地测度某一年的产业内贸易情况，从静态的角度衡量木质林产品的产业内贸易水平。X_i、M_i 分别为该国第 i 类产品在一定时期内的出口值和进口值。测算全部木质林产品的 GL 指数，用公式：

$$GL_I=\sum_{i=1}^{n}W_iGL_i \tag{5.2}$$

其中，GL_I表示一定时期的木质林产品总体产业内贸易指数，$W_i=\dfrac{X_i+M_i}{X+M}$，

即为第 i 类木质林产品的贸易权重。

表 60　1994—2007 年中国三大类木质林产品的 GL 指数值

	资源密集型	劳动密集型	资本技术密集型
1994	45.28	16.97	22.98
1995	42.34	18.69	27.17
1996	41.70	18.96	19.96
1997	34.67	21.92	21.51
1998	23.17	17.40	21.51
1999	15.36	19.53	17.41
2000	14.06	19.65	20.91
2001	14.90	21.41	22.65
2002	12.25	25.15	24.37
2003	13.77	23.97	26.77
2004	11.93	18.93	27.52
2005	15.37	13.15	33.82
2006	14.65	9.25	40.46
2007	11.55	8.75	41.22

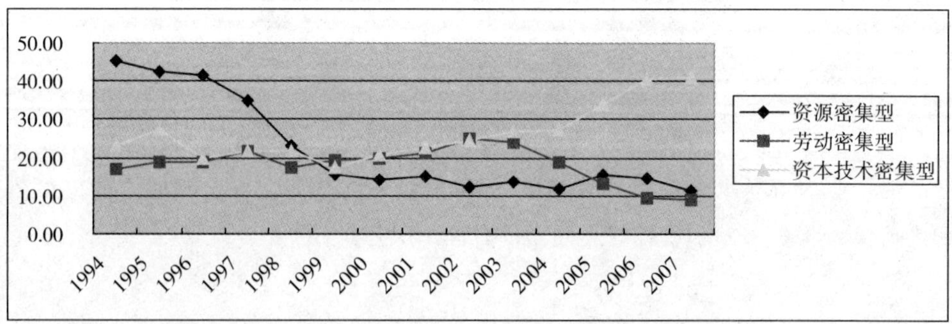

图 31　1994—2007 年中国三大类木质林产品的 GL 指数值比较

表 61　1994—2007 年中国各类木质林产品的 GL 指数值

	原木	其他原材	锯材	人造板	木制品	木家具	木浆	纸和纸制品	总体
1994	18.24	23.87	94.07	15.05	19.14	17.81	2.56	26.91	24.02
1995	22.70	8.77	86.76	23.19	19.16	10.36	7.87	32.42	26.07
1996	12.03	11.59	96.24	33.35	13.84	4.88	2.89	24.18	22.62
1997	8.34	14.09	83.92	44.35	11.27	4.59	3.03	25.07	23.60
1998	4.07	19.74	49.64	30.42	16.42	5.64	2.00	26.30	20.30
1999	1.27	27.93	34.79	45.70	11.18	3.72	0.43	23.26	17.70
2000	0.95	25.86	30.86	54.03	6.35	2.73	0.96	30.15	19.06
2001	0.65	27.55	33.21	74.50	3.43	3.04	0.79	32.73	20.58
2002	0.30	32.01	28.29	94.09	2.77	2.81	1.42	34.25	22.01
2003	0.24	39.34	32.99	96.06	2.94	3.13	1.58	38.14	23.11
2004	0.14	52.09	27.36	66.45	3.47	2.74	0.90	41.45	21.13
2005	0.13	95.56	31.30	40.87	3.07	2.52	1.90	49.25	21.33
2006	0.07	85.25	34.70	25.06	3.18	2.64	2.64	59.94	21.19
2007	0.05	47.00	36.23	19.25	3.58	4.03	3.26	59.84	21.62

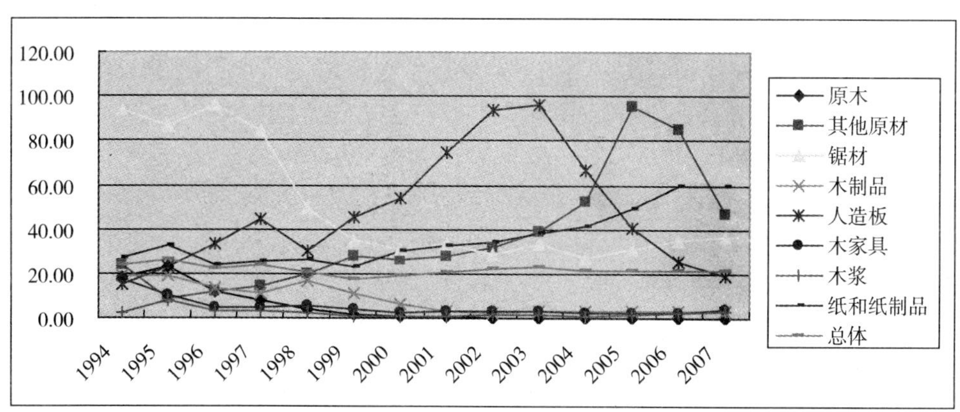

图 32　1994—2007 年中国各类木质林产品的 GL 指数值比较

中国木质林产品同时存在产业间贸易和产业内贸易，产业内贸易水平不高，资源密集型木质林产品 GL 指数从 1994 年的 45.28 下降到 2007 年的 11.55，劳动密集型木质林产品从 1994 年 16.97 下降到 2007 年的 8.75，产业间贸易所占比重越来越大。资本技术密集型木质林产品 GL 指数从 1994 年的 22.98 上升到 2007 年的 41.22，由产业间贸易转向产业内贸易的趋势表现很明显。原木依赖森林资源，一直以产业间贸易为主，由于国家政策变化，1999 年后产业内贸易水平越来越低。木浆是典型的资本技术密集型木质林产品，我国制浆技术落后，产业间贸易为主。其他原材从以产业间贸易为主转向以产业内贸易为主，而锯材恰恰相反，从以产业内贸易为主逐渐转向以产业间贸易为主。人造板波动非常大，由以产业间为主转向产业内为主又回落到以产业间为主。木制品和木家具趋势相似，GL 指数都在下降，以产业间贸易为主。纸和纸制品由以产业间为主逐渐转为产业内贸易为主。木质林产品总体非常平稳，GL 指数处在 20 左右，表现出以产业间贸易为主。

2. Bruelhart 指数

Bruelhart 指数用以测量某个时期贸易增量的边际产业内贸易水平，该指数反映了产业内贸易的动态变化，优点是克服了 GL 指数的静态。B_i的范围在 0～100 之间。B_i大于 50，表明某时期贸易的增量主要由产业内贸易引起；反之则由产业间贸易引起。

$$B_i = 1 - \frac{|\Delta X_i - \Delta M_i|}{|\Delta X_i| + |\Delta M_i|} \times 100 \tag{5.3}$$

式中 B_i表示第 i 类产品在某个时期的 Bruelhart 指数；ΔX_i、ΔM_i 分别表示该时期内第 i 类产品进出口贸易额增量。可以通过加权方法计算全部木质林产品的边际产业内贸易指数，其计算公式为：

$$B = \sum_{i=1}^{n} W_i B_i \tag{5.4}$$

W_i 为第 i 类木质林产品的贸易增量的权重，$W_i = \dfrac{|\Delta X_i| + |\Delta M_i|}{\sum_{i=1}^{n}(|\Delta X_i| + |\Delta M_i|)}$

表 62　1994—2007 年中国木质林产品的 Bruelhart 指数

年份	1994—1996	1997—1999	2000—2002	2003—2006	1994—2007
资源密集型	71.77	27.26	0.03	3.89	4.25
劳动密集型	50.72	7.58	23.15	3.82	2.36
资本技术密集型	14.76	5.24	69.11	66.87	44.35

1994—2007年资源密集型木质林产品的Bruelhart指数显示其产业内贸易的动态变化明显，1994—1996年的Bruelhart指数是71.77，表明该时期贸易的增量主要由产业内贸易引起的，而2000—2002年、2003—2006年、1994—2007年的Bruelhart指数都很低，表明其增量主要由产业间贸易引起的，这也符合中国资源类木质林产品贸易的实际，1998年天然林保护工程实施后，原木等主要以单向的进口为主，体现出很明显的产业间贸易。劳动密集型的Bruelhart指数与资源密集型的有点相似，1994—1996年贸易的增量主要由产业内贸易引起，以后各时期贸易的增量以产业间贸易引起为主，但劳动密集型木质林产品与资源类木质林产品产业内贸易水平低形成的原因有所不同，资源类是因为对进口依赖过重，而劳动密集型类是因为木家具等的大量出口。资本技术密集型木质林产品1994—1996年、1997—1999年以典型的产业间贸易为主，2000年开始，贸易的增量开始主要由产业内贸易引起，那是因为我国主要生产和出口中低档次的纸和纸制品，同时由于经济发展，又需要进口一部分高档的纸制品，使得产业内贸易水平很明显。

3. HIT 指数

Hamilton、Kneist指出：进行贸易的两个国家（地区）当"进出口均等比例增长，则产业内贸易的量会增长，但其比例不会增长"，这时简单地用GL指数和Bruelhart指数来衡量贸易则结果就会出现错误，无法反映产业内贸易的规模和发展速度，HIT_i克服了以上两种指标的缺陷，引入产业内贸易绝对量指标。从HIT指数分析，资源密集型和劳动密集型木质林产品HIT指数变动幅度不大，资源类木质林产品产业内贸易水平一直很低，劳动密集型木质林产品产业内贸易水平一直在20左右。而资本技术密集型木质林产品HIT指数变动非常大，产业内贸易水平每年都在增长，从1994年的5.77上升到2007年的70.63。

$$HIT=(X_i+M_i)-|X_i-M_i| \tag{5.5}$$

表63　1994—2007年中国三大类木质林产品的HIT　单位：亿美元

	资源密集型	劳动密集型	资本技术密集型
1994	6.04	21.78	5.77
1995	8.88	21.39	8.88
1996	8.20	18.54	7.92

（续表）

	资源密集型	劳动密集型	资本技术密集型
1997	8.22	20.70	10.11
1998	5.60	20.64	10.18
1999	5.88	20.26	9.64
2000	7.15	21.52	14.07
2001	7.47	15.73	14.97
2002	7.15	16.90	17.67
2003	8.28	20.29	23.09
2004	7.48	20.63	28.70
2005	8.15	18.08	39.04
2006	9.10	16.39	52.99
2007	8.95	17.51	70.63

表 64　1994—2007 年中国分类木质林产品的 HIT　　单位：亿美元

	原木	其他原材	锯材	人造板	木制品	木家具	木浆	纸和纸制品
1994	0.86	0.26	2.91	1.58	1.37	0.96	0.10	5.67
1995	0.94	0.19	2.98	2.49	1.78	0.65	0.55	8.33
1996	0.59	0.23	3.60	3.39	1.24	0.35	0.23	7.70
1997	0.59	0.28	3.88	5.45	1.12	0.45	0.23	9.88
1998	0.25	0.33	2.30	3.29	1.65	0.63	0.19	9.99
1999	0.16	0.48	2.79	5.45	1.35	0.50	0.06	9.58
2000	0.16	0.51	3.58	7.46	0.90	0.46	0.20	13.87
2001	0.11	0.55	3.94	8.69	0.52	0.57	0.17	14.80
2002	0.06	0.62	3.85	13.88	0.50	0.77	0.31	17.35
2003	0.06	0.85	4.74	17.02	0.66	1.21	0.42	22.66
2004	0.04	1.07	4.40	18.18	0.99	1.45	0.32	28.38
2005	0.04	2.48	5.63	15.40	0.94	1.74	0.71	38.33
2006	0.03	1.95	7.13	12.86	1.17	2.35	1.17	51.81
2007	0.02	1.08	7.85	12.15	1.31	4.04	1.84	68.79

三、中国木质林产品产业内贸易类型分析

产业内贸易可以分为同质产品产业内贸易和异质产品产业内贸易两类。同质产品意味着产品可以完全替代，通常以产业间贸易的形式出现；异质产品意味着产品相似但不完全相同，也不能完全相互替代的产品。产业内贸易大部分属于异质产品产业内贸易。

异质产品产业内贸易分为水平差异产品产业内贸易和垂直差异产品产业内贸易两类。具有完全相同的特性、属于同档次的同类产品、在产品细节上存在差别的产业内贸易称为水平差异型（Horizontal Intra-industry Trade，即 HIIT），产生的原因主要是由于消费者偏好的不同，在经济技术水平相似的国家之间容易产生。在质量等级上有所差别的同一类产品的产业内贸易，称为垂直差异型（Vertical Intra-industry Trade，即 VIIT），经济全球化和分工专业化是其产生的主要原因，在收入水平不同的国家之间容易产生。[159]

格林纳韦（Greenaway）在 1994 年提出了划分水平差异产品产业内贸易和垂直差异产品产业内贸易的标准，划分的方法是单位价值偏差法。划分方法：

当 $1-\alpha \leqslant \frac{UV_J^X}{UV_J^M} \leqslant 1+\alpha$ 时，把该产业内贸易划分为水平型产业内贸易；$\frac{UV_J^X}{UV_J^M} > 1+\alpha$ 或 $\frac{UV_J^X}{UV_J^M} < 1-\alpha$，把该产业内贸易划分为垂直型产业内贸易。式中分子和分母分别表示 j 类产品的单位出口价值和单位进口价值。α 通常取值为 0.15 或 0.25，本文采用 0.25，即上述比值在 0.75～1.25 之间，则该商品属于水平型产业内贸易，如果不在这个范围，则属于垂直型产业内贸易。UV_J^X、UV_J^M 分别表示 J 国某商品单位出口价值和单位进口价值。

Giuseppe Celi（1999）指出，Greenaway 和 Milner（1995）旧分法对垂直产业内贸易的界定相对模糊，没有说明经济体是出口单位价值更高，还是进口单位价值更高，无法判断该经济体在垂直产业内贸易中所处的地位[160]。将垂直产业内贸易进一步细化：当 $\frac{UV_J^X}{UV_J^M} > 1+\alpha$，表示上垂直产业内贸易 $HIIT^+$，当 $\frac{UV_J^X}{UV_J^M} < 1-\alpha$，表示下垂直产业内贸易 $HIIT^-$。1994—2007 年中国各类木质林产品产业内贸易类型分析表明：原木、锯材、人造板、木制品、纸和纸制品呈现出上垂直型产业内贸易，其他原材表现出下垂直型产业内贸易向水平型产业内贸易发展，木家具波动很大，2000 年前表现出下垂直型产业内贸易，2000 年后表现出上垂直型产

业内贸易。木浆长期以来一直是水平型贸易。中国木质林产品贸易总体呈现典型的垂直产业内贸易。

表 65　1994—2007 年中国各类木质林产品产业内贸易类型

	原木	其他原材	锯材	人造板	木制品	木家具	木浆	纸和纸制品
1994	3.56	0.47	2.83	0.09	1.12	0.24	0.94	2.16
	HIIT^{+}	HIIT^{-}	HIIT^{+}	HIIT^{-}	VIIT	HIIT^{-}	VIIT	HIIT^{+}
1995	3.47	1.00	2.80	0.26	1.29	0.38	0.85	1.17
	HIIT^{+}	VIIT	HIIT^{+}	HIIT^{-}	HIIT^{+}	HIIT^{-}	VIIT	VIIT
1996	2.58	0.91	2.42	1.66	1.30	0.49	1.26	1.57
	HIIT^{+}	VIIT	HIIT^{+}	HIIT^{+}	HIIT^{+}	HIIT^{-}	HIIT^{+}	HIIT^{+}
1997	3.26	0.53	2.48	0.94	1.58	0.48	1.06	1.58
	HIIT^{+}	HIIT^{-}	HIIT^{+}	VIIT	HIIT^{+}	HIIT^{-}	VIIT	HIIT^{+}
1998	3.31	0.60	2.21	1.65	0.99	0.41	1.12	1.80
	HIIT^{+}	HIIT^{-}	HIIT^{+}	HIIT^{+}	VIIT	HIIT^{-}	VIIT	HIIT^{+}
1999	3.13	0.56	1.70	1.23	1.66	0.49	1.15	1.81
	HIIT^{+}	HIIT^{-}	HIIT^{+}	VIIT	HIIT^{+}	HIIT^{-}	VIIT	HIIT^{+}
2000	2.44	0.36	1.20	1.86	1.75	1.18	0.78	1.69
	HIIT^{+}	HIIT^{-}	VIIT	HIIT^{+}	HIIT^{+}	VIIT	VIIT	HIIT^{+}
2001	3.12	0.28	1.17	2.02	1.24	1.55	1.16	2.16
	HIIT^{+}	HIIT^{-}	VIIT	HIIT^{+}	VIIT	HIIT^{+}	VIIT	HIIT^{+}
2002	3.30	0.45	2.01	1.93	1.73	1.98	1.17	2.18
	HIIT^{+}	HIIT^{-}	HIIT^{+}	HIIT^{+}	HIIT^{+}	HIIT^{+}	VIIT	HIIT^{+}
2003	3.20	1.17	2.04	2.13	1.52	1.91	1.23	2.22
	HIIT^{+}	VIIT	HIIT^{+}	HIIT^{+}	HIIT^{+}	HIIT^{+}	VIIT	HIIT^{+}
2004	2.99	0.93	1.96	1.65	1.23	1.88	1.19	2.56
	HIIT^{+}	VIIT	HIIT^{+}	HIIT^{+}	VIIT	HIIT^{+}	VIIT	HIIT^{+}
2005	2.67	0.93	1.65	1.62	1.50	1.55	1.21	2.88
	HIIT^{+}	VIIT	HIIT^{+}	HIIT^{+}	HIIT^{+}	HIIT^{+}	VIIT	HIIT^{+}

（续表）

	原木	其他原材	锯材	人造板	木制品	木家具	木浆	纸和纸制品
2006	2.61	1.08	1.56	1.60	1.61	1.44	1.22	2.84
	$HIIT^+$	VIIT	$HIIT^+$	$HIIT^+$	$HIIT^+$	$HIIT^+$	VIIT	$HIIT^+$
2007	2.26	1.21	0.80	1.43	1.51	1.26	0.95	2.65
	$HIIT^+$	VIIT	VIIT	$HIIT^+$	$HIIT^+$	$HIIT^+$	VIIT	$HIIT^+$

四、中国木质林产品产业内贸易影响因素

1. 变量选择

产业内贸易的影响因素有很多，上节分析表明中国木质林产品贸易总体呈现典型的垂直产业内贸易。根据垂直产业内贸易特征，本文选取以下变量分析中国木质林产品产业内贸易的影响因素。

（1）市场规模因素。Lancaster（1980）和 Bergstrand（1990）的理论模型表明，贸易伙伴之间的平均市场规模越大，就越有可能在规模经济下实现差异性生产，从而提高产业内贸易水平。产业内贸易水平的变动与市场规模变化之间表现出正相关的关系。本文用中国与贸易伙伴的平均国内生产总值代替市场规模，即1/2（中国 GDP＋贸易伙伴 GDP）。

（2）地理距离因素。贸易国之间的实际距离是影响贸易流动的重要因素之一，一般地说，两个国家（地区）的地理距离越近，两国（地区）间需求、消费习惯和文化越相似、运输成本越低，则两个国家（地区）越容易发生产业内贸易。地理距离记为 D，产业内贸易水平与地理距离预期是负相关的关系。

（3）产品差别因素。产品差别特征越强，则产业内贸易的程度越高。反映产品差别最为常用的指标是胡福保尔指数（Hufbauer index）[161]：

$$H=\frac{\sigma_{ij}}{M_{ij}} \tag{5.6}$$

其中 σ_{ij} 为产品 i 出口到国家 j 的出口单位值的标准差，M_{ij} 为这些单位值的平均值。该指数反映了不同出口市场的出口价格的差别，记为 PD。

（4）收入水平差异因素。Dixit Norman（1980），Helpman（1981）和 Krugman（1981）均证明：两个贸易伙伴的收入水平的相似程度与它们之间的产业内贸易水

平成正比。人均国民收入水平是决定一国消费者购买能力和消费行为的关键因素。从供给方看，如果一个国家人均收入越高，则其资本与劳动的比率也高，其生产差异性产品与创新的能力也就越强。从需求方面看，人均收入越高则会产生更多的差异性需求，这些差异性需求可以推动产品生产差异水平的提高，而产品差异水平的提高势必引起产业内专业化程度的加深，进而促进国际间产业内贸易发展。人均收入水平相互接近的两个国家，其消费者的偏好和需求结构存在相似性的可能性越大，这会使两国之间很容易进行产业内贸易，反之则相反。本文用中国与其贸易伙伴的人均收入的绝对差值代表两国人均收入差异，记为GGNI。预期收入水平差异与产业内贸易水平是负相关关系，即收入水平差异越小，产业内贸易越容易产生。

（5）要素禀赋结构因素。迪克西特和斯蒂格利茨（Dixit，A. and Stiglitz. J. E.）（1977）提出了新张伯伦产业内贸易模型，认为如果存在规模收益递增、产品差异化、不完全竞争和消费需求多元化，则生产要素禀赋相同的国家就会产生产业内贸易。杜杨（2005）通过对一般均衡基本模型的分析认为要素禀赋结构相似性指数越高，产品的产业内贸易指数越大。本文对这一指标的分析，主要是采用两国资本总量占GDP的比值的差的绝对值来表示。

2. 模型构建及数据说明

本文以我国与30个主要贸易伙伴之间2003—2006年的面板数据的计量模型研究产业内贸易的影响因素。面板数据（panel data），也称为平行数据或时序与横截面混合数据（pooled time series and cross-section data），指在时间序列上取多个截面，在这些截面上同时选取样本观测值所构成的样本数据，是把横截面数据与和时间序列数据融合在一起的数据。面板数据含有横截面、时间和指标三维信息，相对于只是使用横截面数据或时间序列数据的计量经济学模型，具有许多优点。首先，面板数据，提供大量的数据点，增加了自由度并减少了解释变量间的共线性问题；其次，面板数据模型可以从多层次分析经济问题，尤其是可以控制不同个体之间存在的异质性。因此，利用面板模型可以构造和检验比以往单独使用横截面数据或时间序列数据更为真实的行为方程，可以进行更加深入的分析。

模型构建如下：

$$IIT_{jt}=\beta_0+\beta_1 GDP_{jt}+\beta_2 GGNI_{jt}+\beta_3 FED_{jt}+\beta_4 PD_{jt}+\beta_5 D_j+u_j \tag{5.7}$$

其中，IIT_j 用来表示我国与 j 国 t 年木质林产品的产业内贸易水平，GDP_{jt}、$GGNI_{jt}$、FED_{jt}、PD_{jt} 分别表示我国与 j 国 t 年市场规模、收入水平差异、要素禀赋结构差异和产品差别，D_j 表示我国与 j 国之间的地理距离，u_j 为随机误差项。IIT_j 中国与30个贸易伙伴产业内贸易的GL指数，中国与贸易伙伴的GDP平均值（亿美元）、人均国民总收入之差（美元）根据世界银行数据库计算整理，要素禀赋根据世界银行世界发展指标数据库数据计算整理、产品差别根据联合国贸易统计数据库提供的出口额和出口数量计算整理，距离参考高金田（2008）的《基于引力模型的中国双边贸易分析》。模型的原始数据见附录2。

3. 回归结果分析

常用的面板数据分析方法有三种：聚合模型（pooled model）、固定效应（fixed effect）模型与随机效应（random effect）模型。在具体选择使用固定效应还是随机效应模型上，Hausman（1978）提出了一个检验统计量。Hausman检验的基础是在估计方程的残差项与解释变量不相关的假设下，固定效应与随机效应是一致的，但固定效应不具有有效性；反之，若残差项与解释变量相关，则随机效应不具有有效性。所以在不存在相关性的假设下，这两种估计方法应该没有系统性的差别。如果Hausman检验值超过一定的显著水平的临界值，则拒绝随机效应的原假设，采用固定效应模型；反之，采用随机效应模型。

因此，本文首先对模型进行随机效应模型估计，再通过Hausman检验值来确定是使用随机效应模型还是固定效应模型，随机模型检验结果见表66：

表66　随机效应模型回归结果

变量	系数	T统计值	P值
C	3.059898	0.346708	0.7294
lnGDP	0.312532	0.681492	0.4969
lnGGNI	0.216959*	1.436738	0.1535
lnFED	0.0712**	1.777271	0.0782
lnPD	0.179344	1.052536	0.2948
lnD	−0.933962***	−2.519176	0.0131
Obs		120	
F−test		2.487212	
AR^2		0.058813	
D.W.		1.344778	
Hausman		39.805881	

注：这里采用Eviews6.0软件回归所得，*、**及***分别表示在10%、5%和1%的显著性水平，下同。

由回归结果可知，Hausman 统计量值为 39.805881 大于 $\chi^2_{0.05}$（5），因此，应该采用固定效应模型，下面就通过固定效应模型来分析中国木质林产品产业内贸易的影响因素。固定效应模型的回归结果见表 67：

表 67　固定效应模型回归结果

变量	系数	T 统计值	P 值
C	−20.38608	−1.622102*	0.1084
lnGDP	1.174440	1.814672**	0.0731
lnGGNI	−1.514646	−4.486966***	0.0000
lnFED	0.039139	0.599236	0.5506
lnPD	−0.094117	−0.506781	0.6136
lnD			
Obs	120		
F−test		13.89545	
AR^2		0.781471	
D. W.		2.465642	

注：这里采用 Eviews6.0 软件回归所得，*、** 及 *** 分别表示在 10%、5%和 1%的显著性水平，下同。

回归结果显示：采用固定效应模型估计，市场规模变量和收入水平差异因素通过了 t 统计检验，方程的拟合度很好，通过了 F 检验，并且 D. W. 值也比较理想。要素禀赋结构差异因素和产品差别因素未通过检验，因为产品差异是水平型产业内贸易产生的基础，垂直型产业内贸易产生的基础是经济全球化和分工专业化，上文分析表明我国木质林产品以垂直产业内贸易为主，故产品差别对我国木质林产品垂直型产业内贸易水平不显著。同理，要素禀赋结构差异主要解释水平型产业内贸易的，因为水平型产业内贸易在经济技术水平相似的国家之间容易发生，所以要素禀赋结构差异未通过检验，符合我们的木质林产品属于垂直型产业内贸易的特征，说明要素禀赋差异因素和产品差别因素对中国木质林产品的垂直型产业内贸易水平的影响作用有限。

市场规模因素和收入水平差异因素是影响我国木质林产品参与产业内贸易的主要原因；同时由随机效应模型回归可知距离因素仍然是阻碍我国进行产业内贸易的原因，回归结果基本符合我们的预期，即市场规模越大越有利于发展产业内贸易，我国与贸易国的收入水平差异越小越有利于发展产业内贸易。对应于回归结果，当我国与相关贸易伙伴国的平均规模每增加1%，产业内贸易指数将增加1.17444%，而当两国（地区）的收入水平差异每减少1%，产业内贸易的指数将增加1.514646%。因此，提高我国的收入水平，尽快缩小与贸易伙伴国收入的差距对我国更好的发展木质林产品产业内贸易至关重要；同时，提高我国对外贸易的交通运输能力和管理水平，从而降低运输成本，是减少距离因素对我国发展木质林产品产业内贸易负面影响的另一重要手段。

五、本章小结

中国木质林产品同时存在产业间贸易和产业内贸易，产业内贸易水平不高，资源密集型木质林产品和劳动密集型木质林产品 GL 指数不断下降，产业间贸易所占比重越来越大，资本技术密集型木质林产品 GL 指数不断上升，由产业间贸易转向产业内贸易的趋势很明显。1994—2007 年资源密集型木质林产品的 Bruelhart 指数显示其产业内贸易的动态变化明显，劳动密集型的 Bruelhart 指数与资源密集型的有点相似，但劳动密集型木质林产品与资源类木质林产品产业内贸易水平低形成的原因有所不同，资源类是因为对进口依赖过重，而劳动密集型类是因为木家具等的大量出口。资本技术密集型木质林产品 1999 年以前以典型的产业间贸易为主，2000 年开始，贸易的增量开始主要由产业内贸易引起，那是因为我国主要生产和出口中低档次的纸和纸制品，同时由于经济发展，又需要进口一部分高档的纸制品，使得产业内贸易水平很明显。从 HIT 指数分析，资源密集型和劳动密集型木质林产品 HIT 指数变动幅度不大，而资本技术密集型木质林产品 HIT 指数变动非常大，产业内贸易额每年都在增长。

1994—2007 中国各类木质林产品产业内贸易类型分析表明：原木、锯材、人造板、木制品、纸和纸制品呈现出上垂直型产业内贸易，其他原材表现出下垂直型产业内贸易向水平型产业内贸易发展，木家具波动很大，2000 年前表现出下垂直型产业内贸易，2000 年后表现出上垂直型产业内贸易。木浆长期以来一直是水平型贸易。中国木质林产品贸易总体呈现典型的垂直产业内贸易。

产业内贸易影响因素的实证分析表明，市场规模因素和收入水平差异因素是影响我国木质林产品参与产业内贸易的主要原因，而要素禀赋差异因素和产品差别因素的影响作用有限，距离因素仍然是阻碍我国进行产业内贸易的原因。

第六章　中国木质林产品出口市场结构分析

一、中国木质林产品主要进出口市场结构的变动

1. 中国木质林产品主要出口市场的变动

2006 年中国木质林产品主要出口区域，亚洲占 38.81%，北美洲占 37.25%，欧洲占 17.66%，大洋洲占 2.97%。2007 年亚洲占 35.12%，北美洲占 38.06%，欧洲占 23.23%，大洋洲占 3.19%

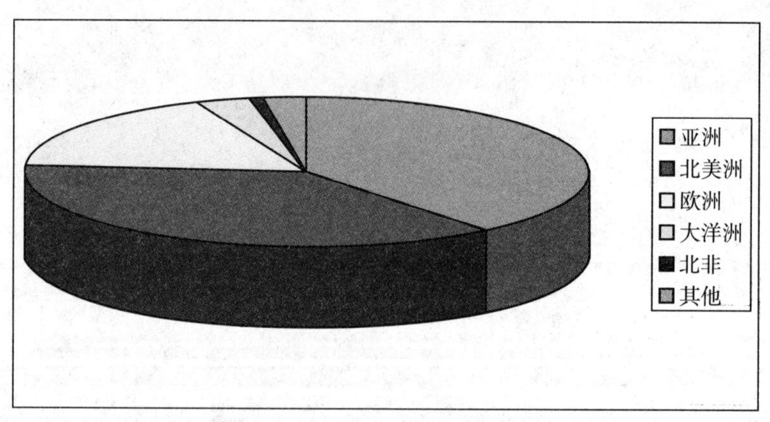

图 33　2007 年中国木质林产品主要出口区域

中国木质林产品主要出口市场有美国、加拿大、英国、德国、荷兰、法国、日本、韩国、澳大利亚和中国香港地区，1997 年十大出口市场占中国木质林产品出口总额的 84%，2007 年占出口总额的 74%。美国、日本、中国香港是前三大出口市场，1997 年占出口总额的 70%，2007 年占出口总额的 51.34%。中国对美国出口额增长幅度很大，1994 年仅为 3.22 亿美元，逐年增加到 2007 年的 79.78 亿美元，年均增长率为 28.01%，1994 年中国对美国出口占总出口的 17.77%，2007 年占 34.51%。中国对日本出口额从 1994 年的 4.77 亿美元，增加到 2007 年的 22.25

亿美元，年均增长率为 12.57%，在中国总出口中所占份额有所下降，1994 年占 26.34%，2007 年占 9.63%。中国对中国香港的出口从 1994 年的 4.56 亿美元增加到 2007 年的 16.65 亿美元，年均增长率为 10.47%，在中国总出口中所占份额有所下降，1994 年占 25.19%，2007 年占 7.20%。中国对英国、韩国、加拿大、澳大利亚、德国、荷兰、法国的出口总体都在增长，英国所占份额从 1994 年的 2.36%上升到 2007 年的 6.41%，加拿大所占份额从 1994 年的 1.24%上升到 2007 年的 3.55%，澳大利亚所占份额从 1994 年的 0.85%上升到 2007 年的 2.77%。德国所占份额有所下降，荷兰、法国所占份额基本不变，维持在 1.5%左右。

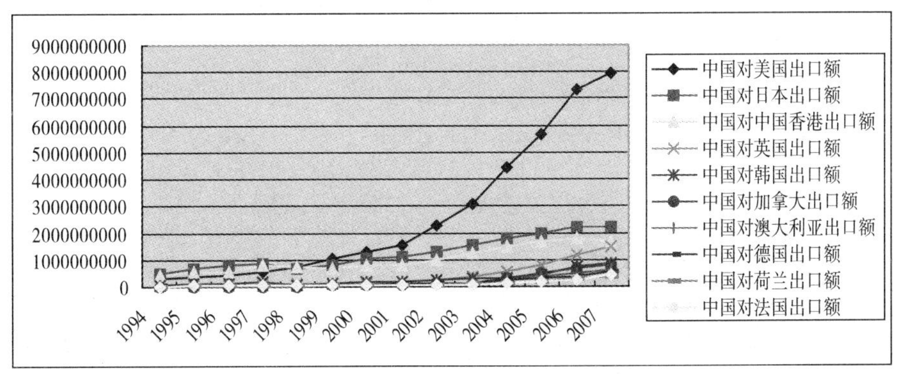

图 34　1994—2007 年中国对主要出口市场的出口额

表 68　1994—2007 年中国木质林产品对主要出口市场所占份额

	1994	1998	2002	2006	2007
中国对美国出口额	17.77	25.48	35.44	36.64	34.51
中国对日本出口额	26.34	23.87	19.72	11.02	9.63
中国对中国香港出口额	25.19	24.08	15.76	9.03	7.20
中国对英国出口额	2.36	3.26	4.04	5.76	6.41
中国对韩国出口额	3.71	2.84	4.23	3.61	3.70
中国对加拿大出口额	1.24	1.00	1.45	3.40	3.55
中国对澳大利亚出口额	0.85	0.81	1.50	2.42	2.77
中国对德国出口额	2.52	1.67	1.54	1.95	2.50
中国对荷兰出口额	1.18	1.48	1.39	1.42	1.69
中国对法国出口额	1.51	1.31	1.05	1.13	1.76
中国对其他出口额	17.33	14.20	13.87	23.62	26.27

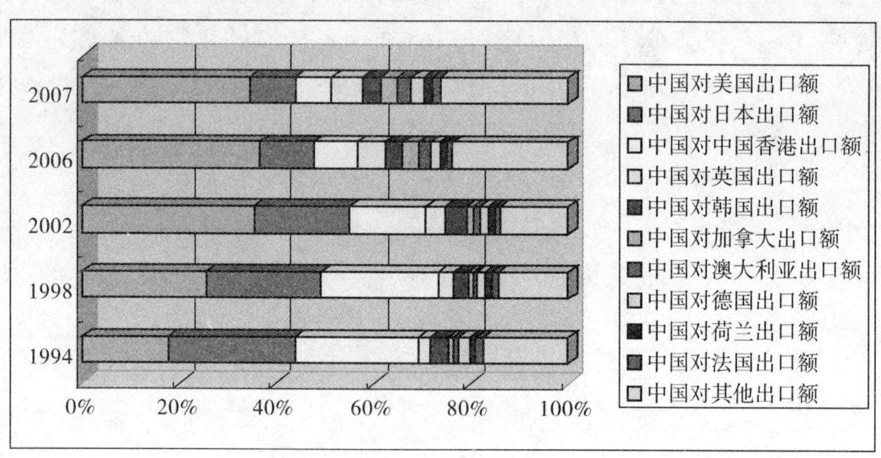

图 35　1994—2007 年中国木质林产品对主要出口市场所占份额比较

2006、2007 年，在中国木质林产品的出口中人造板、木制品、木家具、纸和纸制品占总出口的 97%以上。

中国人造板出口的主要国家（地区）有：韩国、日本、美国、俄罗斯、西班牙、意大利、德国、加拿大、英国、比利时，2006 年、2007 年以上 10 国占中国人造板出口总额的 60%左右。日本 2002 年前是中国人造板最大的出口国，但所占份额急剧下降，从 1998 年的 31.12%下降到 2007 年的 6.48%。美国 2002 年前是中国人造板出口的第二大出口国，2003 年开始成为第一大出口国，所占份额从 1998 年的 15.25%上升到 2007 年的 25.90%。韩国 2004 年以前一直是中国人造板出口的第三大国，从 1999 年后下降趋势明显，所占份额从 1999 年 14.52%下降到 2007 年的 4.62%。英国是中国人造板出口的第四大国，所占份额从 1998 年的 2.38%上升到 2007 年的 5.09%。俄罗斯、西班牙、意大利、德国、加拿大、比利时所占份额呈上升趋势。

表 69　1998—2007 年中国人造板对十大出口贸易伙伴的出口额　单位：百万美元

	韩国	日本	美国	俄罗斯	西班牙	意大利	德国	加拿大	英国	比利时	世界
1998	8.09	51.26	25.12	0.49	3.28	0.63	2.19	1.28	3.91	—	164.71
1999	39.57	86.06	37.30	0.35	4.54	2.69	7.98	2.38	5.53	2.08	272.57
2000	45.33	96.27	53.79	0.91	3.75	3.26	7.79	2.21	8.09	2.00	373.11
2001	55.20	102.34	68.06	1.02	4.40	1.93	9.40	3.07	9.43	4.33	434.40
2002	89.33	147.75	131.53	2.87	4.73	3.03	6.71	11.47	20.29	6.36	693.98
2003	91.20	178.74	198.69	5.91	7.22	4.62	3.44	19.93	29.76	14.22	851.24
2004	118.75	230.45	547.53	11.65	33.45	11.50	32.92	77.26	88.67	31.66	1827.06
2005	145.17	294.08	927.94	36.06	68.47	33.70	52.66	171.70	161.03	80.18	2998.29
2006	240.06	350.26	1367.23	61.02	83.43	59.96	79.96	211.15	265.07	96.55	4489.50
2007	263.32	369.85	1477.07	129.26	121.87	115.70	134.75	253.24	290.09	137.64	5703.59

表 70　1998—2007 年中国人造板对十大出口贸易伙伴的出口比例

	韩国	日本	美国	俄罗斯	西班牙	意大利	德国	加拿大	英国	比利时
1998	4.91%	31.12%	15.25%	0.30%	1.99%	0.38%	1.33%	0.77%	2.38%	—
1999	14.52%	31.57%	13.69%	0.13%	1.66%	0.99%	2.93%	0.87%	2.03%	0.76%
2000	12.15%	25.80%	14.42%	0.24%	1.00%	0.87%	2.09%	0.59%	2.17%	0.53%
2001	12.71%	23.56%	15.67%	0.24%	1.01%	0.45%	2.16%	0.71%	2.17%	1.00%
2002	12.87%	21.29%	18.95%	0.41%	0.68%	0.44%	0.97%	1.65%	2.92%	0.92%
2003	10.71%	21.00%	23.34%	0.69%	0.85%	0.54%	0.40%	2.34%	3.50%	1.67%
2004	6.50%	12.61%	29.97%	0.64%	1.83%	0.63%	1.80%	4.23%	4.85%	1.73%
2005	4.84%	9.81%	30.95%	1.20%	2.28%	1.12%	1.76%	5.73%	5.37%	2.67%
2006	5.35%	7.80%	30.45%	1.36%	1.86%	1.34%	1.78%	4.70%	5.90%	2.15%
2007	4.62%	6.48%	25.90%	2.27%	2.14%	2.03%	2.36%	4.44%	5.09%	2.41%

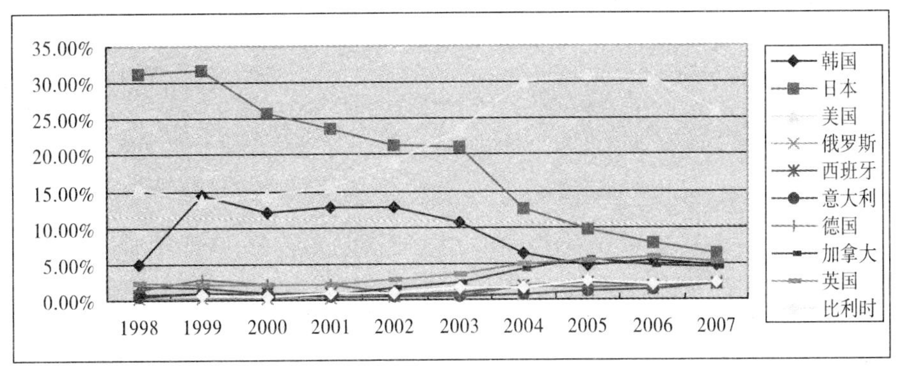

图 36　1998—2007 年中国人造板对十大出口贸易伙伴的出口比例比较

中国木制品出口的主要国家（地区）有：美国、中国香港、日本、英国、荷兰、德国、法国、西班牙、加拿大、韩国。2006 年、2007 年以上 10 国（地区）占中国木制品出口总额的 80%左右。2001 年前日本是中国木制品第一大出口国，2002 年后退居第二，并且下降趋势明显，从 1998 年的 31.67%下降到 2007 年的 18.83%。2002 年后美国是中国木制品出口第一大国，并呈上升趋势，从 1998 年的 21.80%上升到 2007 年的 30.31%。香港一直是中国木制品出口的第三大伙伴，所占份额不断下降，从 1998 年的 17.56%下降到 2007 年的 5.67%。英国一直是第四大伙伴，所占份额略有上升趋势，从 1998 年的 3.33%上升到 2007 年的 5.75%。荷兰、德国、法国、西班牙、加拿大所占份额比较接近，均有微弱上升趋势。

表 71　1998—2007 年中国木制品对十大贸易伙伴的出口额　　单位：百万美元

	美国	中国香港	日本	英国	荷兰	德国	法国	西班牙	加拿大	韩国	世界
1998	200.85	161.76	291.77	30.71	27.46	25.99	16.22	15.61	11.42	20.36	921.18
1999	290.60	153.25	355.46	45.27	39.56	32.99	21.19	20.95	14.52	28.38	1142.59
2000	357.88	163.74	421.58	47.08	44.72	44.18	27.26	27.03	22.49	43.17	1372.01
2001	439.70	144.93	446.29	61.05	44.63	48.03	31.46	29.06	23.86	49.48	1497.04
2002	561.65	150.48	510.30	78.40	47.09	52.83	32.99	34.80	34.19	69.57	1778.88
2003	702.06	163.50	607.89	95.56	59.26	68.81	40.45	54.53	58.38	69.68	2200.83
2004	929.14	219.84	672.44	134.24	64.90	95.51	52.14	59.05	107.68	71.23	2813.57
2005	971.81	234.99	687.12	130.63	80.95	127.91	67.61	71.04	72.47	70.56	3002.81
2006	1176.38	288.12	753.70	208.09	40.69	135.73	75.27	87.75	95.28	91.39	3627.98
2007	1097.86	205.39	681.92	208.27	102.30	161.16	96.83	110.08	96.35	94.12	3621.83

表 72　1998—2007 年中国木制品对十大贸易伙伴的出口比例

	美国	中国香港	日本	英国	荷兰	德国	法国	西班牙	加拿大	韩国
1998	21.80%	17.56%	31.67%	3.33%	2.98%	2.82%	1.76%	1.69%	1.24%	2.21%
1999	25.43%	13.41%	31.11%	3.96%	3.46%	2.89%	1.85%	1.83%	1.27%	2.48%
2000	26.08%	11.93%	30.73%	3.43%	3.26%	3.22%	1.99%	1.97%	1.64%	3.15%
2001	29.37%	9.68%	29.81%	4.08%	2.98%	3.21%	2.10%	1.94%	1.59%	3.30%
2002	31.57%	8.46%	28.69%	4.41%	2.65%	2.97%	1.85%	1.96%	1.92%	3.91%
2003	31.90%	7.43%	27.62%	4.34%	2.69%	3.13%	1.84%	2.48%	2.65%	3.17%
2004	33.02%	7.81%	23.90%	4.77%	2.31%	3.39%	1.85%	2.10%	3.83%	2.53%
2005	32.36%	7.83%	22.88%	4.35%	2.70%	4.26%	2.25%	2.37%	2.41%	2.35%
2006	32.43%	7.94%	20.77%	5.74%	1.12%	3.74%	2.07%	2.42%	2.63%	2.52%
2007	30.31%	5.67%	18.83%	5.75%	2.82%	4.45%	2.67%	3.04%	2.66%	2.60%

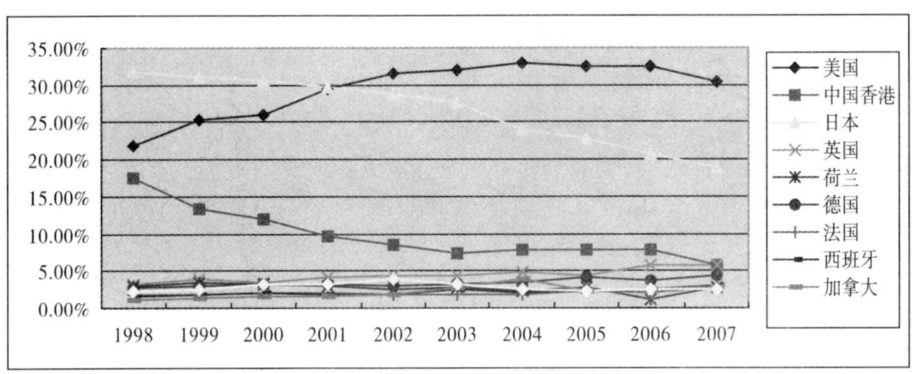

图 37 1998—2007 年中国木制品对十大贸易伙伴的出口比例比较

中国木家具出口的主要国家（地区）有：美国、英国、香港、加拿大、澳大利亚、日本、韩国、法国、沙特阿拉伯、德国。2006 年、2007 年以上 10 国占中国木家具出口总额的 80%以上。美国一直是中国木家具第一大出口国，占中国总出口额的 50%左右。中国香港是中国木家具第二大出口伙伴，其所占份额下降幅度很大，从 1998 年的 35.16%下降到 2007 年的 6.87%。日本是中国木家具的第三大出口国，其所占份额也在不断下降，从 1998 年的 14.45%下降到 2007 年的 6.25%。英国是第四大出口国，其所占份额不断上升，从 1998 年的 3.52%上升到 2007 年的 7.78%。加拿大、澳大利亚、法国、沙特阿拉伯、德国所占份额不大，均略有上升。

表 73 1998—2007 年中国木家具对十大贸易伙伴的出口额 单位：百万美元

	美国	英国	中国香港	加拿大	澳大利亚	日本	韩国	法国	沙特阿拉伯	德国	世界
1998	666.99	43.41	433.74	18.20	13.85	178.22	9.41	26.86	1.55	17.34	1233.56
1999	641.35	40.02	289.89	13.26	14.36	141.05	8.56	15.95	2.30	11.57	1309.54
2000	807.25	50.62	339.41	17.79	25.55	201.03	14.80	17.27	5.99	17.83	1668.49
2001	885.50	70.44	348.13	24.22	34.71	240.44	19.06	19.59	12.95	25.37	1852.07
2002	1394.36	115.96	451.27	39.15	51.64	271.45	36.62	24.67	28.91	26.42	2706.33
2003	1945.43	188.58	631.61	58.28	83.09	355.72	58.19	29.08	52.74	41.23	3815.51
2004	2629.44	301.56	745.78	123.62	148.96	450.43	74.29	56.59	66.77	66.11	5229.34
2005	3318.14	406.88	834.32	203.42	229.80	544.76	128.56	93.24	101.54	84.30	6843.16
2006	4188.27	579.26	840.50	328.42	299.65	594.70	231.95	115.82	150.75	120.25	8783.74
2007	4660.30	831.51	733.85	419.72	400.70	667.37	310.86	188.42	182.23	199.86	10683.05

表 74　1998—2007 年中国木家具对十大贸易伙伴的出口比例

	美国	英国	中国香港	加拿大	澳大利亚	日本	韩国	法国	沙特阿拉伯	德国
1998	54.07%	3.52%	35.16%	1.48%	1.12%	14.45%	0.76%	2.18%	0.13%	1.41%
1999	48.97%	3.06%	22.14%	1.01%	1.10%	10.77%	0.65%	1.22%	0.18%	0.88%
2000	48.38%	3.03%	20.34%	1.07%	1.53%	12.05%	0.89%	1.04%	0.36%	1.07%
2001	47.81%	3.80%	18.80%	1.31%	1.87%	12.98%	1.03%	1.06%	0.70%	1.37%
2002	51.52%	4.28%	16.67%	1.45%	1.91%	10.03%	1.35%	0.91%	1.07%	0.98%
2003	50.99%	4.94%	16.55%	1.53%	2.18%	9.32%	1.53%	0.76%	1.38%	1.08%
2004	50.28%	5.77%	14.26%	2.36%	2.85%	8.61%	1.42%	1.08%	1.28%	1.26%
2005	48.49%	5.95%	12.19%	2.97%	3.36%	7.96%	1.88%	1.36%	1.48%	1.23%
2006	47.68%	6.59%	9.57%	3.74%	3.41%	6.77%	2.64%	1.32%	1.72%	1.37%
2007	43.62%	7.78%	6.87%	3.93%	3.75%	6.25%	2.91%	1.76%	1.71%	1.87%

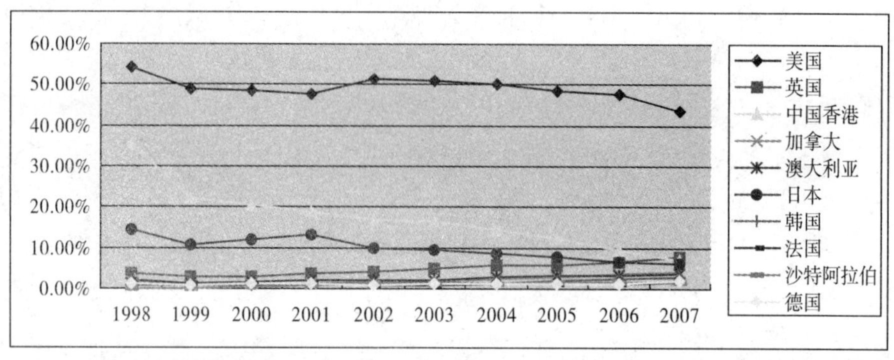

图 38　1998—2007 年中国木家具对十大贸易伙伴的出口比例比较

中国纸和纸制品出口的主要国家（地区）有：美国、香港、日本、德国、澳大利亚、韩国、印度、英国、马来西亚、意大利。2006、2007 年以上 10 国占中国纸和纸制品出口总额的 70%。中国香港 2006 年前一直是中国纸和纸制品最大的出口伙伴，但其所占份额不断下降，从 1998 年的 38.16%下降到 2007 年的 18.29%。美国 2006 年前一直是中国纸和纸制品第二大出口伙伴，2007 年超过香港成为第一大出口伙伴，上升趋势明显，所占份额从 1998 年 15.93%上升到 2007 年的 20.53%。日本一直是第三大出口伙伴，所占份额在 10%左右，2004 年后略有下降，2007 年占 7.18%。英国一直是第四大出口伙伴，所占份额略有下降，1998 年占 6.70%，2007 年占 4.31%。德国所占份额一直在 1.5%左右，波动幅度很小。澳大利亚、韩国、印度、马来西亚、意大利所占份额均略有上升。

表 75　1998—2007 年中国纸和纸制品对十大贸易伙伴的出口额　单位：百万美元

	美国	中国香港	日本	德国	澳大利亚	韩国	印度	英国	马来西亚	意大利	世界
1998	79.58	190.66	49.85	8.37	6.08	4.44	5.46	33.47	8.04	3.05	499.71
1999	87.36	174.52	48.22	9.48	8.16	7.00	0.67	34.93	6.33	2.97	479.07
2000	102.56	251.87	77.14	10.82	14.98	19.07	1.45	33.60	10.22	4.20	693.26
2001	131.35	259.86	76.12	10.46	19.13	15.33	1.62	46.42	8.36	5.21	740.11
2002	178.62	310.65	75.95	11.39	24.75	21.50	2.49	44.82	10.80	3.39	867.72
2003	248.20	380.55	116.03	13.86	31.19	27.45	4.48	42.27	16.91	4.60	1133.15
2004	334.11	428.57	169.49	17.60	39.37	30.72	10.76	56.30	18.98	6.64	1418.98
2005	429.27	500.63	211.56	26.99	62.51	54.97	22.79	77.75	24.87	13.27	1916.27
2006	563.27	557.76	227.95	38.19	93.80	81.92	66.97	97.19	45.35	25.95	2590.73
2007	706.23	629.14	246.91	62.05	125.85	109.40	104.46	148.41	70.32	58.76	3439.50

表 76　1998—2007 年中国纸和纸制品对十大贸易伙伴的出口比例

	美国	中国香港	日本	德国	澳大利亚	韩国	印度	英国	马来西亚	意大利
1998	15.93%	38.16%	9.98%	1.68%	1.22%	0.89%	1.09%	6.70%	1.61%	0.61%
1999	18.24%	36.43%	10.07%	1.98%	1.70%	1.46%	0.14%	7.29%	1.32%	0.62%
2000	14.79%	36.33%	11.13%	1.56%	2.16%	2.75%	0.21%	4.85%	1.47%	0.61%
2001	17.75%	35.11%	10.29%	1.41%	2.58%	2.07%	0.22%	6.27%	1.13%	0.70%
2002	20.58%	35.80%	8.75%	1.31%	2.85%	2.48%	0.29%	5.16%	1.25%	0.39%
2003	21.90%	33.58%	10.24%	1.22%	2.75%	2.42%	0.40%	3.73%	1.49%	0.41%
2004	23.55%	30.20%	11.94%	1.24%	2.77%	2.17%	0.76%	3.97%	1.34%	0.47%
2005	22.40%	26.13%	11.04%	1.41%	3.26%	2.87%	1.19%	4.06%	1.30%	0.69%
2006	21.74%	21.53%	8.80%	1.47%	3.62%	3.16%	2.59%	3.75%	1.75%	1.00%
2007	20.53%	18.29%	7.18%	1.80%	3.66%	3.18%	3.04%	4.31%	2.04%	1.71%

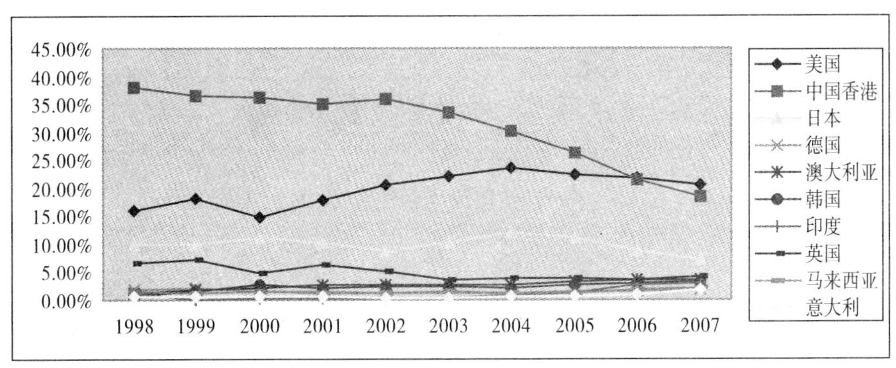

图 39　1998—2007 年中国纸和纸制品对十大贸易伙伴的出口比例比较

2. 中国木质林产品主要进口市场的变动

2006 年中国木质林产品主要进口区域，亚洲占 29.91%，北美洲占 23.69%，欧洲占 29.62%，大洋洲占 5.88%。

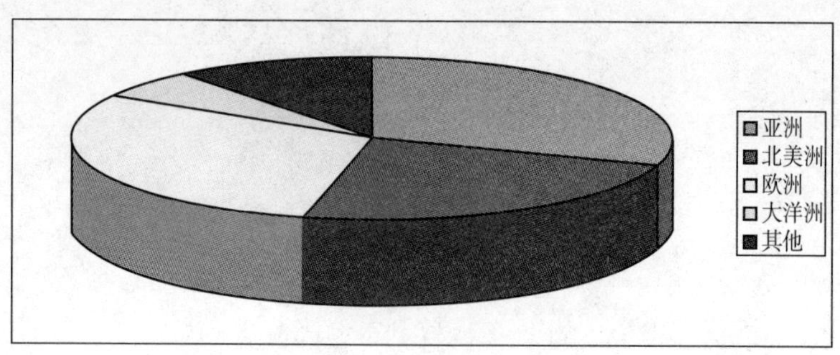

图 40　2006 年中国木质林产品主要进口区域

美国、俄罗斯、印尼、马来西亚、加拿大、日本、中国香港、韩国、德国、泰国是中国木质林产品的主要进口市场，2007 年中国从十个贸易伙伴的进口占进口总额的 65.68%。中国从美国市场进口规模增幅很大，从 1992 年的 4.69 亿美元增加到 2007 年的 25.39 亿美元，年均增长率为 11.92%，从美国市场进口占中国总进口额的比重 1992 年为 14.40%，2007 年为 11.65%。中国从俄罗斯进口规模增幅很大，从 1992 年的 0.28 亿美元，增加到 2007 年的 42.87 亿美元，年均增长率为 39.83%，占中国进口总额从 1994 年的 0.86%上涨到 2007 年的 19.68%。中国从印尼进口从 1992 年的 6.45 亿美元，增加到 2007 年的 17.19 亿美元，年均增长率为 6.76%，所占份额从 1992 年的 19.81%，下降到 2007 年的 7.89%。中国从马来西亚进口从 1992 年的 3.59 亿美元，增加到 2007 年的 4.66

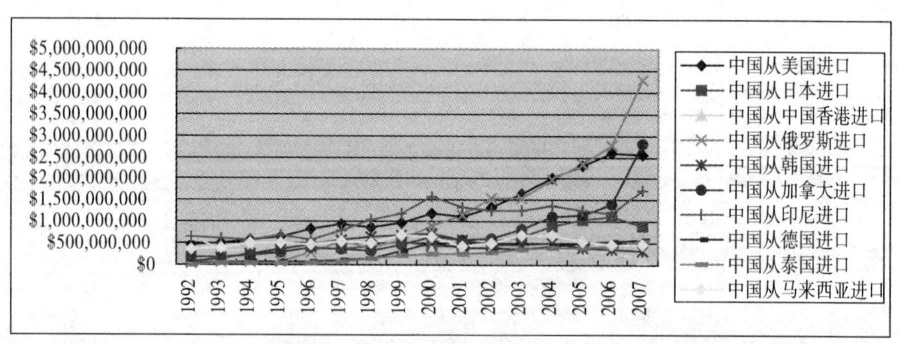

图 41　1992—2007 年中国从主要进口市场的进口额

亿美元，年均增长率只有1.76%，所占份额从1992年的11.02%，下降到2007年的2.14%。中国从加拿大进口从1992年的1.85亿美元增加到2007年的28.01亿美元，年均增长率为19.87%，所占份额从1992年的5.68%上升到2007年的12.86%。

表77 1994—2007年中国从主要进口市场进口占总进口的份额

	1994	1998	2002	2006	2007
中国从美国进口	14.40	13.68	12.46	15.22	11.65
中国从日本进口	5.80	6.69	5.13	6.47	4.11
中国从中国香港进口	20.54	4.65	3.15	1.70	0.72
中国从俄罗斯进口	0.86	6.09	14.59	16.33	19.68
中国从韩国进口	2.15	10.65	4.54	2.12	1.51
中国从加拿大进口	5.68	5.06	5.74	8.15	12.86
中国从印尼进口	19.81	16.72	12.02	7.08	7.89
中国从德国进口	1.48	2.42	3.88	3.09	2.58
中国从泰国进口	0.39	2.10	2.88	2.44	2.54
中国从马来西亚进口	11.02	8.37	4.87	2.72	2.14
中国从其他进口	17.88	23.56	30.74	34.70	34.32

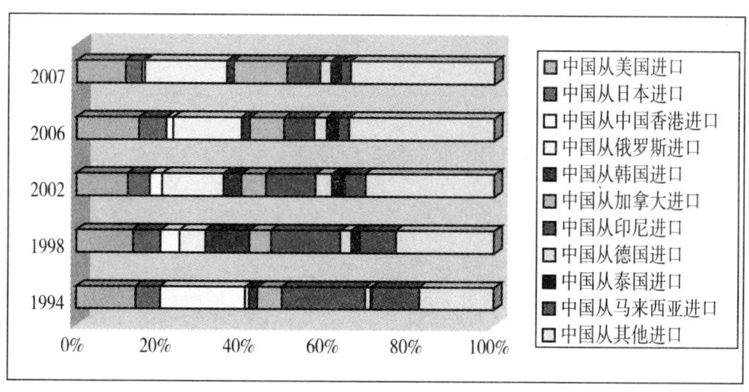

图42 1994—2007年中国从主要进口市场进口占总进口的份额比较

中国主要进口的木质林产品有：原木、锯材、木浆、纸和纸制品，2006、2007年占中国木质林产品总进口的94%以上。

中国原木主要进口市场有俄罗斯、巴布亚新几内亚、加蓬、马来西亚、新西兰、美国、刚果、喀麦隆、加拿大、印度尼西亚。俄罗斯1998年以来一直是中国原木最大的进口来源国，占的比重不断上升，从1998年的21.92%到2007年的50.52%。马来西亚曾经是中国原木的主要进口国，1998年占19.23%，但由于实行限制原木出口的政策后，在中国原木进口市场的占有率下降幅度很大，2007年仅占中国原木进口总额的4.66%。从巴布亚新几内亚进口有明显增幅，从新西兰、刚果、美国、加拿大都略有上升。从印度尼西亚、喀麦隆、加蓬进口都有明显下滑。

表78　1998—2007中国木质林产品主要进口市场进口金额　单位：百万美元

	俄罗斯	马来西亚	新西兰	巴布亚新几内亚	加蓬	印度尼西亚	喀麦隆	刚果	加拿大	美国	世界
1998	131.34	115.19	11.92	22.34	111.28	17.00	45.10	0.63	0.46	17.08	599.09
1999	270.48	245.87	16.94	63.11	182.62	69.70	44.39	0.31	0.76	12.88	1248.63
2000	367.01	235.50	28.19	101.72	224.69	105.48	42.16	2.12	2.22	16.76	1655.64
2001	551.83	152.69	52.19	99.76	208.72	170.98	26.30	13.77	3.36	24.31	1693.98
2002	975.25	243.09	100.49	123.21	184.91	36.75	44.95	43.69	5.71	36.33	2138.26
2003	969.02	396.05	128.06	154.89	205.71	15.54	34.53	77.50	11.27	45.85	2447.15
2004	1309.78	417.18	79.05	169.76	165.90	12.69	30.99	120.86	11.74	74.73	2804.32
2005	1621.52	268.78	64.17	270.51	232.54	6.95	16.35	118.33	18.87	100.59	3243.54
2006	1967.19	226.94	94.88	345.35	291.46	7.43	99.96	103.80	12.90	123.33	3929.33
2007	2705.87	249.44	154.21	414.79	395.58	5.83	89.09	124.59	18.04	149.68	5355.83

表79　1998—2007中国木质林产品主要进口市场进口比例

	俄罗斯	马来西亚	新西兰	巴布亚新几内亚	加蓬	印度尼西亚	喀麦隆	刚果	加拿大	美国
1998	21.92%	19.23%	1.99%	3.73%	18.57%	2.84%	7.53%	0.10%	0.08%	2.85%
1999	21.66%	19.69%	1.36%	5.05%	14.63%	5.58%	3.56%	0.02%	0.06%	1.03%
2000	22.17%	14.22%	1.70%	6.14%	13.57%	6.37%	2.55%	0.13%	0.13%	1.01%
2001	32.58%	9.01%	3.08%	5.89%	12.32%	10.09%	1.55%	0.81%	0.20%	1.44%
2002	45.61%	11.37%	4.70%	5.76%	8.65%	1.72%	2.10%	2.04%	0.27%	1.70%
2003	39.60%	16.18%	5.23%	6.33%	8.41%	0.64%	1.41%	3.17%	0.46%	1.87%
2004	46.71%	14.88%	2.82%	6.05%	5.92%	0.45%	1.11%	4.31%	0.42%	2.66%
2005	49.99%	8.29%	1.98%	8.34%	7.17%	0.21%	0.50%	3.65%	0.58%	3.10%
2006	50.06%	5.78%	2.41%	8.79%	7.42%	0.19%	2.54%	2.64%	0.33%	3.14%
2007	50.52%	4.66%	2.88%	7.74%	7.39%	0.11%	1.66%	2.33%	0.34%	2.79%

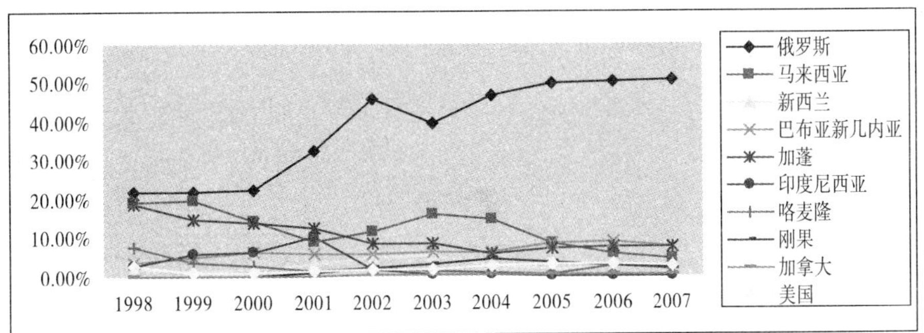

图 43　1998—2007 年中国木质林产品主要进口市场进口比例比较

中国锯材主要进口市场有：俄罗斯、美国、澳大利亚、泰国、巴西、加拿大、印度尼西亚、马来西亚、新西兰、德国。2006、2007 以上 10 国占中国锯材总进口的 81%左右。2001 年后，从美国进口所占份额不断上升，2004 年后一直是中国最大的锯材进口来源地，2007 年所占份额为 21.12%。印度尼西亚 1999—2003 年一直是中国锯材最大的进口国，但 2001 年后下降幅度非常大，2007 年仅占进口总额的 4.88%，原因是前几年印度尼西亚国内森林资源遭到了破坏性采伐，该国实行限制原木出口的政策。马来西亚 1998 年是我国最大的进口来源国，但也不断下降。从新西兰进口一直比较平稳，澳大利亚所占份额较小，略有上升。泰国、巴西、加拿大增幅较明显。

表 80　1998—2007 年中国锯材主要进口市场　　单位：百万美元

	俄罗斯	马来西亚	新西兰	澳大利亚	泰国	印度尼西亚	巴西	德国	加拿大	美国	世界
1998	1.38	81.35	12.09	0.78	7.85	71.72	2.99	20.67	8.80	63.71	348.26
1999	10.41	130.44	27.91	3.26	17.36	163.69	11.02	65.34	14.32	89.78	661.94
2000	21.49	134.24	30.01	6.72	51.09	287.49	32.33	79.36	34.87	88.53	982.03
2001	44.35	97.28	31.13	4.64	60.30	317.40	50.81	52.33	39.03	107.55	988.52
2002	78.25	101.33	41.58	7.65	115.40	281.49	66.81	41.36	55.11	175.35	1167.46
2003	75.94	87.96	51.45	9.67	135.27	215.13	113.82	28.27	69.16	197.82	1198.79
2004	117.13	87.62	56.71	14.27	175.84	207.39	151.98	21.38	90.01	231.22	1387.14
2005	160.06	107.02	51.02	21.48	172.52	192.47	163.30	25.10	78.22	272.95	1516.89
2006	183.07	100.27	66.12	25.54	179.11	145.01	202.84	29.66	92.38	353.22	1697.96
2007	262.94	82.23	63.35	29.29	196.87	86.61	171.97	36.75	136.68	374.80	1774.87

表 81　1998—2007 年中国锯材主要进口市场比例

	俄罗斯	马来西亚	新西兰	澳大利亚	泰国	印度尼西亚	巴西	德国	加拿大	美国
1998	0.40%	23.36%	3.47%	0.22%	2.25%	20.60%	0.86%	5.94%	2.53%	18.29%
1999	1.57%	19.71%	4.22%	0.49%	2.62%	24.73%	1.66%	9.87%	2.16%	13.56%
2000	2.19%	13.67%	3.06%	0.68%	5.20%	29.27%	3.29%	8.08%	3.55%	9.01%
2001	4.49%	9.84%	3.15%	0.47%	6.10%	32.11%	5.14%	5.29%	3.95%	10.88%
2002	6.70%	8.68%	3.56%	0.66%	9.88%	24.11%	5.72%	3.54%	4.72%	15.02%
2003	6.34%	7.34%	4.29%	0.81%	11.28%	17.95%	9.49%	2.36%	5.77%	16.50%
2004	8.44%	6.32%	4.09%	1.03%	12.68%	14.95%	10.96%	1.54%	6.49%	16.67%
2005	10.55%	7.06%	3.36%	1.42%	11.37%	12.69%	10.77%	1.66%	5.16%	17.99%
2006	10.78%	5.91%	3.89%	1.50%	10.55%	8.54%	11.95%	1.75%	5.44%	20.80%
2007	14.81%	4.63%	3.57%	1.65%	11.09%	4.88%	9.69%	2.07%	7.70%	21.12%

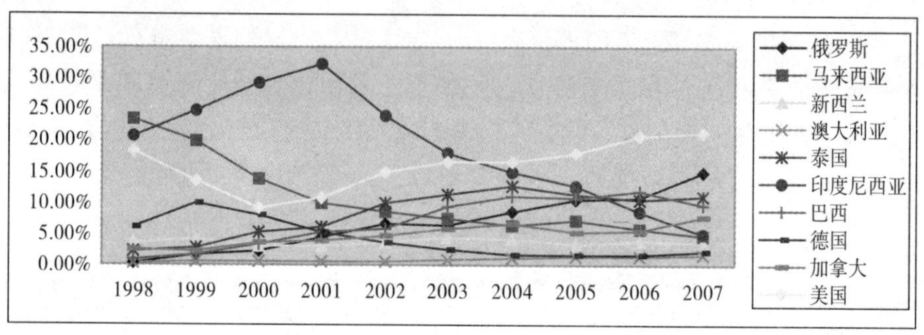

图 44　1998—2007 年中国锯材主要进口市场比例比较

中国木浆主要进口市场有：美国、加拿大、印度尼西亚、智利、俄罗斯、日本、巴西、新西兰、芬兰、泰国。2006、2007 年以上 10 国占中国木浆总进口的 94%以上加拿大所占份额很稳定，1999 年以来一直是最大的进口来源国。印度尼西亚 1999 年以来一直是中国进口木浆的第二大来源国，所占份额下降幅度较大。俄罗斯总体波动比较平稳，1998—2001 有明显上升，2001 年后下降很明显。美国所占份额 10%左右，比较平稳。智利所占份额也较大。巴西一波三折，时而涨时而跌。日本、新西兰、芬兰所占份额很小，所占进口来源份额略有上升。

表 82 1998—2007 年中国木浆主要进口市场 单位：百万美元

	美国	加拿大	印度尼西亚	智利	俄罗斯	日本	巴西	新西兰	芬兰	泰国	世界
1998	115.69	250.25	259.72	95.64	102.10	5.67	35.14	15.59	3.52	11.96	923.68
1999	142.29	400.11	247.11	175.98	209.07	6.30	71.63	31.22	25.30	41.34	1414.57
2000	222.99	542.97	540.80	159.52	351.20	3.75	109.51	48.64	8.72	61.80	2120.97
2001	180.97	489.70	415.09	243.02	349.13	8.70	149.26	81.57	18.67	46.29	2075.94
2002	255.33	476.89	451.04	218.57	358.39	22.95	152.40	51.07	41.72	35.44	2167.67
2003	261.41	648.71	506.39	208.10	373.19	40.32	283.63	60.93	47.67	53.97	2660.62
2004	379.12	930.53	598.91	340.55	434.99	53.25	392.98	105.05	58.20	31.46	3567.72
2005	390.64	949.49	659.43	383.36	465.43	39.15	366.72	118.55	47.48	32.45	3725.46
2006	463.16	1176.52	704.79	357.95	532.60	69.20	538.07	98.65	119.43	70.16	4392.27
2007	714.32	1448.11	716.94	700.27	681.34	89.86	521.81	146.65	141.55	108.02	5547.62

表 83 1998—2007 年中国木浆主要进口市场比例

	美国	加拿大	印度尼西亚	智利	俄罗斯	日本	巴西	新西兰	芬兰	泰国
1998	12.52%	27.09%	28.12%	10.35%	11.05%	0.61%	3.80%	1.69%	0.38%	1.29%
1999	10.06%	28.28%	17.47%	12.44%	14.78%	0.45%	5.06%	2.21%	1.79%	2.92%
2000	10.51%	25.60%	25.50%	7.52%	16.56%	0.18%	5.16%	2.29%	0.41%	2.91%
2001	8.72%	23.59%	20.00%	11.71%	16.82%	0.42%	7.19%	3.93%	0.90%	2.23%
2002	11.78%	22.00%	20.81%	10.08%	16.53%	1.06%	7.03%	2.36%	1.92%	1.64%
2003	9.83%	24.38%	19.03%	7.82%	14.03%	1.52%	10.66%	2.29%	1.79%	2.03%
2004	10.63%	26.08%	16.79%	9.55%	12.19%	1.49%	11.01%	2.94%	1.63%	0.88%
2005	10.49%	25.49%	17.70%	10.29%	12.49%	1.05%	9.84%	3.18%	1.27%	0.87%
2006	10.54%	26.79%	16.05%	8.15%	12.13%	1.58%	12.25%	2.25%	2.72%	1.60%
2007	12.88%	26.10%	12.92%	12.62%	12.28%	1.62%	9.41%	2.64%	2.55%	1.95%

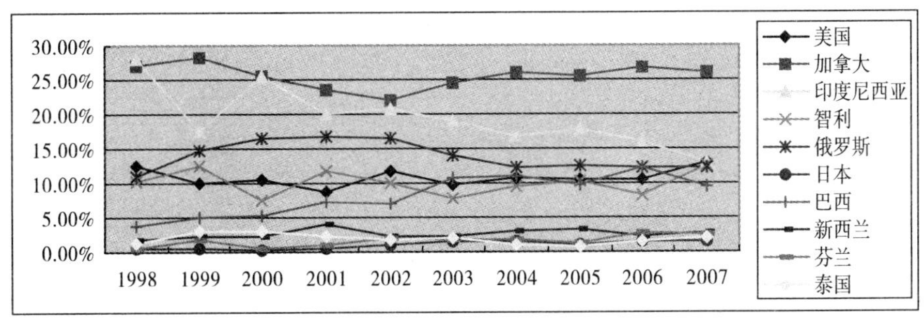

图 45 1998—2007 年中国木浆主要进口市场比例比较

中国纸和纸制品主要进口市场有：美国、中国香港、日本、德国、澳大利亚、韩国、荷兰、英国、瑞典、印度尼西亚。2006、2007 以上 10 国占中国总进口的 75%以上。美国 1999 年后一直是中国纸和纸制品进口的最大来源国，所占份额从 1999 年的 18.25%上升到 2007 年的 28.41%。韩国 1998 年是我国最大的纸和纸制品进口来源国，占 18.56%，但所占份额不断下降，2007 年仅占 4.96%。日本 2001 年前是中国第三大纸和纸制品进口来源国，2001 年后，是第三大进口来源国，2007 年所占份额是 15.79%。香港、印度尼西亚所占份额有不断下降趋势，前者从 1998 年的 8.4%下降到 2007 年的 3.96%，后者从 1999 年的 10.19%下降到 2007 年的 2.34%。澳大利亚、德国、荷兰、英国、瑞典所占份额不大，但总体呈上升趋势。

表 84　1998—2007 年中国纸和纸制品主要进口市场　　单位：百万美元

	美国	中国香港	日本	德国	澳大利亚	韩国	荷兰	英国	瑞典	印度尼西亚	世界
1998	606.29	277.24	405.21	64.21	40.46	612.72	25.75	45.86	41.53	291.03	3300.76
1999	664.37	237.75	513.12	64.22	36.10	620.64	48.12	36.50	68.99	370.96	3640.91
2000	818.33	317.87	436.26	98.94	36.82	637.57	51.84	43.38	80.03	312.99	3904.70
2001	752.04	302.03	418.13	133.56	61.81	549.40	67.12	45.92	89.50	200.57	3782.95
2002	794.31	326.27	501.83	201.82	80.84	458.06	72.99	69.35	101.47	271.05	4198.57
2003	1086.30	328.15	583.33	202.07	91.13	423.76	80.41	100.51	136.19	237.76	4809.67
2004	1250.91	341.45	809.64	247.50	108.69	448.80	131.85	149.24	175.39	233.63	5427.93
2005	1471.70	326.58	958.36	265.69	124.60	375.16	174.86	255.07	211.02	187.21	5865.24
2006	1570.47	285.11	998.44	304.56	121.61	346.97	186.19	330.25	237.77	170.73	6054.38
2007	2059.15	286.81	1144.47	319.96	152.05	359.42	260.78	487.94	270.49	169.60	7247.99

表 85　1998—2007 年中国纸和纸制品主要进口市场比例

	美国	中国香港	日本	德国	澳大利亚	韩国	荷兰	英国	瑞典	印度尼西亚
1998	18.37%	8.40%	12.28%	1.95%	1.23%	18.56%	0.78%	1.39%	1.26%	8.82%
1999	18.25%	6.53%	14.09%	1.76%	0.99%	17.05%	1.32%	1.00%	1.89%	10.19%
2000	20.96%	8.14%	11.17%	2.53%	0.94%	16.33%	1.33%	1.11%	2.05%	8.02%
2001	19.88%	7.98%	11.05%	3.53%	1.63%	14.52%	1.77%	1.21%	2.37%	5.30%
2002	18.92%	7.77%	11.95%	4.81%	1.93%	10.91%	1.74%	1.65%	2.42%	6.46%
2003	22.59%	6.82%	12.13%	4.20%	1.89%	8.81%	1.67%	2.09%	2.83%	4.94%
2004	23.05%	6.29%	14.92%	4.56%	2.00%	8.27%	2.43%	2.75%	3.23%	4.30%
2005	25.09%	5.57%	16.34%	4.53%	2.12%	6.40%	2.98%	4.35%	3.60%	3.19%
2006	25.94%	4.71%	16.49%	5.03%	2.01%	5.73%	3.08%	5.45%	3.93%	2.82%
2007	28.41%	3.96%	15.79%	4.41%	2.10%	4.96%	3.60%	6.73%	3.73%	2.34%

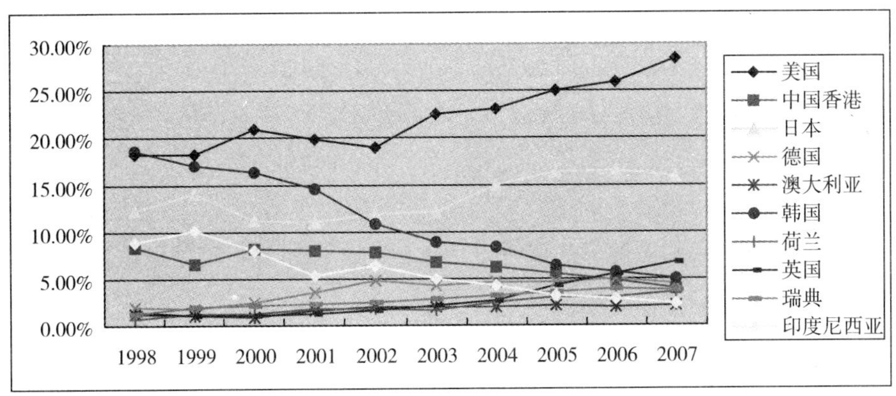

图 46　1998—2007 年中国纸和纸制品主要进口市场比例比较

二、中国木质林产品出口市场结构相关指数分析

1. 市场结构匹配性指数

2006、2007 年，在中国木质林产品的出口中人造板、木制品、木家具、纸和纸制品占总出口的 97%以上。以上四类木质林产品出口市场是否合理，代表了整个木质林产品出口市场的是否合理。要判断一个国家的某类产品的出口市场结构是否合理，很重要的一点是研究该国的出口市场结构是否与世界的进口市场结构相匹配，也就是一国某种商品出口市场份额较大的国家是否是世界该类商品进口市场份额较大的国家。本文用斯皮尔曼（Spearman）秩相关的方法研究中国木质林产品出口市场结构与世界市场结构的匹配性。斯皮尔曼秩相关是利用斯皮尔曼秩相关系数测定变量间等级相关程度的一种非参数统计相关分析方法，它考察的不是两组数据的数值，而是顺序，借此来测算变量之间相关关系的强弱。斯皮尔曼秩相关系数的计算公式[154]：

$$R_s=1-\frac{6\sum(X-Y)^2}{n(n^2-1)}=1-\frac{6\sum d^2}{n(n^2-1)} \tag{6.1}$$

式中，n 是样本数，d 是 X 和 Y 两组变量的秩差，R_S 为斯皮尔曼秩相关系数，R 的取值范围是(－1，1)，$|R|$ 越接近于 1，表明相关程度越高；反之，$|R|$ 越接近于 0，表明相关程度越低；R＝1 为完全相关，R＝0 为完全不相关，通常认为 $|R| \not> 0.8$ 为相关程度较高。当数据顺序相同时，情况较为复杂，可以用

下面的公式：

$$R_s=\frac{(\sum X^2+\sum Y^2-\sum d^2)\times\frac{n}{2}-T^2}{\sqrt{n\sum X^2-T^2}\sqrt{n\sum Y^2-T^2}} \tag{6.2}$$

式中，$d=X-Y$，$T=\frac{n(n+1)}{2}$。

使用斯皮尔曼秩相关的方法研究出口市场的合理性时，选用了中国纸和纸制品、木家具、木制品、人造板的出口前 10 大市场，根据中国对 10 大市场出口额大小进行排序，同时根据 10 大市场该类商品在世界市场的进口额进行排序，从而计算出斯皮尔曼秩相关系数。

分析下表得出结论：纸和纸制品匹配性指数很低，说明纸和纸制品的主要出口市场结构还不尽如人意。木家具的出口市场结构 1998—2006 年呈不断恶化趋势，2007 年又有很大改善，但十年来，中国木质家具的第一大出口国美国，也一直是进口市场中排在第一位的国家，第一大出口市场的选择是合理的，而且 2007 年，第二大出口市场英国也正好是进口第二大市场，故匹配指数有了很大程度的上升，但 2008 年美国次贷危机引起的金融危机，使得我国在第一大出口市场上面临新的挑战。木制品匹配指数先呈下降趋势，2003 年后又开始优化。人造板匹配指数 1994—1998 年下降幅度很大，1998 年—2002 年有明显上涨，2003—2007 年平稳在 0.5 左右。木制品匹配指数 1994—1997 明显下降，1998—2000 年稳定在 0.6 左右，2001 年后有所下降，最近三年平稳在 0.5 左右。

等级相关系数的显著性检验在样本容量不大时（$n<30$），可以查斯皮尔曼等级相关系数临界表，若 R_S 的绝对值大于表中的临界值，则认为两组变量间具有一定的相关性。查表可得：当 $n=10$ 时，$R_{0.05}=0.648$，$R_{0.1}=0.564$，$R_{0.01}=0.794$。在 1%的显著水平时，四类木质林产品出口市场与世界该四类木质林产品的进口市场之间不具有显著相关性，意味着中国出口较大的市场并不是世界进口较多的市场。在 5%的显著水平时，也就是人造板 2000—2002 年，木家具在 1998 年，木制品在 2000 年具有显著相关。在 10%的显著水平时，木家具 1998—2001 年，木制品 1998—2000 年、2006 年，人造板 1999—2002 年具有显著相关性。

表 86　1994—2007 年中国主要出口木质林产品出口市场匹配性

	1994	1995	1996	1997	1998	1999	2000
纸和纸制品	0.527	0.248	0.576	0.527	0.067	−0.030	−0.115
木家具	0.491	0.624	0.636	0.588	0.685	0.600	0.564
木制品	0.515	0.479	0.430	0.345	0.636	0.636	0.661
人造板	0.903	0.855	0.709	0.745	0.479	0.564	0.685
	2001	2002	2003	2004	2005	2006	2007
纸和纸制品	−0.103	−0.188	−0.236	−0.261	−0.236	−0.200	0.236
木家具	0.612	0.248	0.200	0.224	0.212	0.164	0.467
木制品	0.527	0.358	0.309	0.394	0.515	0.564	0.552
人造板	0.685	0.745	0.503	0.527	0.527	0.503	0.552

原木、锯材、木浆、纸和纸制品是中国主要的进口木质林产品，2006、2007 年占所有进口木质林产品的 94%以上。中国的林产品贸易是典型的补缺型贸易，资源类木质林产品大量进口，同时，由于技术落后，资本技术密集型的木质林产品进口比重很大。研究两类木质林产品的进口市场的合理性意义很大。1998 年以来原木的进口市场匹配先呈恶化趋势，2002 年后又慢慢呈优化趋势。锯材也呈先恶化后优化的趋势。比较而言，木浆的匹配指数最高，出口市场结构呈优化趋势，2005 年以来，在 5%的水平上，显著相关。纸和纸制品进口市场结构 2002 年后优化趋势很明显，但总体匹配指数还不高，有待优化。

表 87　1998—2007 年中国主要进口木质林产品进口市场匹配性

	1998	1999	2000	2001	2002	2003	2004	2005	2006	2007
原木	0.367	0.050	0.033	0.008	0.058	0.333	0.308	0.442	0.333	0.358
锯材	0.358	0.273	0.273	0.127	0.030	0.006	0.103	−0.018	0.261	0.358
木浆	0.491	0.515	0.600	0.588	0.624	0.576	0.467	0.661	0.733	0.758
纸和纸制品	−0.018	0.115	0.127	0.055	−0.042	0.067	0.224	0.345	0.370	0.430

2. 市场反应度指数

运用斯皮尔曼秩相关系数可以计算和评价一国出口市场结构对世界需求变动的反应程度。选取的两组变量分别为：出口国某类产品在某一市场的增长率；该市场从世界进口该类产品的增长率。

$$R^{m}=1-6\sum\frac{d^2}{n^3-n} \qquad (6.3)$$

公式中 R^m 为市场反应度，d 为两组变量的位差，n 为市场序列数。该指数的变动范围在－1 和 1 之间，指数为 1 时，表明一国的出口市场结构完全适应目标市场需求的变动趋势，指数为－1 时，则表明市场结构完全不适应目标市场需求的变动。1994 年中国木质林产品出口市场反应度为 0.5152，随后有下降趋势，2002 年后又逐年回升，2007 年为 0.8545，说明出口市场结构较好地适应了目标市场的变动趋势。

表 88　1994—2007 年中国对主要贸易伙伴木质林产品的出口额

单位：百万美元

	1994	1995	1996	1997	1998	1999	2000
中国对美国出口额	321.88	374.94	422.20	567.32	754.01	1058.10	1323.28
中国对中国香港出口额	456.49	531.38	574.77	811.09	712.86	674.51	818.06
中国对英国出口额	42.79	58.26	54.85	73.88	96.47	125.92	139.58
中国对韩国出口额	67.28	133.32	142.90	170.78	83.93	141.63	183.14
中国对加拿大出口额	22.41	22.40	19.12	28.64	29.65	34.76	47.74
中国对澳大利亚出口额	15.43	20.05	19.05	24.10	24.02	33.03	53.65
中国对德国出口额	45.66	60.29	50.45	48.42	49.38	62.21	81.93
中国对荷兰出口额	21.35	34.91	33.18	41.19	43.90	61.61	77.47
中国对法国出口额	27.28	35.33	33.97	36.07	38.66	45.63	54.29
中国对日本出口额	477.27	688.31	773.44	833.01	706.59	818.48	1045.50
	2001	2002	2003	2004	2005	2006	2007
中国对美国出口额	1526.60	2275.23	3103.49	4447.73	5660.97	7330.73	7978.24
中国对中国香港出口额	828.78	1011.81	1252.18	1478.11	1661.54	1806.90	1664.95
中国对英国出口额	187.36	259.57	356.33	580.92	777.50	1151.95	1482.68
中国对韩国出口额	197.61	271.73	296.86	336.44	444.60	722.13	856.01
中国对加拿大出口额	57.53	92.90	147.43	321.69	471.29	679.75	820.30
中国对澳大利亚出口额	67.43	96.24	145.29	248.27	364.46	484.06	640.82
中国对德国出口额	94.95	98.94	132.04	219.23	305.21	389.51	578.41
中国对荷兰出口额	79.97	89.39	117.25	146.82	200.90	284.18	389.94
中国对法国出口额	61.70	67.71	80.26	124.57	185.71	226.25	406.99
中国对日本出口额	1139.16	1265.87	1565.55	1790.54	2000.26	2204.64	2225.45

表 89　1994—2007 年主要贸易伙伴木质林产品世界进口总额

单位：百万美元

	1994	1995	1996	1997	1998	1999	2000
美国从世界进口额	26384.61	31131.19	31500.48	33748.35	43188.74	48636.99	53417.02
中国香港从世界进口额	3953.40	4791.80	5008.20	5552.81	4897.44	4916.34	5232.70
英国从世界进口额	11912.32	13996.03	13657.97	13884.12	13930.02	13773.45	14024.27
韩国从世界进口额	4790.20	6093.20	5784.56	5069.29	3112.19	4131.19	4900.85
加拿大从世界进口额	5653.33	7150.92	6252.05	7139.12	7307.08	7761.23	8509.72
澳大利亚从世界进口额	2401.39	2692.11	2519.52	2546.91	2461.15	2651.17	3084.87
德国从世界进口额	13472.32	15644.18	13986.46	13398.34	14061.35	13354.50	12630.78
荷兰从世界进口额	7083.89	8269.63	7762.69	7046.70	6912.45	7314.47	6868.60
法国从世界进口额	10522.06	13541.20	12215.13	11597.43	12346.06	12364.04	12749.79
日本从世界进口额	19393.25	22498.50	22045.21	20603.21	21969.09	25167.71	26922.33
	2001	2002	2003	2004	2005	2006	2007
美国从世界进口额	51487.78	45859.22	49203.89	60042.29	64032.27	65000.03	60535.03
中国香港从世界进口额	4475.01	4430.75	4169.95	4192.10	3992.05	4026.80	4125.33
英国从世界进口额	14117.67	15141.87	17407.95	20442.56	20181.98	21145.93	25174.91
韩国从世界进口额	4339.17	4097.41	4260.70	4606.41	4892.08	5569.69	6577.36
加拿大从世界进口额	8182.83	8551.12	9338.60	10459.83	11285.12	12466.63	13307.02
澳大利亚从世界进口额	2269.22	2622.46	3216.34	3815.10	3999.11	4195.27	4917.38
德国从世界进口额	12247.62	12629.45	14453.81	15223.33	16219.46	16266.29	29596.98
荷兰从世界进口额	6367.63	6690.74	8000.57	9000.66	9055.91	10015.09	11850.95
法国从世界进口额	11877.99	12227.82	14649.48	16722.11	17443.45	18268.97	22072.36
日本从世界进口额	23370.72	14907.09	16526.51	18767.49	16874.13	17921.75	17965.40

表 90　1994—2007 年中国木质林产品出口市场反应度

	1994	1995	1996	1997	1998	1999	2000
R^{m}	0.5152	−0.2727	0.6727	0.7576	0.5152	0.3333	0.4303
	2001	2002	2003	2004	2005	2006	2007
R^{m}	0.4788	0.2121	0.2364	0.2485	0.4424	0.6364	0.8545

3. 出口市场分散度指数

$$EN^{m}=\frac{1}{\sum\left(\frac{X_{im}}{X_{iw}}\right)^{2}} \tag{6.4}$$

其中，X_{im} 为国家 i 出口到市场 m 的数额，X_{iw} 为国家 i 全部市场的出口数额，m 代表市场。本文选取中国对美国、中国香港、英国、韩国、加拿大、澳大利亚、德国、荷兰、法国、日本十个主要木质林产品出口贸易伙伴，分析出口市场分散度。结果表明出口市场分散度 2003 年后越来越分散，但总体来说还是分散不够，面临出口市场过于集中的风险。

表 91　1994—2007 年中国木质林产品出口市场分散度

	1994	1995	1996	1997	1998	1999	2000
EN^{m}	5.9670	6.4835	5.5250	5.5422	5.4764	5.3458	5.5808
	2001	2002	2003	2004	2005	2006	2007
EN^{m}	5.4485	5.1618	5.1029	5.2718	5.7597	6.1865	7.7381

三、中国与主要贸易伙伴的木质林产品贸易指数分析

1. 双边贸易份额

双边贸易份额反映了一国对另一个国家的某一类产品 k 的出口或进口在该国总进口或总出口中的份额。计算公式为：

$$BS_{ij}^{k}=T_{ii}^{k}/T_{iw}^{k} \tag{6.5}$$

BS_{ij}^{k} 表示双边贸易份额，T_{ii}^{k} 表示该国在 k 类产品上对另一个国家的出口或进口，T_{iw}^{k} 是该国在 k 类产品上对世界的出口或进口额。双边贸易份额反映出其贸易伙伴在该国某一类产品总出口中的相对重要性。中国对美国木质林产品的出口不断上涨，中国对日本木质林产品的出口 1998 年后不断下降，对香港地区的出口总体下降趋势非常明显，对英国、韩国、加拿大、澳大利亚的出口稍有上升，对德国的出口有小幅下降，对荷兰、法国的出口基本不变。

表 92　1992—2006 年中国与主要出口贸易伙伴的双边贸易份额

	美国	日本	中国香港	英国	韩国	加拿大	澳大利亚	德国	荷兰	法国
1992	8.25	25.23	44.92	1.35	2.04	0.50	0.67	2.91	1.49	1.23
1993	15.09	27.72	26.28	2.11	2.77	1.42	0.76	2.88	1.29	1.59
1994	17.77	26.34	25.19	2.36	3.71	1.24	0.85	2.52	1.18	1.51
1995	15.31	28.11	21.70	2.38	5.44	0.91	0.82	2.46	1.43	1.44
1996	16.85	30.88	22.94	2.19	5.70	0.76	0.76	2.01	1.32	1.36
1997	18.40	27.02	26.31	2.40	5.54	0.93	0.78	1.57	1.34	1.17
1998	25.48	23.87	24.08	3.26	2.84	1.00	0.81	1.67	1.48	1.31
1999	30.23	23.38	19.27	3.60	4.05	0.99	0.94	1.78	1.76	1.30
2000	29.58	23.37	18.28	3.12	4.09	1.07	1.20	1.83	1.73	1.21
2001	31.12	23.22	16.90	3.82	4.03	1.17	1.37	1.94	1.63	1.26
2002	35.44	19.72	15.76	4.04	4.23	1.45	1.50	1.54	1.39	1.05
2003	36.79	18.56	14.84	4.22	3.52	1.75	1.72	1.57	1.39	0.95
2004	38.08	15.33	12.66	4.97	2.88	2.75	2.13	1.88	1.26	1.07
2005	37.23	13.16	10.93	5.11	2.92	3.10	2.40	2.01	1.32	1.22
2006	36.64	11.02	9.03	5.76	3.61	3.40	2.42	1.95	1.42	1.13

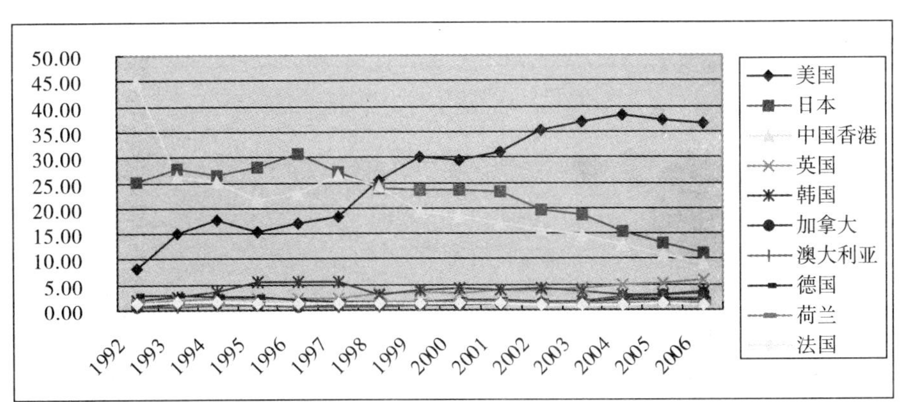

图 47　1992—2006 年中国与主要出口贸易伙伴的双边贸易份额比较

中国从美国木质林产品的进口双边贸易份额一直很高，且有所上升，从中国香港、印尼、马来西亚的进口份额下降幅度很大，从日本、加拿大、德国、泰国的进口份额有所上升，从俄罗斯的进口双边贸易份额增长幅度很大，从韩国进口的双边贸易份额先上升，1998 年后又逐年下降。

表 93　1992—2006 年中国与主要进口贸易伙伴的双边贸易份额

	美国	日本	中国香港	俄罗斯	韩国	加拿大	印尼	德国	泰国	马来西亚
1992	14.40	5.80	20.54	0.86	2.15	5.68	19.81	1.48	0.39	11.02
1993	14.96	5.58	9.58	1.86	4.45	4.93	18.60	1.60	0.68	12.15
1994	14.31	5.89	8.42	1.86	6.25	5.61	14.64	1.90	0.68	12.84
1995	14.77	7.17	7.37	2.01	7.88	6.90	15.20	1.33	0.88	11.00
1996	16.34	6.01	6.51	5.75	8.83	7.83	10.96	1.53	0.92	9.22
1997	14.94	5.98	5.05	8.95	9.24	5.68	12.57	1.57	1.20	8.44
1998	13.68	6.69	4.65	6.09	10.65	5.06	16.72	2.42	2.10	8.37
1999	11.92	6.58	3.11	7.31	8.59	5.97	14.61	4.08	2.57	8.70
2000	12.12	4.60	3.35	9.19	7.21	6.64	16.12	5.29	2.67	6.74
2001	11.77	4.68	3.31	12.38	6.34	6.29	14.08	4.39	2.69	4.53
2002	12.46	5.13	3.15	14.59	4.54	5.74	12.02	3.88	2.88	4.87
2003	13.55	5.37	2.74	12.80	3.70	6.76	10.38	3.07	2.83	5.51
2004	14.03	6.27	2.50	13.77	3.43	7.89	9.47	2.97	2.65	4.89
2005	15.07	6.70	2.15	15.27	2.54	7.48	8.30	3.16	2.50	3.60
2006	15.22	6.47	1.70	16.33	2.12	8.15	7.08	3.09	2.44	2.72

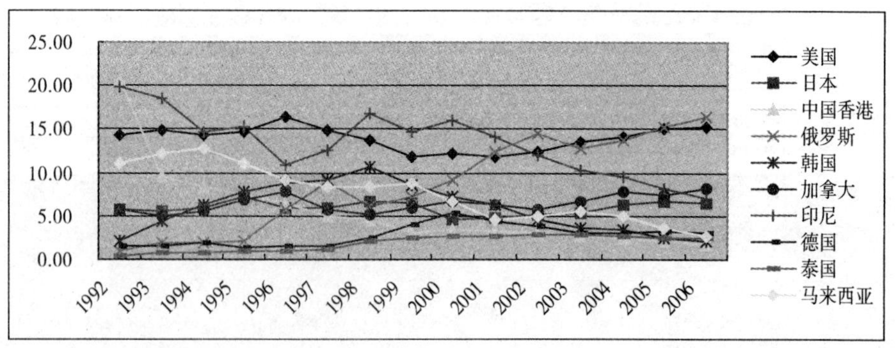

图 48　1992—2006 年中国与主要进口贸易伙伴的双边贸易份额比较

2. 中国木质林产品对主要出口国的贸易强度

贸易强度指标从相对意义上展示了出口国在某一市场上的竞争力表现，即衡量一国在某一出口市场上的竞争力是否达到了其在整个世界市场上的平均水平。贸易强度反映了同世界市场相比出口国同某一目标市场联系的密切程度。计算公式为：

$$IT_{ij} = (X_{ij}/X_{iw}) / (M_{jw}/M_{uw}) \tag{6.6}$$

其中，X 代表出口，M 代表进口，j 表示进口国，i 表示出口国，X_{ij} 为 i 国对 j 国的出口额，X_{iw} 为 i 国对世界的出口，M_{jw} 为 j 国从世界的进口，M_{uw} 为世界总进口。结果大于 1 表明出口国对目标市场的出口大于依据该国在世界贸易中的份额所预期的出口，对目标市场的开发程度高于世界平均水平。中国香港的贸易强度最大，但有下降。对美国、日本、韩国的贸易强度一直大于 1，对澳大利亚的出口贸易强度从 2001 年开始也大于 1，对英国、加拿大、德国、荷兰的出口贸易强度一直小于 1，但略有上升趋势，对法国的贸易强度比较平稳。

表 94　1994—2007 年中国木质林产品对主要出口国的贸易强度

	美国	日本	中国香港	英国	韩国	加拿大	澳大利亚	德国	荷兰	法国
1994	1.089	2.197	10.310	0.321	1.254	0.354	0.574	0.303	0.269	0.231
1995	1.016	2.580	9.350	0.351	1.845	0.264	0.628	0.325	0.356	0.220
1996	1.066	2.791	9.128	0.319	1.965	0.243	0.601	0.287	0.340	0.221
1997	1.113	2.678	9.673	0.352	2.231	0.266	0.627	0.239	0.387	0.206
1998	1.182	2.177	9.852	0.469	1.825	0.275	0.661	0.238	0.430	0.212
1999	1.306	1.952	8.237	0.549	2.058	0.269	0.748	0.280	0.506	0.222
2000	1.244	1.951	7.853	0.500	1.877	0.282	0.874	0.326	0.567	0.214
2001	1.298	2.134	8.108	0.581	1.994	0.308	1.301	0.339	0.550	0.227
2002	1.724	2.950	7.934	0.596	2.304	0.377	1.275	0.272	0.464	0.192
2003	1.896	2.848	9.028	0.615	2.095	0.475	1.358	0.275	0.441	0.165
2004	1.873	2.413	8.917	0.719	1.847	0.778	1.646	0.364	0.413	0.188
2005	1.819	2.439	8.565	0.793	1.870	0.859	1.875	0.387	0.456	0.219
2006	1.886	2.057	7.505	0.911	2.168	0.912	1.930	0.400	0.475	0.207
2007	2.152	2.023	6.591	0.962	2.125	1.007	2.128	0.319	0.537	0.301

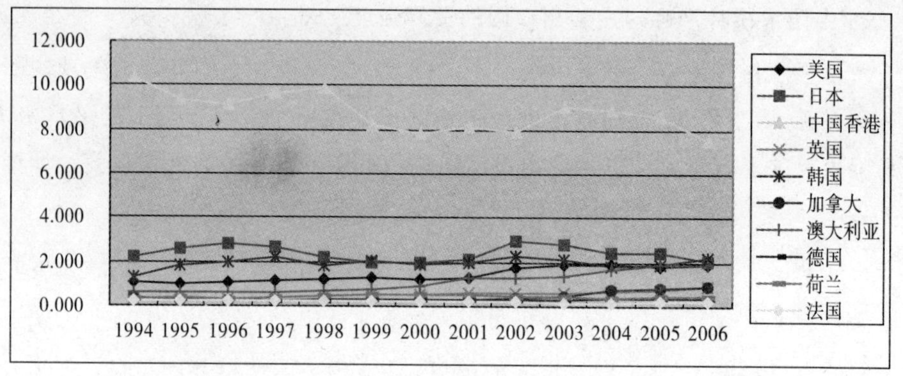

图 49 1994—2007 年中国木质林产品对主要出口国的贸易强度比较

3. 中国木质林产品对主要出口伙伴的贸易互补度

一国的出口结构基本反映了它的比较优势结构，而一国的进口结构则基本反映了它的比较劣势结构，如果出口国的比较优势结构与进口国的比较劣势结构刚好吻合，则意味着它在该市场上具有很强的增长潜力或者增长能力。可以运用贸易互补性指数来衡量出口国的出口结构与目标市场进口结构的相关程度，以考察一国出口结构具有的比较优势水平。贸易互补性指数的计算方法如下：

$$CC_{ij}=W^k \times RXS_i{}^k \times RMS_j{}^k \tag{6.7}$$

其中：$RXS_i{}^k=(X_{iw}^k/X_{iw})/(X_{uw}^k/X_{uw})$

$RMS_j{}^k=(M_{Jw}^k/X_{jw})/(M_{uw}^k/M_{uw})$

$W^k=X_{uw}^k/X_{uw}$

当贸易互补性指数大于 1 时，表示出口国同某一目标市场的互补性高于同其他市场的平均互补水平。从 1994—2006 年与主要出口市场的贸易互补度指数一直很小，表明中国的木质林产品出口结构有待优化。

表 95 1994—2006 年中国木质林产品与主要出口市场的贸易互补度

	美国	日本	中国香港	英国	韩国	加拿大	澳大利亚	德国	荷兰	法国
1994	0.014	0.025	0.008	0.019	0.017	0.013	0.017	0.012	0.019	0.016
1995	0.015	0.025	0.009	0.020	0.017	0.016	0.018	0.013	0.020	0.019
1996	0.016	0.027	0.011	0.020	0.016	0.015	0.017	0.013	0.020	0.019
1997	0.017	0.027	0.012	0.020	0.016	0.016	0.018	0.013	0.019	0.019

（续表）

	美国	日本	中国香港	英国	韩国	加拿大	澳大利亚	德国	荷兰	法国
1998	0.020	0.034	0.011	0.019	0.014	0.016	0.017	0.013	0.019	0.019
1999	0.022	0.039	0.013	0.021	0.017	0.017	0.019	0.014	0.021	0.021
2000	0.022	0.036	0.012	0.021	0.016	0.018	0.022	0.013	0.020	0.021
2001	0.023	0.036	0.012	0.022	0.016	0.020	0.020	0.013	0.021	0.021
2002	0.022	0.025	0.012	0.024	0.015	0.022	0.022	0.015	0.023	0.023
2003	0.022	0.025	0.010	0.025	0.014	0.022	0.022	0.014	0.022	0.023
2004	0.024	0.025	0.009	0.027	0.013	0.023	0.022	0.013	0.021	0.024
2005	0.025	0.022	0.009	0.026	0.012	0.024	0.022	0.014	0.021	0.024
2006	0.025	0.023	0.009	0.026	0.013	0.026	0.023	0.013	0.022	0.026

四、中国木质林产品市场增长影响因素分析

1. 恒定市场份额模型的基本形式

恒定市场份额模型把一个国家的贸易增长分解为贸易结构（包括商品结构和市场结构）、竞争力以及世界贸易的一般增长效应。把结构因素作为增长的一个独立变量从其他因素中分离出来并予以量化，是 CMS 最独到之处。

恒定市场份额模型（CMS）的经典模型是由 Tyszynski 于 1951 年首次提出的[162]。CMS 模型对一国出口的增长在三个层次上进行分析。

单一层次分析：$V'-V=rV+(V'-V-rV)$，该式把一国出口的增长分解为两部分，一部分是世界出口的一般增长，另一部分是未被解释的残差，称为竞争力影响。

双层次分析：$V'-V=rV+\sum(r_i-r)+\sum(V_i'-V_i-r_iV_i)$，该等式把一国的出口增长分解为三部分，第一部分是世界出口的一般增长；第二部分是一国出口的商品构成；第三部分是未被解释的残差，说明一国实际出口的增长同该国在每一个商品组上保持其市场份额所需增长之间的差别。

三层次分析：$V'-V=rV+\sum(r_i-r)+\sum\sum(r_{ij}-r_i)V_{ij}+\sum\sum(V_{ij}'-V_{ij}-r_{ij}V_{ij})$，这是 CMS 模型分析的基本公式，把一国的出口增长分解为四部分：第一部分是世界出口的一般增长；第二部分是一国出口的商品构成效应；第三部分是一国出口的市场构成效应；第四部分是一国实际出口增长同该国在每一

个商品组上保持其市场份额所需增长之间的差别。RV 称为世界出口的一般增长效应；$\sum(r_i - r)$ 称为商品构成效应；$\sum\sum(r_{ij} - r_i)V_{ij}$ 称为市场构成效应；$\sum\sum(V_{ij}' - V_{ij} - r_{ij}V_{ij})$ 称为竞争力效应。

自从 Tyszynski 提出 CMS 经典模型后，Leamer 和 Sten（1970），Catrinus J. Jepma（1986）以及 Milana（1988）多次修改完善。本文使用 Jepma 模型[163]对中国木质林产品贸易增长进行分解，模型构建为：

$$\Delta q = S^0\Delta Q + [\sum_i S_i^0\Delta Q_i - S^0\Delta Q] + [\sum_i\sum_j S_{ij}^0\Delta Q_{ij} - \sum_i S_i^0\Delta Q_i] + \sum_i\sum_j \Delta S_{ij}Q_{ij}^0 + \sum_i\sum_j \Delta S_{ij}\Delta Q_{ij}$$

S—— 一国在目标市场中的份额；

S_i—— 一国的产品 i 在目标市场全部 i 产品进口中的份额；

S_j—— 一国的出口在目标市场全部进口中的份额；

S_{ij}—— 一国的产品 i 在目标市场 j 全部 i 产品进口中的份额；

Q—— 目标市场的全部进口额；

Q_i—— 目标市场对产品 i 的进口额；

Q_j—— 目标市场 j 的总进口额；

Q_{ij}—— 目标市场 j 对产品 i 的进口额；

Δ—— 在两个时期之间的变化量；

上角标 0 代表第一时期（起始年份）

等式中的第一项为一般增长效应，指假定一国在其所有出口市场中所保持的份额不变，由于整个出口市场的进口规模扩大而导致一国的出口额发生的变化，增长效应又被称为“贸易景气效应”；第二项为产品结构效应，解释为假定一国在其出口市场第 i 种产品中所保持的市场份额不变，由于整个出口市场的第 i 种产品的进口规模扩大而导致一国的出口额发生的变化，产品结构效应反映了一国出口在那些需求增长较快的商品上的集中程度。第三项为市场结构效应，解释为假定一国在其第 j 个出口市场中所占的份额不变，由第 j 个市场的进口规模扩大而导致一国的出口额发生变化，反映了一国的出口在那些需求增长较快的市场中的集中程度。第四项为竞争力效应，反映了一国的出口增长同其进口市场需求结构的适应程度。第五项为交叉效应，反映了一国的出口结构与其进口市场的进口结构变动的适应程度。

2. 中国木质林产品出口增长的 CMS 分析

(1) 总体出口分析结果

本文以 1992—1997 作为第一期，1998—2001 作为第二期，2002—2006 作为第三期，各期取平均值。以第二期与第一期之间的变化量作为第一阶段，以第三期与第二期之间的变化量作为第二阶段。在第一阶段中国木质林产品出口总增长为 1884 百万美元，第二阶段出口总增长为 8388.8 百万美元，增长幅度很大。第一阶段竞争力效应是出口增长最重要的影响因素，所占百分比达 66.38%，第二阶段，其影响程度还是很大，所占百分比为 59.26%。产品结构效应的影响十分微弱，只有 4.60%和 6.09%，说明中国木质林产品出口在那些需求增长较快的商品上的集中程度不够，进一步说明出口商品与进口市场的需求匹配性不强。市场结构效应为负数，说明中国的木质林产品的出口在那些需求增长较快的市场中的集中度不够，市场结构有待改善。交叉效应第一阶段对出口增长的效应只有 7.81%。第二阶段上升到 23.95%，反映了中国木质林产品的出口结构与其进口市场的进口结构变动的适应程度在提高。

表 96　CMS 模型的原始数据表

市场	第 1 期（1992—1997）		第 2 期（1998—2001）		第 3 期（2002—2006）	
	进口	中国	进口	中国	进口	中国
美国	$27654578583	$333120896	$41492289042	$1165495863	$56827541478	$4563633341
日本	$19617730662	$577544085	$15401558801	$927430408	$16374825377	$1765372609
中国香港	$4503866549	$521720826	$4880373542	$743828141	$4162331059	$1430370066
英国	$12691191764	$46068331	$13961351847	$137350653	$18864057271	$625312081
韩国	$4379869107	$96300980	$3292657803	$151578480	$4685257363	$414351699
加拿大	$12691191764	$19783556	$7940214971	$42420640	$10420258888	$342610881
澳大利亚	$2402353608	$16247396	$2620870030	$44531906	$3572259493	$267664379
德国	$18928994275	$46709405	$18698700491	$72118558	$22692374830	$228984709
荷兰	$7324414165	$27757247	$6865786376	$65737278	$8552595004	$167709519
法国	$11968956974	$27651979	$12334466559	$48109296	$15862364994	$146194271
其他	$44498632595	$363075771	$85011489960	$561425697	$121879068875	$2396671341
总计	$166661780046	$2075980472	$212499759423	$3960026921	$283892934633	$12348874898

表 97　中国木质林产品出口增长因素分解　　单位：百万美元

	第一阶段		第二阶段	
	总额	百分比（%）	总额	百分比（%）
中国出口总增长	1884	100	8388.8	100
一般增长效应	571	30.31	1330.4	15.86
产品结构效应	86.7	4.60	510.7	6.09
市场结构效应	−171.4	−9.10	−432.7	−5.16
竞争力效应	1250.6	66.38	4971	59.26
交叉效应	147.2	7.81	2009.4	23.95

（2）对主要出口伙伴的 CMS 模型结果

中国对主要出口国的实际增长最多的是美国、日本、中国香港。中国木质林产品出口贸易增长中的竞争力效应最为明显，第一阶段，中国在日本、韩国、德国、荷兰的市场上的竞争力的影响程度都超过 100%，成为中国在这些市场上出口增长的关键性因素。但是，第二阶段，日本、英国、韩国、加拿大、澳大利亚、德国、荷兰、法国的竞争力效应都下降了，说明中国的出口增长同进口市场需求结构的适应程度有所减弱。产品结构效应的影响程度很小，中国香港、韩国、德国为负值，说明中国与国际市场的木质林产品需求结构的适应性较差，没有根据目标市场的进口需求调整出口商品结构。一般增长效应的影响程度第一阶段和第二阶段变动很大，日本、英国、韩国、澳大利亚、德国、荷兰、法国都有很大增长，而加拿大、美国、中国香港降低幅度很大，反映了进口国的进口规模变动对中国出口影响很大。在对美国、英国、加拿大、澳大利亚、法国市场的贸易增长中，结构交叉效应明显，说明出口结构与这些市场的进口结构变动的适应性较好。

表 98　对主要出口伙伴的 CMS 模型结果

单位：百万美元　%

增长因素分解	美国		日本		中国香港	
	一阶段	二阶段	一阶段	二阶段	一阶段	二阶段
出口实际增长	832.37	3398.14	349.89	837.94	222.11	686.54
一般增长效应（%）	20.03	12.68	−35.48	6.99	19.64	−15.94
产品结构效应（%）	17.28	9.93	10.54	13.30	−10.61	−2.22
竞争力效应（%）	32.71	47.28	138.22	66.31	93.17	143.40
结构交叉效应（%）	29.98	30.11	−13.28	13.39	−2.20	−25.24
增长因素分解	英国		韩国		加拿大	
	一阶段	二阶段	一阶段	二阶段	一阶段	二阶段
出口实际增长	91.28	487.96	55.28	262.77	22.64	300.19
一般增长效应（%）	5.05	9.88	−43.24	24.40	24.46	4.41
产品结构效应（%）	11.62	7.14	−23.53	13.15	9.99	5.49
竞争力效应（%）	66.67	48.31	264.61	32.86	46.98	52.10
结构交叉效应（%）	16.67	34.67	−97.83	29.59	18.57	37.99
增长因素分解	澳大利亚		德国		荷兰	
	一阶段	二阶段	一阶段	二阶段	一阶段	二阶段
出口实际增长	28.28	223.13	25.41	156.87	37.98	101.97
一般增长效应（%）	5.22	7.24	−2.24	9.82	−4.58	15.84
产品结构效应（%）	13.67	7.01	−9.14	−4.52	1.67	3.15
竞争力效应（%）	63.09	49.73	118.06	86.46	107.05	62.49
结构交叉效应（%）	18.01	36.01	−6.68	8.24	−4.14	18.52
增长因素分解	法国					
	一阶段	二阶段				
出口实际增长	20.46	98.08				
一般增长效应（%）	4.13	14.03				
产品结构效应（%）	12.18	8.78				
竞争力效应（%）	75.78	52.51				
结构交叉效应（%）	7.91	24.69				

（3）三大类木质林产品出口 CMS 模型结果

由于中国森林资源禀赋不丰富，天保工程的实施，第一阶段资源密集型木质林产品出口出现负增长，第一阶段表现出强烈的负交叉效应，成为导致出口负增长的决定性因素，市场结构效应为负值，说明资源密集型木质林产品出口与需求增长快的进口市场并不适应。竞争力效应明显，缓解了出口负增长。第二阶段和第一阶段相比，市场结构效应更加糟糕，说明中国资源密集型木质林产品出口亟待优化。第一阶段，对主要目标市场出口实际增长为负值的是日本、中国香港、英国、德国、荷兰，第二阶段为负值的是中国香港、韩国。竞争力效应很明显，成为中国对这些市场出口增长的重要原因。产品结构效应对竞争力的影响很微弱。

表 99　1992—2006 年资源密集型木质林产品出口的 CMS 模型原始数据

市场	第 1 期（1992—1997）		第 2 期（1998—2001）		第 3 期（2002—2006）	
	进口	中国	进口	中国	进口	中国
美国	$6275051179	$919248	$7827130028	$1211782	$8787672864	$13727539
日本	$10880826550	$232824423	$6972950198	$224394949	$6425967721	$271402354
中国香港	$338391414	$13106824	$647747720	$7669722	$362770845	$6780091
英国	$1829616184	$198946	$1742453188	$129650	$2242736353	$851740
韩国	$1499180173	$43546112	$817904937	$53878742	$1024030514	$47496377
加拿大	$828633900	$16894	$958347075	$59840	$1059333440	$340347
澳大利亚	$318843752	$87548	$260452267	$155056	$288956217	$550336
德国	$1906592566	$1234619	$1551613563	$822799	$1525440400	$5913783
荷兰	$1005219479	$351624	$836169729	$141356	$998143458	$974304
法国	$1115604579	$32882	$1084793117	$251343	$1402255629	$499892
其他	$9345138932	$48818095	$14611166863	$37482125	$21736973636	$53090848
总计	$35343098709	$341137214	$37310728685	$326197365	$45854281078	$401627610

表 100　资源密集型木质林产品出口模型结果

单位：百万美元　%

	第一阶段		第二阶段	
	总额	百分比	总额	百分比
中国出口总增长	−14.94	100	75.43	100
一般增长效应	18.99	−127.12	74.69	99.02
产品结构效应	9.9	−66.28	10.87	14.41
市场结构效应	−20.7	138.54	−51.69	−68.53
竞争力效应	43.55	−291.52	58.5	77.55
交叉效应	−66.69	446.38	−16.94	−22.46

表 101　资源密集型木质林产品对主要出口伙伴的 CMS 模型结果

增长因素分解	美国		日本		中国香港	
	一阶段	二阶段	一阶段	二阶段	一阶段	二阶段
出口实际增长	0.29253	12.51588	−8.42947	47.0074	−5.43710	−0.88963
一般增长效应（%）	77.72	1.19	991.99	−37.45	−220.38	379.29
产品结构效应（%）	−23.09	2.58	−257.21	22.69	−5.31	−148.74
竞争力效应（%）	67.13	81.51	−708.14	121.52	147.92	−119.35
结构交叉效应（%）	−21.76	14.72	73.35	−6.76	177.77	−11.21
增长因素分解	英国		韩国		加拿大	
	一阶段	二阶段	一阶段	二阶段	一阶段	二阶段
出口实际增长	−0.11982	0.72475	10.33263	−6.37658	0.03473	0.28051
一般增长效应（%）	9.81	5.03	−191.52	−212.94	11.32	2.25
产品结构效应（%）	−7.92	1.16	143.80	95.15	−23.82	0.78
竞争力效应（%）	97.11	73.19	233.91	168.84	129.67	86.17
结构交叉效应（%）	1.00	20.61	−86.19	48.95	−17.17	10.80
增长因素分解	澳大利亚		德国		荷兰	
	一阶段	二阶段	一阶段	二阶段	一阶段	二阶段
出口实际增长	0.06751	0.39528	−0.46578	5.09791	−0.26115	1.46369
一般增长效应（%）	−23.75	4.29	51.51	−0.27	25.92	1.87
产品结构效应（%）	51.15	2.11	5.14	−0.36	−0.48	7.60
竞争力效应（%）	135.26	82.53	41.14	104.71	93.34	84.75
结构交叉效应（%）	−62.66	11.07	2.21	−4.08	−18.78	5.78
增长因素分解	法国					
	一阶段	二阶段				
出口实际增长	0.200	0.24855				
一般增长效应（%）	−0.71	29.59				
产品结构效应（%）	−1.35	9.45				
竞争力效应（%）	98.57	44.12				
结构交叉效应（%）	3.49	16.84				

受我国劳动力资源禀赋丰富的影响，劳动密集型木质林产品第一阶段增长 1634.5 百万美元，第二阶段增长 7309.35 百万美元，增长幅度很大，其中交叉

效应对出口增长的影响最为显著。竞争力效应不为乐观，第一阶段为469.88百万美元，第二阶段降为－26115.5，大大影响了出口的总增长，产品结构效应对出口增长的影响也很弱，市场结构效应两阶段都为负值，反映了中国木质林产品的产品结构、市场结构都有待优化。分析第一、第二阶段的主要出口市场的增长因素分解，发现竞争力效应是对这些市场出口增长的关键因素。法国、荷兰、德国、中国香港、韩国、加拿大、日本、美国的产品结构效应都出现过负值。

表102　1992—2006年劳动密集型木质林产品出口的CMS模型原始数据

市场	第1期（1992－1997）		第2期（1998－2001）		第3期（2002－2006）	
	进口	中国	进口	中国	进口	中国
美国	$7838851279	$294030590	$15784602459	$1063554598	$26912201981	$4197917826
日本	$4648780968	$315333347	$4625298575	$639851495	$5959524631	$1329958010
中国香港	$1430226201	$360438887	$1452645420	$516766468	$1137777964	$987558861
英国	$2561992171	$36265207	$3612328816	$100111148	$6348614096	$560794640
韩国	$1015159500	$48464952	$658899185	$84624353	$1290277075	$317308975
加拿大	$1130586667	$17021215	$1599426006	$37175181	$2830671258	$322478340
澳大利亚	$398483124	$11673218	$572112199	$32198186	$1087877668	$216788643
德国	$6718781035	$40069265	$6217338560	$61507801	$6742816090	$198954559
荷兰	$1994940443	$25420011	$1920770393	$57272027	$2505281290	$149531441
法国	$2688163513	$24799735	$3048552358	$41741718	$4585614227	$131431354
其他	$7283445448	$215076648	$12599919601	$388289665	$20099595449	$1919719200
总计	$37709410348	$1388593075	$52091893571	$3023092639	$79500251729	$10332441850

表103　劳动密集型木质林产品出口模型结果　　单位：百万美元　%

	第一阶段		第二阶段	
	总额	百分比	总额	百分比
中国出口总增长	1634.5	100	7309.35	100
一般增长效应	529.61	32.4	1590.61	21.76
产品结构效应	114.8	7.02	－9.41	－0.13
市场结构效应	－687.45	－42.06	－616.83	－8.44
竞争力效应	469.88	28.75	－26115.5	－357.29
交叉效应	1207.65	73.89	32460.46	444.1

表 104　劳动密集型木质林产品对主要出口伙伴的 CMS 模型结果

增长因素分解	美国		日本		中国香港	
	一阶段	二阶段	一阶段	二阶段	一阶段	二阶段
出口实际增长	769.524	3134.363	324.5181	690.1065	156.3276	470.7924
一般增长效应（%）	38.73048	23.92094	186.7071	−47.7687	3.614197	−23.7921
产品结构效应（%）	3.914423	−1.15072	−6.17303	60.64784	63.6221	6.734697
竞争力效应（%）	27.2802	45.09917	37.68615	281.6801	35.94119	139.5632
结构交叉效应（%）	30.0749	32.1306	−118.22	−194.559	−3.17748	−22.5058
增长因素分解	英国		韩国		加拿大	
	一阶段	二阶段	一阶段	二阶段	一阶段	二阶段
出口实际增长	63.84594	460.6835	36.1594	232.6846	20.15397	285.3032
一般增长效应（%）	23.28668	16.46091	−19.5304	−4.81336	35.02275	10.0306
产品结构效应（%）	9.742575	0.091494	−16.5689	18.53672	−2.3647	−0.93304
竞争力效应（%）	42.11316	46.93438	180.761	94.85927	48.21988	51.29362
结构交叉效应（%）	24.85758	36.51322	−44.6616	−8.58262	19.12207	39.60882
增长因素分解	澳大利亚		德国		荷兰	
	一阶段	二阶段	一阶段	二阶段	一阶段	二阶段
出口实际增长	20.52497	184.5905	21.43854	137.4468	31.85202	92.25941
一般增长效应（%）	24.7811	15.72509	−13.9491	3.782207	−2.96714	18.89074
产品结构效应（%）	12.49233	1.844281	4.170907	−0.7811	−0.51799	−4.8703
竞争力效应（%）	34.97688	40.32733	118.4745	90.02899	106.9125	66.95744
结构交叉效应（%）	27.74969	42.10329	−8.69632	6.969899	−3.42734	19.02213
增长因素分解	法国					
	一阶段	二阶段				
出口实际增长	16.93229	76.33128				
一般增长效应（%）	19.6434	27.57182				
产品结构效应（%）	13.28825	−1.22691				
竞争力效应（%）	59.52971	49.48442				
结构交叉效应（%）	7.538641	24.17067				

资本技术密集型木质林产品的出口增长很快，第一阶段、第二阶段分别增长

264.49百万美元、1004.07百万美元。竞争力效应对出口增长起了关键性作用，第二阶段的市场结构效应出现很大的负值，严重影响到出口总增长。产品结构效应对出口总增长的贡献依然比较微弱。一般增长效应对出口增长的影响很大，即由于整个出口市场的进口规模扩大而导致的出口额增长明显，也就是"贸易景气效应"明显。对主要出口市场，增长较多的是美国、日本、中国香港，竞争力效应对出口增长的影响最大，产品结构效应的影响非常微弱。

表105　1992—2006年资本技术密集型木质林产品出口的CMS模型的原始数据

市场	第1期（1992—1997）		第2期（1998—2001）		第3期（2002—2006）	
	进口	中国	进口	中国	进口	中国
美国	$13540676125	$38171058	$17880556555	$100729483	$21127666633	$351987976
日本	$4088123144	$29386315	$3803310028	$63183964	$3989333025	$164012245
中国香港	$2735248933	$148175115	$2779980403	$219391951	$2661782250	$436031114
英国	$8299583409	$9604178	$8606569844	$37109856	$10272706821	$63665702
韩国	$1865529433	$4289916	$1815853681	$13075385	$2370949774	$49546347
加拿大	$4244925156	$2745447	$5382441890	$5185619	$6530254190	$19792193
澳大利亚	$1685026732	$4486631	$1788305564	$12178665	$2195425607	$50325401
德国	$10303620675	$5405521	$10929748369	$9787959	$14424118340	$24116368
荷兰	$4324254243	$1985612	$4108846255	$8323894	$5049170255	$17203774
法国	$8165188882	$2819362	$8201121084	$6116235	$9874495139	$14263025
其他	$34357094257	$99181028	$57800403495	$135653907	$80042499791	$423861293
总计	$93609270989	$346250183	$123097137168	$610736917	$158538401826	$1614805438

表106　资本技术密集型木质林产品出口模型结果　　单位：百万美元

	第一阶段		第二阶段	
	总额	百分比（%）	总额	百分比（%）
中国出口总增长	264.49	100	1004.07	100
一般增长效应	109.07	41.24	175.84	17.51
产品结构效应	7.02	2.66	10.23	1.02
市场结构效应	25.02	9.46	−122.63	−12.21
竞争力效应	145.05	54.84	908.04	90.44
交叉效应	−21.67	−8.19	32.59	3.25

表 107　资本技术密集型木质林产品对主要出口伙伴的 CMS 模型结果

增长因素分解	美国		日本		中国香港	
	一阶段	二阶段	一阶段	二阶段	一阶段	二阶段
出口实际增长	62.56	251.26	33.80	100.83	61.01	213.65
一般增长效应（%）	54.21	−6.97	−6.06	3.06	4.64	−4.66
产品结构效应（%）	34.60	7.61	9.28	11.87	23.17	6.98
竞争力效应（%）	38.89	137.23	91.82	68.60	78.29	109.10
结构交叉效应（%）	−27.70	−37.87	4.96	16.46	−6.11	−11.42
增长因素分解	英国		韩国		加拿大	
	一阶段	二阶段	一阶段	二阶段	一阶段	二阶段
出口实际增长	27.51	26.56	8.79	36.47	2.44	14.63
一般增长效应（%）	1.29	27.05	−1.30	10.96	35.21	7.56
产品结构效应（%）	1.99	12.28	−1.36	4.22	15.67	0.31
竞争力效应（%）	85.18	52.39	117.11	60.31	38.38	75.18
结构交叉效应（%）	11.54	8.28	−14.45	24.51	10.73	16.95
增长因素分解	澳大利亚		德国		荷兰	
	一阶段	二阶段	一阶段	二阶段	一阶段	二阶段
出口实际增长	7.69	38.15	4.37	14.33	6.32	9.32
一般增长效应（%）	3.60	7.32	7.02	17.84	−1.57	20.44
产品结构效应（%）	1.05	0.93	10.45	2.53	−0.64	0.38
竞争力效应（%）	87.79	72.71	72.17	62.34	111.03	64.66
结构交叉效应（%）	7.56	19.04	10.36	17.29	−8.82	14.52
增长因素分解	法国					
	一阶段	二阶段				
出口实际增长	4.60	10.30				
一般增长效应（%）	0.33	16.00				
产品结构效应（%）	−0.01	2.94				
竞争力效应（%）	101.05	65.76				
结构交叉效应（%）	−1.37	15.30				

(4) 进口市场模型结果

中国木质林产品进口总增长，第一阶段为 3420.15 百万美元，第二阶段为 5545.93 百万美元，竞争力效应第一阶段达 93.06%，对进口增长起了决定性作用。交叉效应为负值，影响了总增长，产品结构效应第二阶段为负值，一般增长效应第二阶段相对于第一阶段提高很大，即进口增加与总进口规模的增长关系密切。从俄罗斯、加拿大、美国、日本进口增长很明显，对进口增长贡献最大的是竞争力效应，一般增长效应。

表 108　1994—2006 年中国木质林产品从主要市场进口的 CMS 模型原始数据

市场	1994—1997		1998—2001		2002—2006	
	出口	中国	出口	中国	出口	中国
美国	$16784759350	$744332976	$15406905036	$1022224167	$16216197823	$1975099602
日本	$635797689	$306572943	$85376083	$457291330	$394691884	$844254089
中国香港	$2487566968	$325627397	$2919069886	$293703497	$2437362405	$328414085
俄罗斯	$2814827265	$252837839	$3163259312	$754715993	$6002629069	$2038433271
韩国	$759294694	$404821493	$966155446	$661724822	$1017622903	$433844032
加拿大	$22576556096	$319775621	$25056668657	$507292476	$27495387685	$1018574246
印尼	$6069290586	$646404670	$5356822488	$1275239950	$5975478366	$1272898601
德国	$10652702283	$77218178	$11805553066	$351172617	$18220058700	$443763728
泰国	$1044162917	$46683305	$1451343735	$211987378	$2116628242	$365747940
马来西亚	$5564075396	$496233283	$4346022617	$574717666	$5357232596	$579942924
其他	$69684901638	$1295115245	$78035205737	$2225701027	$114243868657	$4580727713
总计	$139073934882	$4915622950	$148592382064	$8335770924	$199477158331	$13881700232

表 109　进口市场模型结果　　单位：百万美元　%

	第一阶段		第二阶段	
	总额	百分比（%）	总额	百分比（%）
中国进口总增长	3420.15	100	5545.93	100
一般增长效应	336.43	9.84	2854.55	51.47
产品结构效应	8.02	0.23	−409.76	−7.39
市场结构效应	−68.77	−2.01	881.59	15.90
竞争力效应	3182.88	93.06	2733.56	49.29
交叉效应	−38.42	−1.12	−514.01	−9.27

表 110　中国木质林产品主要进口伙伴的 CMS 模型结果

增长因素分解	美国		日本		中国香港	
	一阶段	二阶段	一阶段	二阶段	一阶段	二阶段
进口实际增长	277.89	952.88	150.72	386.96	−31.92	34.71
一般增长效应（%）	−21.99	5.64	−6.64	581.82	−176.94	−139.63
产品结构效应（%）	9.67	10.02	1.78	−1.48	85.46	163.07
竞争力效应（%）	123.54	77.80	107.06	−81.27	178.12	73.55
结构交叉效应（%）	−11.22	6.54	−2.21	−399.07	13.36	3.02
增长因素分解	俄罗斯		韩国		加拿大	
	一阶段	二阶段	一阶段	二阶段	一阶段	二阶段
进口实际增长	501.88	1283.72	256.90	−227.88	187.52	511.28
一般增长效应（%）	6.24	52.77	42.93	−15.47	18.73	9.66
产品结构效应（%）	−9.44	−4.11	18.40	−12.42	19.79	0.43
竞争力效应（%）	85.59	23.29	28.87	117.75	33.03	76.25
结构交叉效应（%）	17.61	28.04	9.81	10.14	28.44	13.66
增长因素分解	印尼		德国		泰国	
	一阶段	二阶段	一阶段	二阶段	一阶段	二阶段
进口实际增长	628.84	−2.34	273.95	92.59	165.30	153.76
一般增长效应（%）	−12.07	−6290.25	3.05	206.08	11.01	63.20
产品结构效应（%）	12.49	1433.92	−1.47	21.06	8.25	46.60
竞争力效应（%）	121.42	3802.45	79.97	−69.75	53.51	−11.68
结构交叉效应（%）	−21.84	1153.87	18.45	−57.39	27.23	1.88
增长因素分解	马来西亚					
	一阶段	二阶段				
进口实际增长	78.48	5.23				
一般增长效应（%）	−138.41	2559.15				
产品结构效应（%）	38.11	−653.90				
竞争力效应（%）	407.70	−978.65				
结构交叉效应（%）	−207.39	−826.60				

五、本章小结

中国木质林产品出口市场结构的分析表明：

第一，中国木质林产品主要出口区域是亚洲、北美洲、欧洲、大洋洲，主要出口市场有美国、加拿大、英国、德国、荷兰、法国、日本、中国香港、韩国、澳大利亚，历年占中国出口总额的80%左右，其中美国、日本、中国香港是前三大出口市场，历年占中国出口的60%左右。

第二，主要木质林产品的出口市场。中国人造板出口的主要国家（地区）有：韩国、日本、美国、俄罗斯、西班牙、意大利、德国、加拿大、英国、比利时，2006年、2007年以上10国占中国人造板出口总额的60%左右。中国木制品出口的主要国家（地区）有：美国、香港、日本、英国、荷兰、德国、法国、西班牙、加拿大、韩国，2006年、2007年以上10国（地区）占中国木制品出口总额的80%左右。中国木家具出口的主要国家（地区）有：美国、英国、香港、加拿大、澳大利亚、日本、韩国、法国、沙特阿拉伯、德国，2006年、2007年以上10国（地区）占中国木家具出口总额的80%以上。中国纸和纸制品出口的主要国家（地区）有：美国、香港、日本、德国、澳大利亚、韩国、印度、英国、马来西亚、意大利，2006、2007年以上10国（地区）占中国纸和纸制品出口总额的70%。

第三，出口市场结构的合理性。研究表明纸和纸制品匹配性指数很低，说明纸和纸制品的主要出口市场结构不合理。木家具的出口市场结构1998—2006年呈不断恶化趋势，2007年又有很大改善。木制品匹配指数先呈下降趋势，2003年后开始优化。人造板匹配指数1994－1998下降幅度很大，1998年—2002年有明显上涨，2003—2007年平稳在0.5左右。木制品匹配指数1994—1997明显下降，1998—2000年稳定在0.6左右，2001年后有所下降，最近三年平稳在0.5左右。出口市场分散度表明2003年后越来越分散，但总体来说还是面临出口市场过于集中的风险。中国对香港的贸易强度最大，但有所下降。对美国、日本、韩国的贸易强度一直大于1，对澳大利亚的出口贸易强度从2001年开始也大于1，对英国、加拿大、德国、荷兰的出口贸易强度一直小于1，但略有上升趋势，对法国的贸易强度比较平稳。从1994－2006年与主要出口市场的贸易互补度指数一直很低，表明中国的木质林产品出口结构有待优化。

第四，恒定市场份额模型的结果显示，竞争力效应是出口增长最重要的影响因素。产品结构效应的影响十分微弱，说明中国木质林产品出口在那些需求增长较快的商品上的集中程度不够，进一步说明出口商品与进口市场的需求匹配性不强。市场结构效应为负数，说明中国的木质林产品的出口在那些需求增长较快的市场中的集中度不够，市场结构有待改善。交叉效应有所提高，反映了中国木质林产品的出口结构与其进口市场的进口结构变动的适应程度在提高。

第七章 中国木质林产品出口贸易结构风险测算

一、中国木质林产品出口贸易结构风险测算

考虑到出口结构相关指标之间的交叉性，以及指标选取的合理性原则，选取以下指标，构建中国木质林产品出口贸易结构风险测算的主要评价指标体系。

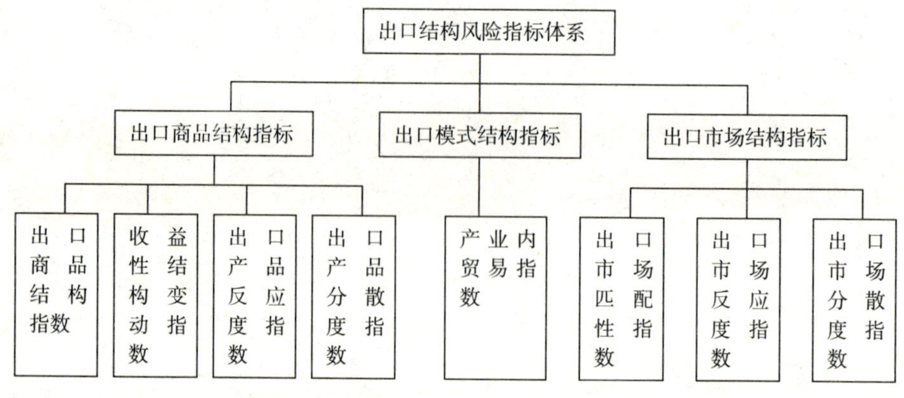

图 50 出口结构风险指标体系

本文首先对中国木质林产品出口结构的主要评价指标设定满意值和不允许值，然后设计并计算各类指标的单项功效系数，再运用主成分分析法确定各指标的权数，得到加权平均数，即为中国木质林产品出口结构风险的综合功效系数。依据综合功效系数的大小即可测算出口贸易结构风险警戒状态。

1. 指标变量的选择

出口结构指数指劳动密集型和资本技术密集型木质林产品占木质林产品出口总额的比重。收益性结构变动指数反映了中国木质林产品出口结构优化程度，用来反映一国的出口结构是否向世界的动态需求方向转变，即说明一国贸易结构的优化幅度，该指数为正数说明该国的出口结构出现优化的趋势，指数的值越大表明贸易结构优化越明显。产品反应度指数评价中国木质林产品出口的产品结构对

世界需求变动的反应程度。市场反应度指数评价一国出口市场结构对世界需求变动的反应程度。出口市场匹配指数反映了中国木质林产品出口市场结构与世界市场结构的匹配性。产业内贸易指数反映了出口贸易模式结构的优化程度。以上指数都是极大型变量，取值越大越好，其满意度选取的是平均值的一倍，不允许值为满意值的一半。产品分散度指数和市场分散度指数属于稳定型变量，在某一时点最好的变量，满意值为平均值的一倍，其不允许值的上限一般为该满意值的一倍，下限为满意值的一半。分散度指数过小，意味着出口商品集中度和出口市场集中度过大，出口过于依赖几种商品，存在很大的风险，出口过于依赖几个市场，也存在很大风险，容易遭受贸易壁垒和反倾销措施的影响。但出口商品和出口市场过于分散，也不利于规模经济的形成，也存在风险。

表 111　1994—2007 年木质林产品出口结构指标值

	出口结构指数	收益性结构变动指数	产品反应度指数	市场反应度指数	出口市场匹配指数	产业内贸易指数	产品分散度指数	市场分散度指数
1995	0.819	0.0034	0.8571429	−0.2727	0.552	0.261	4.5053	6.4835
1996	0.836	0.00499	0.8809524	0.6727	0.588	0.226	4.3928	5.5250
1997	0.867	0.00039	0.3571429	0.7576	0.552	0.236	4.3474	5.5422
1998	0.905	0.00466	0.9761905	0.5152	0.467	0.203	3.7458	5.4764
1999	0.916	0.00253	0.1904762	0.3333	0.443	0.177	3.6417	5.3458
2000	0.92	0.00103	0.0714286	0.4303	0.449	0.191	3.7438	5.5808
2001	0.924	0.00037	0.6190476	0.4788	0.430	0.206	3.7157	5.4485
2002	0.944	0.00269	0.3095238	0.2121	0.291	0.22	3.4967	5.1618
2003	0.951	0.00042	0.000000	0.2364	0.194	0.231	3.3104	5.1029
2004	0.968	0.00159	0.4047619	0.2485	0.221	0.211	3.3526	5.2718
2005	0.973	0.00001	−0.380952	0.4424	0.255	0.213	3.3694	5.7597
2006	0.977	0.00004	−0.285714	0.6364	0.258	0.212	3.4113	6.1865
2007	0.982	−0.00628	−0.261905	0.8545	0.452	0.216	3.3130	7.7381

2. 各项指标单项功效系数的计算[164]

（1）极大型变量单项功效系数

$$=\begin{cases}(\text{实际值}-\text{不允许值})/(\text{满意值}-\text{不允许值})\times 40+60(\text{实际值}<\text{满意值})\\ 100(\text{实际值}\geqslant\text{满意值})\end{cases}$$

表 112　出口结构指标的满意和不容许值

	出口结构指数	收益性结构变动指数	产品反应度指数	市场反应度指数	出口市场匹配指数	产业内贸易指数
满意值	0.921692308	0.002436923	0.575091662	0.853153846	0.792615385	0.431230769
不容许值	0.460846154	0.001218462	0.287545831	0.426576923	0.396307692	0.215615385

	产品分散度指数	市场分散度指数
满意值	7.4378308	11.480462
上限值	14.875662	22.960923
下限值	3.7189154	5.7402308

（2）稳定型变量单项功效系数

$$=\begin{cases}[(\text{上限不允许值}-\text{实际值})/(\text{上限不允许值}-\text{满意值})] \\ \times 40+60(\text{实际值}>\text{满意值}) \\ [(\text{实际值}-\text{下限不允许值})/(\text{满意值}-\text{下限不允许值})] \\ \times 40+60(\text{实际值}\leqslant\text{满意值})\end{cases}$$

3. 各指标的功效系数

表 113　1995—2007 年各出口结构指标的功效系数

	出口结构指数	收益性结构变动指数	产品反应度指数	市场反应度指数	出口市场匹配指数	产业内贸易指数	产品分散度指数	市场分散度指数
1995	91.0866	100.0000	100.0000	−5.5710	75.7143	68.4196	68.4582	65.1794
1996	92.5622	100.0000	100.0000	83.0789	79.3478	61.9265	67.2482	58.5002
1997	95.2529	32.8030	69.6815	91.0399	75.7143	63.7817	66.7599	58.6201
1998	98.5512	100.0000	100.0000	68.3102	67.1351	57.6597	60.2892	58.1615
1999	99.5059	100.0000	46.4968	51.2534	64.7127	52.8362	59.1695	57.2515
2000	99.8531	53.8131	29.9363	60.3491	65.3183	55.4335	60.2677	58.8890
2001	100.0000	32.1465	100.0000	64.8969	63.4006	58.2162	59.9654	57.9671
2002	100.0000	100.0000	63.0573	39.8886	49.3711	60.8134	57.6099	55.9693
2003	100.0000	33.7879	20.0000	42.1672	39.5807	62.8541	55.6061	55.5588
2004	100.0000	72.1970	76.3057	43.3018	42.3059	59.1438	56.0600	56.7358
2005	100.0000	20.3283	−32.9936	61.4837	45.7376	59.5148	56.2407	60.1357
2006	100.0000	21.3131	−19.7452	79.6751	46.0404	59.3293	56.6913	63.1098
2007	100.0000	−186.1616	−16.4331	100.0000	65.6211	60.0714	55.6340	73.9219

从各指标的功效系数分析，1995—2007年出口结构指数一直很高，2001—2007年实际值大于满意值，功效系数为100。收益性结构变动指数波动很大，1995、1996、1998、1999、2002五个年份实际值大于满意值，但1997、2001、2003、2005、2006年功效系数较小，2007年出现很大的负值。产品反应度指数的功效系数变动幅度也很大，1995、1996、1998、2001年为实际值大于满意值，1997、2002、2004年超过60，其他年份都较小，2005年出现负数。市场反应度指数只有2007年实际值大于满意值，1996、1997、1998、2005、2006年大于60。出口市场匹配指数1995—2001，2007为大于60，其他年份功效系数不高。产业内贸易指数、产品分散度指数、市场分散度指数的功效系数比较平稳，在60左右。

4. 基于主成分分析的各指标权重的确定

主成分分析（Principal Components Analysis，PCA），是把多个变量（指标）化为少数几个综合变量（综合指标），而这几个综合变量可以反映原来多个变量的大部分信息。各个指标的灵敏度不同，因此在预测系统中的作用也不同，因此要对选取的预测指标进行对比，确定其权重。采用统计软件Spss16.0对表114中的数据进行主成分分析，提取特征值大于1的因子，共产生3个主成分，对总方差的累计贡献率达到了88.860%。

表114　基于主成分分析的各指标相关系数矩阵

	出口结构指数	收益性结构变动指数	产品反应度指数	市场反应度指数	出口市场匹配指数	产业内贸易指数	产品分散度指数	市场分散度指数
出口结构指数	1.000	−0.331	−0.544	0.250	−0.720	−0.683	−0.929	−0.129
收益性结构变动指数	−0.331	1.000	0.616	−0.552	0.074	−0.005	0.410	−0.778
产品反应度指数	−0.544	0.616	1.000	−0.321	0.529	0.214	0.649	−0.398
市场反应度指数	0.250	−0.552	−0.321	1.000	0.165	−0.332	−0.146	0.254
出口市场匹配指数	−0.720	0.074	0.529	0.165	1.000	0.178	0.842	0.264
产业内贸易指数	−0.683	−0.005	0.214	−0.332	0.178	1.000	0.501	0.233
产品分散度指数	−0.929	0.410	0.649	−0.146	0.842	0.501	1.000	−0.016
市场分散度指数	−0.129	−0.778	−0.398	0.254	0.264	0.233	−0.016	1.000

表 115 方差分解主成分提取分析表

Total Variance Explained						
Component	InitialEigenvalues			Extraction Sums of Squared Loadings		
	Total	% of Variance	Cumulative %	Total	% of Variance	Cumulative %
出口结构指数	3.696	46.199	46.199	3.696	46.199	46.199
收益性结构变动指数	2.202	27.522	73.720	2.202	27.522	73.720
产品反应度指数	1.211	15.140	88.860	1.211	15.140	88.860
市场反应度指数	0.456	5.695	94.555			
出口市场匹配指数	0.318	3.970	98.525			
产业内贸易指数	0.080	1.000	99.525			
产品分散度指数	0.026	0.331	99.855			
市场分散度指数	0.012	0.145	100.000			

Extraction Method: Principal Component Analysis.

方差贡献率是衡量各因子相对重要程度的指标，方差贡献率的大小，表示各个主成分的相对重要程度。在统计学中，一般认为主成分的累积贡献率达到85%即可保留有效信息。上表可以看出，本文选取的三个主成分的累积贡献率是88.860%，主成分 F_1、F_2、F_3，可以解释原始信息的能力分别是：46.199%、27.522%、15.140%。

由表可以看出三个主成分的累积贡献率为88.860%，即保留了原始指标88.860%的信息，具有显著代表性。主成分的载荷矩阵（正交旋转后的因子载荷矩阵）见表116，载荷系数代表各主成分解释指标变量方差的程度。

表 116 初始因子载荷矩阵

Component Matrix[a]			
	Component		
	F_1	F_2	F_3
出口结构指数	−0.915	−0.308	0.124
收益性结构变动指数	0.586	−0.763	0.075
产品反应度指数	0.800	−0.285	0.240
市场反应度指数	−0.391	0.499	0.640
出口市场匹配指数	0.708	0.485	0.457

（续表）

Component Matrix[a]			
产业内贸易指数	0.550	0.329	−0.670
产品分散度指数	0.943	0.228	0.145
市场分散度指数	−0.169	0.894	−0.213

由表115可知，第一主成分的方差贡献率最大，为46.199%，是最重要的影响因子。由表可知，第一主成分在产品分散度指数、产品反应度指数、出口市场匹配指数、收益性结构变动指数、产业内贸易指数等指标上载荷较大。

第二主成分为27.522%，是次重要的影响因子。该主成分在市场分散度指数、市场反应度指数、出口市场匹配指数指标上负载较大。

第三主成分为15.140%，是第三重要的影响因子，该主成分在市场反应度指数、出口市场匹配指数指标上载荷较大。

由分析得出的因子得分系数建立主因子得分模型：

$F_1 = -0.915X_1 + 0.586X_2 + 0.800X_3 - 0.391X_4 + 0.708X_5 + 0.550X_6 + 0.943X_7 - 0.169X_8$

$F_2 = -0.308X_1 - 0.763X_2 - 0.285X_3 + 0.499X_4 + 0.485X_5 + 0.329X_6 + 0.228X_7 + 0.894X_8$

$F_3 = +0.124X_1 + 0.075X_2 + 0.240X_3 + 0.640X_4 + 0.457X_5 - 0.670X_6 + 0.145X_7 - 0.213X_8$

综合系数F是各主因子与其贡献率的乘积：

$F = (0.46199 \times F_1 + 0.27522 \times F_2 + 0.1514 \times F_3)/0.88860$ 把 F_1、F_2、F_3 代入F值，得：

$F = -3.910X1 - 0.577X_2 + 2.620X_3 + 0.429X_4 + 4.238X_5 + 1.946X_6 + 4.613X_7 + 1.086X_8$

表117　1995—2007年中国木质林产品出口结构风险综合系数

年份	1995	1996	1997	1998	1999	2000	2001
F	81.87499	84.75093	77.07651	69.85046	47.80503	47.78244	71.8043
年份	2002	2003	2004	2005	2006	2007	
F	45.18704	30.2068	46.85341	18.2942	24.29208	52.88961	

当 F≤30，处于巨警状态；当 30≤F≤40 时，处于重警状态；当 40≤F≤50 时，处于中警状态；当 50≤F≤60 时，处于轻警状态；当 F≥60 时，处于无警状态。

表 118　1995—2007 年中国木质林产品出口结构风险的警戒状态

年份	1995	1996	1997	1998	1999	2000	2001
预警状态	无警	无警	无警	无警	中警	中警	无警
年份	2002	2003	2004	2005	2006	2007	
预警状态	中警	重警	中警	巨警	巨警	轻警	

从表 118 看出，1998 年以前中国木质林产品出口结构风险的警戒状态为无警，2002 年后出口结构风险的警戒状态开始恶化，出现重警和巨警状态，2007 年由于出口市场匹配指数的提高，出口结构有所优化，只是轻警状态。分析原因：从单个指标来看，收益性结构变动指数、产品反应度指数、市场反应度指数、出口市场匹配指数都在变小，说明潜在的风险在变大；产品分散度指数在变小，说明集中度在变大，也存在一定风险，出口市场一直比较集中，主要木质林产品的出口前十大市场就能占出口总额的 80%左右，出口市场过于集中容易遭遇风险。本文的 CMS 模型分析的结果也表明，产品结构效应对木质林产品出口市场的增长的影响十分微弱、市场结构效应为负数，这说明无论是产品结构还是市场结构与进口市场的需求匹配性都不强，很容易出现结构风险。尤其是当前世界金融危机形势下，我国主要的出口市场美国、日本、欧盟、韩国等在这次危机中受损严重，进口需求大幅下降，我国的出口市场如果不及时分散转移，出口结构风险将很大。

二、基于 BP 神经网络的中国木质林产品出口规模风险测算模型构建

人工神经网络（Artificial Neural Network，简称 ANN）是一种基于神经元的相互作用来传递和处理信息的人工智能研究方法，具有强大的推理和仿真能力、自适应、非线性等特点。它克服了传统人工智能方法对于直觉等非结构化信息处理方面的缺陷。

BP 神经网络通过对样本数据的学习，寻找到一个最优连接权值，从而使模型的输出值与期望输出值间的误差达到最小。BP 神经网络模型拓扑结构包括输入层、隐含层和输出层，见图 51。

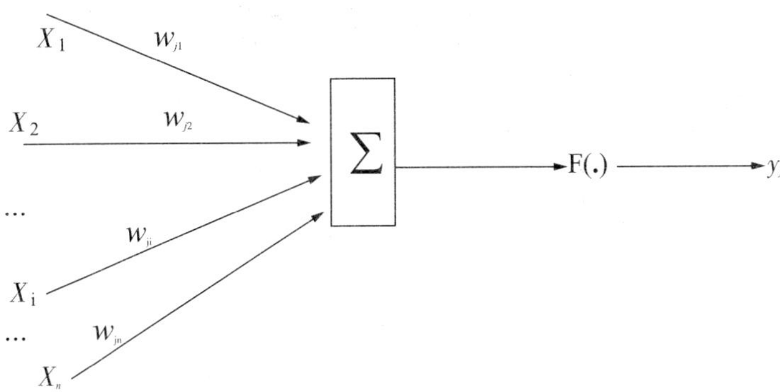

图 51　BP 神经网络模型拓扑结构

1. 预测机制的训练

表 119　基于 BP 神经网络的出口规模风险测算的原始数据表格

	出口结构指数	收益性结构变动指数（千分号）	产品反应度指数	市场反应度指数	出口市场匹配指数	产业内贸易指数	产品分散度指数	市场分散度指数	出口规模（亿）
1995	0.819	3.4000	0.8571429	−0.2727	0.552	0.261	4.5053	6.4835	0.2449
1996	0.836	4.9900	0.8809524	0.6727	0.588	0.226	4.3928	5.525	0.2505
1997	0.867	0.3900	0.3571429	0.7576	0.552	0.236	4.3474	5.5422	0.3083
1998	0.905	4.6600	0.9761905	0.5152	0.467	0.203	3.7458	5.4764	0.2960
1999	0.916	2.5300	0.1904762	0.3333	0.443	0.177	3.6417	5.3458	0.3501
2000	0.92	1.0300	0.0714286	0.4303	0.449	0.191	3.7438	5.5808	0.4474
2001	0.924	0.3700	0.6190476	0.4788	0.43	0.206	3.7157	5.4485	0.4905
2002	0.944	2.6900	0.3095238	0.2121	0.291	0.22	3.4967	5.1618	0.6420
2003	0.951	0.4200	0	0.2364	0.194	0.231	3.3104	5.1029	0.8436
2004	0.968	1.5900	0.4047619	0.2485	0.221	0.211	3.3526	5.2718	1.1679
2005	0.973	0.0100	−0.380952	0.4424	0.255	0.213	3.3694	5.7597	1.5204
2006	0.977	0.0400	−0.285714	0.6364	0.258	0.212	3.4113	6.1865	2.0006
2007	0.982	−6.2800	−0.261905	0.8545	0.452	0.216	3.313	7.7381	2.4258

2. 利用 MATLAB 的 BP 神经网络模型训练和验证的主要程序

```
p= [];
p1= [];
p2= [];
pp1= [];
pp2= [];
p1=xlsread
p2= [p1] ';
for i=1: 8
    for j=1: 11
        p (i, j) =p2 (i, j);
    end
end
t1=xlsread
t= [t1] ';
%n1为隐含层神经元个数，n2为输出层神经元个数
net=newff ( [0 1; -5 3; -1 1; -1 1; 0 1; 0 1; 3 5; 4 8], [5, 1],
{'tansig', 'purelin'}, 'traingdm');
%当前输入层权值和阈值
input weights=net. IW {1, 1}
input bias=net. b {1}
%当前网络层权值和阈值
layer weights=net. LW {2, 1}
layer bias=net. b {2}
pause
clc
%设置训练参数
net. trainParam. show = 50;
net. trainParam. lr = 0. 05;
net. trainParam. mc = 0. 9;
net. trainParam. epochs = 10000;
```

```
net.trainParam.goal = 0.01;
net=train (net, p, t);
y=sim (net, p)
%输入测试数据
pp1= [0.9770  0.0400 -0.2857  0.6364 0.2580 0.2120 3.4113 6.1865
]';
pp2= [0.9820 -6.2800 -0.2619 0.8545  0.4520  0.2160  3.3130
7.7381]';
test=sim (net, pp1)
test=sim (net, pp2)
```

以 1995—2005 年的样本数据对 BP 人工神经网络测算模型进行训练，设学习率为 0.05，训练误差为 0.01，经过 4025 次训练后，结果满足要求，见表 120 出口测算模型训练结果。

表 120　BP 神经网络的模型训练结果

年份	实际值	训练值	误差率
1995	0.2449	0.2573	0.051
1996	0.2505	0.2077	0.171
1997	0.3083	0.2785	0.097
1998	0.2960	0.3903	0.319
1999	0.3501	0.4716	0.347
2000	0.4474	0.4234	0.154
2001	0.4905	0.4012	0.182
2002	0.6420	0.6023	0.062
2003	0.8436	1.0569	0.253
2004	1.1679	1.0138	0.132
2005	1.5204	1.4564	0.042

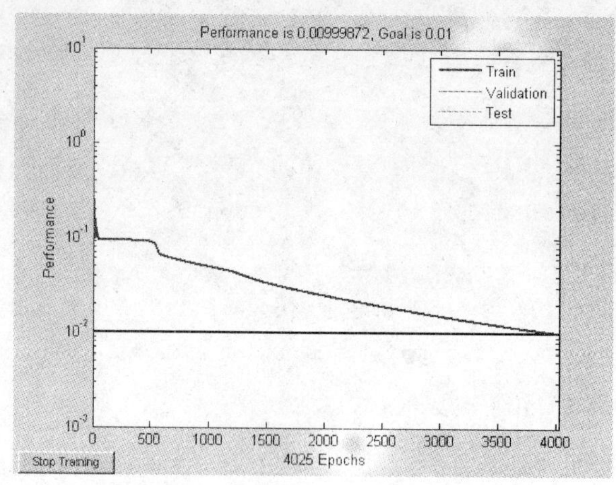

图 52　BP 神经网络的实际值和训练值

从表 120 可看出，网络的实际值和训练值很接近，这说明已建测算模型满足要求。图 52 是对模型训练过程的描述，整个过程是一个逐渐逼近的过程，经过 4025 次训练后，其识别误差小于 0.01，此时模型满足预测要求。

对测算模型进行验证，取 2006—2007 年指标的样本数据为输入数据，对上述所建的木质林产品测算模型进行验证，其结果见表 121。

表 121　BP 神经网络的预测模型的验证结果

年份	实际值	训练值
2006	2.0006	1.7877
2007	2.4258	2.419

从表 121 可知，2006 和 2007 两年的模型实际值与训练值非常接近，尤其是 2007 年实际值与训练值格外接近。由此可见，已建的木质林产品出口基于结构的规模风险测算模型符合要求，到此整个建模过程结束。通过测算模型，改变出口结构指标输入变量就可以测算出口规模，预知出口是否有大的波动，即是否存在出口的风险。

三、本章小结

通过主成分分析，得出综合功效系数，设定警戒状态，得出结论：1995—1998 年处于无警状态，1997、2000、2002、2004 年处于中警，2003 年处于重警，2005、2006 年处于巨警，2007 年处于轻警。分析原因：收益性结构变动指数、产品反应度指数、市场反应度指数、出口市场匹配指数、产品分散度指数都在变小，说明潜在的风险在变大。出口市场过于集中容易遭遇贸易摩擦，尤其是当前世界金融危机形势下，我国主要的出口市场美国、日本、欧盟、韩国等在这次危机中受损严重，进口需求大幅下降，我国的出口市场如果不及时分散转移，出口结构风险将很大。

以 1995—2005 年的样本数据对 BP 人工神经网络测算模型进行训练，设训练误差为 0.01，经过 4025 次训练后，网络的实际值和训练值很接近，这说明已建测算模型满足要求。对测算模型进行验证，取 2006—2007 年指标的样本数据为输入数据，2007 年实际值为 2.4258，训练值为 2.419，实际值与训练值非常接近。说明木质林产品出口基于结构的规模风险测算模型符合要求，到此整个建模过程结束。通过测算模型，改变出口结构指标输入变量就可以测算出口规模，预知出口是否有大的波动，即是否存在出口的风险。

第八章　结论及出口结构优化建议

本文实证分析主要包括以下三部分：第一部分是对中国木质林产品出口规模和竞争力的分析，重点分析了进出口规模状况、出口规模与进口规模的相关性、出口规模的影响因素、中国木质林产品的竞争力以及竞争力的国际比较。第二部分是对出口贸易结构的分析，主要从出口商品结构、模式结构、出口市场结构三方面分析。出口商品结构部分重点分析了中国木质林产品出口商品结构的变化、形成机理、出口商品结构的相关指数、出口商品结构与竞争力、与林业经济增长、与收入贸易条件的相关性；模式结构主要分析了各类木质林产品产业内贸易水平、产业内贸易的类型、产业内贸易的影响因素；出口市场结构主要分析进出口市场结构的变化、出口市场结构的相关指数、与主要贸易伙伴的贸易指数、出口市场增长的影响因素。第三部分是中国木质林产品出口商品结构风险预警和预测。

一、结　论

1. 对中国木质林产品进出口贸易状况分析表明

（1）资源类木质林产品进口依赖过重，出口容易面临资源安全的威胁

基于1981—2007年数据，我国木质林产品进口规模和出口规模增长幅度都很大，但一直处于逆差状态，2006年首次出现顺差。木质林产品属于典型的单向补缺型，我国人均森林资源匮乏、天然林保护工程的实施，使得原木、原材、锯材资源密集型木质林产品进口依赖很严重，中国是世界工业原木的第一大进口国；同时，凭借劳动力资源禀赋充裕，中国的木制品、木家具、人造板劳动密集型木质林产品具有较强的国际竞争力，大量出口，中国是木家具的第一大出口国。实证分析表明中国木质林产品进口的提高将显著的促进木质林产品的出口，在长期中出口额与进口额具有双向的Granger因果关系。但随着国际环保呼声越来越高，传统资源密集型木质林产品出口国纷纷采取提高出口关税等措施限制原木等资源密集型木质林产品的出口，从可持续发展的角度分析，当前的贸易结构

容易使产业安全受到威胁。

(2) 引力模型表明，当前的金融危机将使得木质林产品出口规模受到威胁

出口规模影响因素的引力模型表明，当贸易伙伴的 GDP 每增加 1%时，我国对贸易伙伴的木质林产品出口额将增加 0.601944 个百分点；贸易伙伴的人均 GDP 每增加 1%时，我国对贸易伙伴的木质林产品出口额将增加 0.404548 个百分点。这意味着出口市场的经济发展情况对木质林产品的出口影响很大。我国木质林产品主要的出口市场美国、欧盟、日本等受此次金融危机影响很大，这些市场的经济衰退势必会减少对我国木质林产品的需求，同时也会使我国木质林产品出口遭遇的贸易摩擦增多。

(3) 中国木质林产品竞争实力不够，但增强趋势明显

出口优势变差指数、显性比较优势指数、贸易竞争指数、国际市场占有率、出口贡献率等竞争力评价指标分析表明我国木质林产品竞争力并不是特别强，劳动密集型木质林产品具有较强的国际竞争力，资源密集型木质林产品和资本技术密集型木质林产品竞争力都较弱。木家具、木制品、人造板出口竞争力较强；原木、其他原材、锯材进口依赖较重，竞争力很弱；木浆的竞争力很薄弱、纸和纸制品的竞争力正在不断增强，但还比较薄弱。

在 15 个国家（地区）中，显性比较优势的国际比较显示中国 1994 年的 RCA 指数为 0.481，排第 10，2007 年 RCA 指数为 0.930，排第 6。贸易竞争力指数从 1994 年的－0.366，排第 8，上升到 2007 年为 0.072，排第 3。国际市场占有率从 1994 年的第 10 上升到第 3。出口依存度 2007 年中国排在马来西亚、加拿大、印尼、泰国、中国香港、俄罗斯、德国之后，居世界第 8。出口贡献率 1994 年排第 9，2007 年排第 6。净出口 1994 年排第 7，2007 年净出口排第 5。由此可见，中国木质林产品的国际竞争力正在不断增强。基于主成分分析的综合竞争力显示中国的木质林产品的竞争力排世界第 6，在加拿大、印尼、马来西亚、俄罗斯和德国之后，竞争力综合值明显落后于加拿大、印尼和马来西亚三国，与俄罗斯和德国两国之间也有 50%的差距，从整体上来看，中国的木质林产品的竞争力在世界市场上并不强，但增强趋势很明显。

2. 中国木质林产品出口商品结构的实证分析表明

(1) 中国木质林产品出口以劳动密集型为主

2006、2007 年，在中国木质林产品的出口中人造板、木制品、木家具、纸和纸制品占总出口的 97%以上。资源密集型木质林产品在出口中所占份额在不

断减少，2007 年仅占总额的 1.94%，劳动密集型木质林产品所占份额在不断上升，木家具、木制品、人造板 2007 年所占份额分别为 42.44%、15.67%、24.67%，三者占总出口的 82.79%。历年出口所占份额最少的是木浆，1992 年仅占 0.11%，纸和纸制品所占份额也在不断下降，因此，资本技术密集型木质林产品出口所占份额较小，且不断下降。

（2）中国木质林产品出口商品结构的形成受生产要素、环境保护政策、贸易扭曲等影响

生产要素的相对充裕会影响一国木质林产品出口结构。中国人均森林资源匮乏、劳动力资源丰富、制浆技术相对落后，决定了中国木质林产品出口以劳动密集型为主，资源密集型出口会不断减少，随着科学技术的发展，木浆和纸类资本技术密集型木质林产品出口会不断增加。林产品贸易与环境保护联系紧密，环境保护政策会影响和改变一国木质林产品出口，随着 1998 年天然林保护工程的实施，中国资源类木质林产品出口比重明显下降。关税和出口退税对木质林产品贸易结构优化具有较强的影响力。森林认证、反倾销、技术性贸易壁垒等会对中国木质林产品出口结构产生一定影响。定量分析表明中国劳动生产率的提高和贸易开放度的不断提高对中国的木质林产品出口商品结构产生正向的影响。

（3）中国木质林产品出口商品结构有待优化

劳伦斯指数显示中国木质林产品出口商品结构变化的幅度非常小，收益性结构变动指数显示出口商品结构优化的趋势很弱，甚至 2007 年出现指数小于 0，有所恶化。反应度指数波动很大，2005 年开始出现负值，说明最近几年中国木质林产品出口的商品结构对世界需求变动的反应程度较差。1994—2007 年中国木质林产品分散度指数不断下降，意味着集中度越来越上升，容易出现风险。

（4）中国木质林产品的出口结构与林业经济增长、与出口竞争力、与贸易条件关系密切

中国木质林产品出口每增长 1%会带动林业产值增长 0.868701%。不同类型木质林产品的出口对林业经济增长的贡献不同，劳动密集型木质林产品每增加 1 单位的出口，就会促进林业产值增长 2.272 个单位；而资源密集型木质林产品的出口在长期并没有促进林业产值的增加。中国劳动密集型木质林产品的出口与贸易竞争力有正相关关系，而资源密集型木质林产品与贸易竞争力指数关系不显著。劳动密集型与资本技术密集型木质林产品出口对收入贸易条件的改善起到了正的作用，而资源密集型木质林产品出口对收入贸易条件的改善作用影响不大。

3. 中国木质林产品对外贸易模式结构实证研究表明

（1）中国木质林产品同时存在产业间贸易和产业内贸易，产业内贸易总体水平不高

资源密集型和劳动密集型木质林产品产业内贸易指数越来越小，资本技术密集型木质林产品产业内贸易指数在不断变大。木质林产品的产业内贸易水平总体非常平稳，GL 指数处在 20 左右，产业内贸易水平不高。

（2）中国木质林产品表现为垂直型产业内贸易

原木、锯材、人造板、木制品、纸和纸制品呈现出上垂直型产业内贸易，其他原材表现出下垂直型产业内贸易向水平型产业内贸易发展，木家具波动很大，木浆长期以来一直是水平型贸易。中国木质林产品贸易总体呈现典型的垂直产业内贸易。采用固定效应模型估计，市场规模因素和收入水平差异因素是影响中国木质林产品参与产业内贸易的主要原因，而要素禀赋差异因素和产品差别因素的影响作用有限；同时由随机效应模型回归可知距离因素仍然是阻碍中国木质林产品进行产业内贸易的原因。

4. 中国木质林产品出口市场结构的实证分析表明

（1）中国木质林产品出口市场过于集中

中国木质林产品主要出口区域是亚洲、北美洲、欧洲、大洋洲，主要出口市场有美国、加拿大、英国、德国、荷兰、法国、日本、中国香港、韩国、澳大利亚，历年占中国出口总额的 80%左右，其中美国、日本、中国香港是前三大出口市场，历年占中国出口的 60%左右。

中国人造板出口的主要国家（地区）有：韩国、日本、美国、俄罗斯、西班牙、意大利、德国、加拿大、英国、比利时，2006 年、2007 年以上 10 国占中国人造板出口总额的 60%左右。中国木制品出口的主要国家（地区）有：美国、香港、日本、英国、荷兰、德国、法国、西班牙、加拿大、韩国，2006 年、2007 年以上 10 国（地区）占中国木制品出口总额的 80%左右。中国木家具出口的主要国家（地区）有：美国、英国、香港、加拿大、澳大利亚、日本、韩国、法国、沙特阿拉伯、德国，2006 年、2007 年以上 10 国（地区）占中国木家具出口总额的 80%以上。中国纸和纸制品出口的主要国家（地区）有：美国、香港、日本、德国、澳大利亚、韩国、印度、英国、马来西亚、意大利，2006、2007 年以上 10 国（地区）占中国纸和纸制品出口总额的 70%以上。

（2）出口市场结构有待优化

出口市场结构的相关指数分析表明出口市场结构不尽合理，有待优化。纸和纸制品的出口与世界主要的需求国匹配性指数很低，木家具的出口市场匹配指数1998—2006年呈不断下降趋势，2007年又有很大改善。木制品匹配指数先呈下降趋势，2003年后开始优化。人造板与木制品恰恰相反，匹配指数先呈上升趋势。出口市场分散度指数表明2003年后有所分散，但总体来说还是面临出口市场过于集中的风险。中国对香港的贸易强度最大，但有下降。对美国、日本、韩国的贸易强度一直大于1，对澳大利亚的出口贸易强度从2001年开始也大于1，对英国、加拿大、德国、荷兰的出口贸易强度一直小于1，但略有上升趋势，对法国的贸易强度比较平稳。从1994—2006年与主要出口市场的贸易互补度指数一直很小，表明中国的木质林产品出口结构有待优化。

恒定市场份额模型的结果显示，竞争力效应是出口增长最重要的影响因素。产品结构效应的影响十分微弱，说明中国木质林产品出口在那些需求增长较快的商品上的集中程度不够，进一步说明出口商品与进口市场的需求匹配性不强。市场结构效应为负数，说明中国的木质林产品的出口在那些需求增长较快的市场中的集中度不够，市场结构有待改善。交叉效应有所提高，反映了中国木质林产品的出口结构与其进口市场的进口结构变动的适应程度在提高。

5. 中国木质林产品出口结构风险测算表明

出口结构风险较大。

出口结构1995—1998年处于无警状态，1997、2000、2002、2004年处于中警状态，2003年处于重警状态，2005、2006年处于巨警状态，2007年处于轻警状态。2008、2009年受世界金融危机影响，木质林产品主要出口市场美国、日本、欧洲、韩国等需求萎缩，出口结构如果不及时加以调整，可能存在更大的结构风险。

以1995—2005年的样本数据对BP人工神经网络测算模型进行训练，设训练误差为0.01，经过4025次训练后，网络的实际值和预测值很接近。对测算模型进行验证，取2006—2007年指标的样本数据为输入数据，实际值与预测值非常接近。木质林产品出口基于结构的规模风险测算模型符合要求，通过测算模型，改变出口结构指标输入变量就可以测算出口规模，预知出口是否有大的波动，即是否存在出口的风险。

二、中国木质林产品出口结构优化建议

中国木质林产品出口贸易结构与林业经济增长、与收入贸易条件、与出口竞争力的关系都很密切，从木质林产品的出口商品结构、出口市场结构、出口模式结构三方面来看，目前的出口结构合理性还有待改善，从出口风险预警状态来看，出口存在较大的结构风险。全球金融危机冲击实体经济，国内需求疲软、国际市场萎缩的当前形势下，国际贸易保护主义加剧，中国作为世界第三大贸易实体和第二大出口国，会频繁遭遇国际贸易摩擦，木制品、木家具是主要的出口商品，更容易遭受“两反两保”调查。在当前形势下，亟须优化出口结构。

1. 中国木质林产品出口商品结构的优化

(1) 减少资源密集型木质林产品进口市场过于集中的风险，为出口商品结构优化提供资源保障

中国木质林产品的出口和进口之间的长期静态关系和短期动态关系表明，我国要继续保持木质林产品出口的平稳增长，可以通过增加资源密集型木质林产品的进口，促进劳动密集型和资本技术密集型木质林产品的出口，这样既有利于我们保护国内有限森林资源的要求，又能促进劳动密集型和资本技术密集型木质林产品的出口。但原木等资源密集型木质林产品对少数市场的进口过于依赖，容易使林产加工业产业安全受到威胁。2007 年从俄罗斯进口原木占原木进口总额的 50.52%，俄罗斯号称森林资源王国，作为邻国，又有得天独厚的地缘优势，这是我国长期大量从俄罗斯进口原木的重要原因。俄罗斯最近几年不断提高原木出口关税，已经让我们面临原木进口成本不断增加的风险。随着各国环境保护意识的不断增强，传统的资源密集型木质林产品的出口大国更多地会转向劳动密集型或资本技术密集型木质林产品的出口，基于资源保障的长远考虑，要分散进口市场过于集中的风险，要加大人工林的培育及保护，优化林种结构，提高林木质量，推进林权制度改革，明晰产权，提高林农的营林积极性。同时，实施“走出去”战略，利用海外投资开发国外森林资源，通过国际和国内两种市场资源，确保产业安全。

(2) 提高资本技术密集型木质林产品的出口比重，提高出口产品的附加值，避免中低档廉价产品大量出口引起连锁的反倾销

目前，三大类木质林产品出口中，2007 年资源密集型占的比例不到 2%，劳动密集型占 84%，资本技术密集型占 14%，劳动密集型占绝对的出口优势，这

符合我国劳动力资源禀赋丰富的特点。在当前金融危机，就业压力大的宏观背景下，继续充分发挥我们的劳动力优势，保持劳动密集型木质林产品的出口优势很有必要。但同时，受国际金融危机的影响，国际市场需求下降，传统的普通家具、木制品等木质林产品的出口竞争势必会加剧，差异化产品、特色产品或高端产品抵御风险的能力会稍微强一点。

从出口商品结构优化的角度分析，要重点培育资本技术密集型木质林产品的出口优势。我国由于长期制浆技术相对落后，资本技术密集型木质林产品进口依赖较重，2007 年占所有进口木质林产品的 60%左右，而资本技术密集型木质林产品在出口中所占比重只有 15%左右，资本技术密集型木质林产品出口优势有待进一步培养。随着我国劳动力成本的上升，低廉的劳动力供给会出现短缺，按照波特的竞争优势理论，劳动力优势是低级的优势，很容易被模仿和赶超。培养资本技术密集型产品的竞争优势，在木质林产品出口中占据价值链的高端。可以通过加大对木质林产业的资本和技术的投入，采用新工艺、新设备、新材料，提高工艺水平，提高我国木质林产品的出口附加值。以低价取胜的出口战略容易遭受外国反倾销调查，要坚持以质取胜的观念，坚持自主创新、开发特色产品、建立国际品牌，提倡差异化生产、促进传统生产方式向专业化迈进，实施规模化战略，促进产业集群，进而培养中国木质林产品出口的高层次优势。CMS 模型表明竞争力效应在木质林产品出口增长中起决定作用，因此，提高竞争力是促进出口的重要途径。

(3) 减少出口商品集中度，提高出口商品反应度，增强与国际需求的匹配性

8 类木质林产品中，出口以木家具、木制品、人造板为主，2007 年三者占总出口的 83%，商品出口集中度很高，而此类商品又是遭遇贸易摩擦比较频繁的，在当前国际金融危机、贸易保护主义加剧的形势下，出口风险较大。同时，出口商品结构优化指数分析表明中国木质林产品出口商品结构优化的趋势很弱，2007 年指数出现负值，出口产品反应度指数也很不理想，说明最近几年中国木质林产品出口的商品结构对世界需求变动的反应程度较差。CMS 模型显示的产品结构效应对出口增长的影响很微弱，所以出口商品内部结构有待优化。

需要发挥“四体联动”机制的作用，积极组织商会、行业协会、地方商务主管部门、企业及时跟踪国际市场需求，掌握最新需求信息、增强出口商品结构与国际市场需求的匹配性。对于贸易摩擦，要完善贸易摩擦预警监控机制，加强对企业的宣传培训和法律咨询，同时要加大交涉和法律抗辩力度，要发挥中国木质

林产品大国的作用，营造公平合理的国际贸易环境。可以利用关税和出口退税率一些措施调节木质林产品出口结构，根据不同产品采取有差别的关税和出口退税税率。例如对附加值较高的家具、胶合板等采取较高的退税率，对原木、锯材等资源性产品出口不予退税，2008 下半年连续 3 次以及 2009 年 4 月的提高部分木质林产品的出口退税率，可以促进出口增长和出口结构的优化。

2. 中国木质林产品出口模式结构优化

（1）提高劳动和资本技术密集型木质林产品的产业内贸易水平

在世界金融危机、国际贸易保护主义加剧的形势下，产业内贸易可以减少贸易摩擦，同时可以提升中国在木质林产品国际分工中的地位。产业间贸易建立在资源禀赋差异的基础上，我国森林资源匮乏，长期依赖高消耗森林资源的木质林产品的出口格局难以持久，而产业内贸易建立在规模经济和差异化产品的基础上，更加有利于我国木质林产品贸易的可持续发展。

实证研究表明资本技术密集型木质林产品产业内贸易水平在不断提高，我国要进一步优化出口结构，通过进口木浆、回收纸等原料，并利用外资扩大生产规模、加大技术革新、促进产品的多元化，来增加生产和出口份额。同时，进口一些科技含量高的纸制品，一方面可以满足国内需求，另一方面可以将新技术、新工艺向传统造纸产业渗透，使中国的纸制品从低端市场向高端市场转变[165]。

木家具、木制品、人造板劳动密集型木质林产品具有很强的竞争优势，长期以出口为主，GL 指数表明其产业内贸易水平不高，很容易遭遇贸易摩擦。我们家具出口价格比进口家具价格低很多，说明在家具的出口上我们也并没进入高端市场，可以仿效资本技术密集型木质林产品，进口部分高档家具，或引进外商投资企业，通过技术外溢，不断提高我们出口家具的附加值，争取早日进入高端市场，获取更多的收益。

（2）资源密集型以产业间贸易为主，产业间贸易和产业内贸易形成良性互补

中国资源密集型木质林产品在国际贸易中没有竞争优势，减少出口，鼓励进口符合我国国情，这就决定了我国资源密集型木质林产品以产业间贸易为主，借资源密集型产品的进口可以调整和优化中国木质林产品产业结构，充分发挥中国木质林产品加工业的生产潜力，加大对劳动密集型和资本密集型木质林产品的出口。

3. 中国木质林产品出口市场结构优化

（1）国际金融危机形势下，巩固传统市场、积极开拓新兴市场

木质林产品出口规模影响因素的引力模型的结果表明，进口国市场经济发展水平势必影响中国家具等木质林产品的出口，中国木质林产品主要的出口市场美国、欧洲、日本等受国际金融危机影响严重，对我国木家具等产品的需求将大大减少。根据引力模型的潜力分析，充分考虑引力模型的距离因素、是否是 APEC 成员的制度安排因素，积极开拓贸易潜力较大的市场。

（2）增强木质林产品的出口与进口市场的匹配性

CMS 模型显示中国木质林产品出口市场结构效应为负数，即出口与国际市场的进口需求匹配性不够，要改善市场结构，使出口集中在需求增长较快的市场中。这同样需要发挥“四体联动”机制的作用，及时收集最新国际市场需求信息，加大及时宣传的力度。

（3）在贸易保护主义加剧的当前形势下，避免出口市场过于集中的风险

金融危机带来国际贸易保护主义加剧，中国木质林产品出口面临的贸易壁垒将增多。美国加州的 CARB 法规的实施、中国木制工艺品输美检疫要求法案的公布，欧盟严格控制所销售的木材和木制品的法案的通过等等都将对中国木质林产品的出口带来很大的影响。实行出口多元化战略，最大限度的减少进口国的技术壁垒、反倾销以及其他非关税壁垒的限制，规范林业出口贸易秩序，发挥行业协会的协调作用，加强对贸易壁垒的预警。

附录 1　引力模型原始数据

2003 年引力模型的原始数据

贸易伙伴	中国向贸易伙伴的出口额 X（美元）	贸易伙伴的 GDP（亿美元）	贸易伙伴的人均 GDP（万美元）	距离（海里）	APEC
美国	3103500952	109185	3.755	6018.9	1
日本	1565545070	42312	3.317	1131.1	1
中国香港	1238793610	1585	2.324	1066.3	1
韩国	296916741.4	6081	1.269	515.18	1
德国	132036737.6	24418	2.958	3969.5	0
新加坡	80546728.8	923	2.172	2416.9	1
马来西亚	44614344	1040	0.420	2347.8	1
荷兰	117248558.8	5376	3.314	4221.7	0
俄罗斯	24732605.8	4315	0.301	3124	1
澳大利亚	145297047.5	5436	2.734	4860.8	1
英国	356444069.6	18056	3.043	4394.3	0
泰国	22274924.3	1426	0.230	1781.1	1
法国	82081922.4	18000	3.012	4434.1	0
印度	9626430.7	6018	0.057	2038.2	0
意大利	61571168.5	15072	2.614	4385	0
菲律宾	27401193.5	796	0.098	1538.7	1
加拿大	147430074.8	8547	2.702	5637.7	1
巴西	3347061.7	5525	0.313	9136.8	0
印尼	28888805.6	2348	0.109	2814.5	1
西班牙	89872698.6	8810	2.144	4976.7	0
伊朗	9103729.3	1354	0.204	3023.8	0
比利时	62698740.1	3099	2.986	4297.4	0
安哥拉	742822.4	140	0.104	6344.3	0
墨西哥	16322728.1	6391	0.625	6722.2	1
沙特阿拉伯	82636359.1	2146	0.953	3950.9	0
越南	15258746.5	396	0.049	1256.5	1
南非	8189744.4	1667	0.364	6296.6	0
智利	5130066.2	740	0.469	10282	1
哈萨克斯坦	5560568.5	308	0.207	2493.6	0
芬兰	6065467	1623	3.115	3410.8	0

2004 年引力模型的原始数据

贸易伙伴	中国向贸易伙伴的出口额 X（美元）	贸易伙伴的 GDP（亿美元）	贸易伙伴的人均 GDP（万美元）	距离（海里）	APEC
美国	3698300888	116792	3.977	6018.9	1
日本	1712034856	45849	3.589	1131.1	1
中国香港	1287661646	1658	2.410	1066.3	1
韩国	312658613	6805	1.415	515.18	1
德国	200488322	27510	3.334	3969.5	0
新加坡	82352995.1	1074	2.533	2416.9	1
马来西亚	47440584.7	1185	0.476	2347.8	1
荷兰	132075882.4	6067	3.727	4221.7	0
俄罗斯	40827416.9	5917	0.411	3124	1
澳大利亚	188563197.5	6556	3.263	4860.8	1
英国	388201042.2	21321	3.564	4394.3	0
泰国	39633599.6	1613	0.253	1781.1	1
法国	114032819.6	20599	3.404	4434.1	0
印度	19724128.7	6959	0.064	2038.2	0
意大利	90211001.9	17244	2.964	4385	0
菲律宾	27358785.4	867	0.106	1538.7	1
加拿大	255165188.4	9768	3.053	5637.7	1
巴西	4825783.9	6638	0.361	9136.8	0
印尼	35294588.1	2568	0.118	2814.5	1
西班牙	132461397.3	10396	2.435	4976.7	0
伊朗	13460326.3	1632	0.242	3023.8	0
比利时	87389030	3577	3.433	4297.4	0
安哥拉	1435072.7	198	0.128	6344.3	0
墨西哥	31637737.6	6835	0.670	6722.2	1
沙特阿拉伯	124462870.6	2503	1.111	3950.9	0
越南	35175998.9	453	0.055	1256.5	1
南非	16723697.4	2164	0.467	6296.6	0
智利	7191541.9	958	0.594	10282	1
哈萨克斯坦	5816288.4	432	0.288	2493.6	0
芬兰	11470191.7	1859	3.554	3410.8	0

2005 年引力模型的原始数据

贸易伙伴	中国向贸易伙伴的出口额 X（美元）	贸易伙伴的 GDP（亿美元）	贸易伙伴的人均 GDP（万美元）	距离（海里）	APEC
美国	4672080515	124165	4.189	6018.922	1
日本	1903244642	45340	3.549	1131.065	1
中国香港	1398579432	1778	2.562	1066.273	1
韩国	403738235.9	7914	1.639	515.1795	1
德国	280830856.5	27949	3.389	3969.477	0
新加坡	92154739.3	1167	2.689	2416.915	1
马来西亚	67768872.7	1308	0.516	2347.751	1
荷兰	179420912.8	6242	3.825	4221.669	0
俄罗斯	79348654.6	7645	0.534	3124.036	1
澳大利亚	256480787.6	7328	3.605	4860.755	1
英国	513938143.4	22016	3.655	4394.292	0
泰国	60445833.6	1762	0.274	1781.086	1
法国	174061956.5	21266	3.494	4434.119	0
印度	40536561.7	8057	0.074	2038.198	0
意大利	148756284	17625	3.007	4384.973	0
菲律宾	36327626.2	984	0.118	1538.687	1
加拿大	362464440	11138	3.448	5637.663	1
巴西	7493903.8	8825	0.473	9136.825	0
印尼	47362246.1	2870	0.130	2814.51	1
西班牙	202734324.3	11246	2.591	4976.742	0
伊朗	35902316.5	1898	0.278	3023.762	0
比利时	143880700.2	3708	3.538	4297.442	0
安哥拉	4131119.1	328	0.206	6344.303	0
墨西哥	46867649.2	7677	0.745	6722.224	1
沙特阿拉伯	186553314.7	3098	1.340	3950.909	0
越南	65323304.2	529	0.064	1256.504	1
南非	44108089.3	2421	0.516	6296.644	0
智利	11209415.7	1189	0.729	10282.34	1
哈萨克斯坦	27577218.4	571	0.377	2493.56	0
芬兰	17660738.6	1932	3.680	3410.848	0

2006年引力模型的原始数据

贸易伙伴	中国向贸易伙伴的出口额X（美元）	贸易伙伴的GDP（亿美元）	贸易伙伴的人均GDP（万美元）	距离（海里）	APEC
美国	5990067532	132018	4.415	6018.922	1
日本	2091249990	43401	3.402	1131.065	1
中国香港	1495760474	1898	2.708	1066.273	1
韩国	638978590.1	8880	1.834	515.1795	1
德国	352571645.4	29067	3.527	3969.477	0
新加坡	118035914.3	1322	3.011	2416.915	1
马来西亚	136295092.1	1489	0.578	2347.751	1
荷兰	252497471.1	6576	4.017	4221.669	0
俄罗斯	124898239.6	9869	0.693	3124.036	1
澳大利亚	348631977.8	7682	3.744	4860.755	1
英国	793111923	23450	3.885	4394.292	0
泰国	107105897	2062	0.319	1781.086	1
法国	220127422.3	22307	3.654	4434.119	0
印度	106092358.2	9063	0.082	2038.198	0
意大利	211825963.6	18447	3.150	4384.973	0
菲律宾	43410800.4	1169	0.138	1538.687	1
加拿大	489755503.5	12515	3.844	5637.663	1
巴西	17176875.9	10680	0.566	9136.825	0
印尼	77649131.3	3645	0.163	2814.51	1
西班牙	251517273.6	12240	2.811	4976.742	0
伊朗	76804940	2229	0.322	3023.762	0
比利时	185580318.2	3920	3.737	4297.442	0
安哥拉	9706029.7	440	0.268	6344.303	0
墨西哥	76729234.4	8392	0.805	6722.224	1
沙特阿拉伯	271155597.2	3637.07	1.536	3950.909	0
越南	86623697.7	609	0.072	1256.504	1
南非	74287317.2	2550	0.538	6296.644	0
智利	20676025.5	1458	0.886	10282.34	1
哈萨克斯坦	38096123.9	772	0.504	2493.56	0
芬兰	24584495.5	2094	3.981	3410.848	0

附录 2　中国木质林产品产业内贸易影响因素回归模型的原始数据

2003 年产业内贸易影响因素数据

	HIIT	中国与贸易伙伴的 GDP 平均值（亿美元）	人均国民总收入之差（美元）	要素禀赋	产品差别	距离
美国	73.5610	62797.50	36300	23.1	1.99	6018.92
日本	60.4007	29361.00	32160	18.2	1.78	1131.07
中国香港	44.1428	8997.50	24320	19.3	2.36	1066.27
韩国	79.2456	11245.50	10790	11.2	0.88	515.18
德国	51.4798	20414.00	24350	24	2.41	3969.48
新加坡	98.4410	8666.50	20480	25.5	2.20	2416.92
马来西亚	12.4694	8725.00	2680	19.6	1.61	2347.75
荷兰	88.9034	10893.00	27150	22.2	0.53	4221.67
俄罗斯	3.1238	10362.50	1320	20.4	0.81	3124.04
澳大利亚	83.0293	10923.00	21570	15.2	2.40	4860.76
英国	47.4982	17233.00	27180	24.9	2.39	4394.29
泰国	12.1284	8918.00	880	16.2	1.77	1781.09
法国	89.7571	17205.00	24010	22.4	2.40	4434.12
印度	40.2515	11214.00	740	13.7	0.68	2038.20
意大利	87.1482	15741.00	20900	20.5	2.32	4384.97
菲律宾	68.5185	8603.00	190	24.4	2.38	1538.69
加拿大	30.2132	12478.50	23120	20.7	2.41	5637.66
巴西	1.4456	10967.50	1690	25.4	0.39	9136.83
印尼	4.4708	9379.00	350	15.6	2.42	2814.51
西班牙	46.0694	12610.00	16220	13.7	2.20	4976.74
伊朗	2.9997	8882.00	700	4.9	0.67	3023.76
比利时	99.7296	9754.50	25000	21.4	2.40	4297.44
安哥拉	0.0118	8275.00	560	16.2	0.73	6344.30
墨西哥	17.1587	11400.50	5100	20.7	0.46	6722.22
沙特阿拉伯	20.3536	9278.00	8130	22.3	0.49	3950.91
越南	93.3206	8403.00	800	5.8	2.38	1256.50
南非	30.5044	9038.50	1600	24.3	0.80	6296.64
智利	4.2215	8575.00	3100	16.3	0.70	10282.34
哈萨克斯坦	13.9068	8359.00	530	15.5	0.75	2493.56
芬兰	16.6953	9016.50	25820	21.4	0.54	3410.85

2004 年产业内贸易影响因素数据

	HIIT	中国与贸易伙伴的 GDP 平均值（亿美元）	人均国民总收入之差（美元）	要素禀赋	产品差别	距离
美国	74.2550	68054.50	39560	24.1	2.39	6018.92
日本	71.1380	32583.00	35040	20.6	1.75	1131.07
中国香港	45.3131	10487.50	25630	21.5	2.36	1066.27
韩国	77.8685	13061.00	12530	12.9	2.38	515.18
德国	62.8977	23413.50	29340	26.1	2.41	3969.48
新加坡	65.9506	10195.50	23530	23.9	2.19	2416.92
马来西亚	12.7382	10251.00	3030	20.6	2.38	2347.75
荷兰	91.2661	12692.00	32840	23.8	2.42	4221.67
俄罗斯	4.0700	12617.00	1920	22.6	2.23	3124.04
澳大利亚	91.6902	12936.50	26320	17.6	2.21	4860.76
英国	61.0330	20319.00	32390	26.5	2.20	4394.29
泰国	18.9539	10465.00	990	16.2	2.41	1781.09
法国	96.3273	19958.00	28980	23.8	2.41	4434.12
印度	99.5134	13138.00	870	12.3	0.39	2038.20
意大利	99.8646	18280.50	25170	22.5	2.37	4384.97
菲律宾	72.2456	10092.00	300	26.5	2.39	1538.69
加拿大	36.7576	14542.50	26600	22.3	2.39	5637.66
巴西	1.6462	12977.50	1820	26.2	0.43	9136.83
印尼	5.0916	10942.50	390	20.3	2.42	2814.51
西班牙	42.5659	14856.50	19950	15	2.41	4976.74
伊朗	0.0094	10474.50	740	7.3	0.82	3023.76
比利时	90.7763	11447.00	30130	22.9	2.42	4297.44
安哥拉	0.0033	9757.50	560	16	0.69	6344.30
墨西哥	15.8856	13076.00	5430	21.2	0.67	6722.22
沙特阿拉伯	1.7338	10910.00	9310	22.8	0.59	3950.91
越南	85.4229	9885.00	960	7.7	1.73	1256.50
南非	65.6217	10740.50	2130	25.8	0.74	6296.64
智利	3.7625	10137.50	3520	16.9	0.77	10282.34
哈萨克斯坦	9.9956	9874.50	800	17	0.75	2493.56
芬兰	10.9400	10588.00	31510	22.9	2.43	3410.85

2005 年产业内贸易影响因素数据

	HIIT	中国与贸易伙伴的 GDP 平均值（亿美元）	人均国民总收入之差（美元）	要素禀赋	产品差别	距离
美国	70.5609	73302.00	41820	24.1	2.40	6018.92
日本	73.7916	33889.50	37210	20.6	1.73	1131.07
中国香港	40.5142	12108.50	25950	22.7	2.36	1066.27
韩国	98.5060	15176.50	14140	13.2	1.73	515.18
德国	71.6771	25194.00	33130	26.1	1.92	3969.48
新加坡	53.0322	11803.00	24880	24.3	2.37	2416.92
马来西亚	21.7772	11873.50	3230	23.4	1.72	2347.75
荷兰	91.7856	14340.50	37600	24.1	2.42	4221.67
俄罗斯	6.5334	15042.00	2730	22.4	2.44	3124.04
澳大利亚	99.4966	14883.50	31380	17.6	2.20	4860.76
英国	73.5067	22227.50	36010	26.5	0.82	4394.29
泰国	27.1281	12100.50	980	11.6	1.86	1781.09
法国	81.7903	21852.50	32860	23.1	2.18	4434.12
印度	16.4015	15248.00	1010	9.9	2.18	2038.20
意大利	73.6556	20032.00	28510	22.4	2.39	4384.97
菲律宾	78.7117	11711.50	450	28.2	2.41	1538.69
加拿大	47.5218	16788.50	30850	22.3	0.80	5637.66
巴西	2.6888	15632.00	2150	27.3	0.52	9136.83
印尼	7.1551	12654.50	480	21.5	2.21	2814.51
西班牙	50.0363	16842.50	23510	13.6	2.42	4976.74
伊朗	0.2335	12168.50	860	10	0.81	3023.76
比利时	78.3320	13073.50	34400	22.9	2.41	4297.44
安哥拉	4.0846	11383.50	330	16	2.14	6344.30
墨西哥	10.7298	15058.00	5560	21.5	2.33	6722.22
沙特阿拉伯	1.0776	12768.50	10770	22.8	0.72	3950.91
越南	90.7598	11484.00	1120	7.9	1.73	1256.50
南非	63.2360	12430.00	3080	25.3	2.18	6296.64
智利	5.1954	11814.00	4300	16.9	0.57	10282.34
哈萨克斯坦	0.1544	11505.00	1200	16.3	2.04	2493.56
芬兰	18.1963	12185.50	35790	22.9	2.20	3410.85

2006 年产业内贸易影响因素数据

	HIIT	中国与贸易伙伴的 GDP 平均值（亿美元）	人均国民总收入之差（美元）	要素禀赋	产品差别	距离
美国	64.3426	79349.5	42960	21.5	2.36	6018.92
日本	72.4787	35041	36400	18	1.76	1131.07
中国香港	34.8772	14289.5	26450	19.1	2.35	1066.27
韩国	72.4194	17780.5	15680	10.9	1.75	515.18
德国	78.7129	27874	34610	23.5	1.99	3969.48
新加坡	59.1661	14001.5	27310	21.9	2.42	2416.92
马来西亚	45.5264	14085	3480	22	1.72	2347.75
荷兰	94.2091	16628.5	40660	21.5	2.42	4221.67
俄罗斯	8.5992	18275	3770	19.8	2.44	3124.04
澳大利亚	84.8700	17181.5	33980	15	2.20	4860.76
英国	65.9259	25065.5	38170	23.9	0.72	4394.29
泰国	41.0229	14371.5	980	11.6	2.02	1781.09
法国	72.9185	24494	34540	20.5	2.40	4434.12
印度	18.7804	17872	1190	7.3	2.22	2038.20
意大利	65.9431	22564	30010	19.8	2.39	4384.97
菲律宾	59.0812	13925	590	25.6	2.43	1538.69
加拿大	51.7921	19598	34160	19.7	0.84	5637.66
巴西	4.3721	18680.5	2720	23.9	0.62	9136.83
印尼	12.1222	15163	590	16.7	2.21	2814.51
西班牙	40.7454	19460.5	25560	11	2.40	4976.74
伊朗	0.1094	14455	990	7.4	2.19	3023.76
比利时	73.2002	15300.5	36590	20.3	2.41	4297.44
安哥拉	0.0000	13560.5	30	13.4	2.37	6344.30
墨西哥	8.6532	17536.5	5860	18.7	0.59	6722.22
沙特阿拉伯	0.6180	15159.035	12676.81	20.2	2.41	3950.91
越南	88.1681	13645	1320	5.3	1.71	1256.50
南非	20.3096	14615.5	3380	20.6	2.43	6296.64
智利	9.8786	14069.5	4970	14.3	0.76	10282.34
哈萨克斯坦	0.0250	13726.5	1780	15.8	0.55	2493.56
芬兰	17.1263	14387.5	38640	20.3	2.37	3410.85

参考文献

［1］高红电，聂影，杨红强．原木统计分类与中国进口品种结构分析［J］．林业经济，2008（5）

［2］聂影，杨红强，苏世伟．中国原木进口国别结构与木材资源安全［J］．林业经济，2008（3）

［3］杨红强，聂影，付春丽．美国对华木质林产品反倾销措施的影响研究——1995—2006年实证数据［J］．农业经济问题，2008（2）

［4］宋艳艳．国内外木质林产品贸易的现状、发展趋势和政策分析［D］．中国林业科学研究院，2004

［5］聂影，杨红强．政策面调整下中国林产品对外贸易走势研究［J］．林业经济问题，2006（2）

［6］张寒，杨红强，聂影．中国木质家具国际竞争力的实证分析［J］．林业经济，2008（3）

［7］杨红强，聂影．中国林木供需矛盾与原木进口结构分析［J］．世界农业，2008（7）

［8］Adam Smith，The Wealth of Nations，New York：Modern Library，1937：424－426

［9］David Richardo，The Principles of Political Economy and Taxation，Journal of theCambridge University，1966，Charpter 7

［10］G. D. A. MacDougall，“British and American Exports：A Study Suggested by the Theory of Comparative Costs”，Economic Journal 61. 1951

［11］B. Balassa，“An Empirical Demonstration of Classical Comparative Cost Theory”，Review of Economics and Statistics，August 1963：231－238

［12］R. Stern，“British and American Productivity and Comparative Costs in International Trade”，Oxford Economic Papers，October 1962

［13］S. Golub，Comparative and Absolute Advantage in the Asia-Pacific Region，Center for Pacific Basin Monetary and Economic Studies，Economic Research Department，Federal Reserve Bank of SanFrancisco，October 1995：46

［14］Heckscher，The Effects of Foreign Trade on the Distribution of

Income, Economisk Tidskift 21 (1919): 497—512

[15] Ohlin, Interregional and International Trade, Cambridge, MA: Harvard University Press, 1933

[16] Trefler, Daniel. International Factor Price Differences: Leontief Was Right [J] Journey of Polotical Economy, 1993, 6: 961—987

[17] Davis, D. and DavidWeinstein, An Account of Global Factor Trade [J], American Economic Review, 2001, 5, p1423—1453; Davis, D. and David Weinstein, Do Factor Endowments Matter for North-North Trade. [J] NBER working paper 8516, 2001, 10

[18] W. Leontief, "Factor Proportions and the Structure of American Trade: Further Theoretical and Empirical Analysis", Review of Economics and Statics, November 1956: 386—407

[19] 隋月红、赵振华．出口贸易结构的形成机理：基于我国1980—2005年的经验研究．国际贸易问题 [J], 2008 (3)

[20] Sarkar, Prabirjit. Rising manufacture exports and terms of trade: the case study of korea. Progress in Development Studies, Apr 2005, Vol. 5 Issue 2: 83—88 Lucke, Matthias. Developing Countries terms of trade in manufactures, 1967—1987: Anote. Journal of Development studies, Apr 93, Vol. 29 Issue 3: 588—595

[21] Verdoorn P. J, Robinson E. A. G. The Economic Results of National Scale . Londonmacmillan, 1960: 291—329

[22] Verdoorn, P. J. (1960), "The Intra-block Trade of Benelux", in Robinson, E. A. G. (ed.), The Economic Results of National Scale, Macmillan

[23] Michaely M. Multi-Balance in International Trade . American Economic Review, 1962

[24] Balassa B. European Intertration: problems and countermeasures. American Economic Review, Vol. 53, 1963

[25] Balassa B . Tariff Reductions and Trade in Manufactures among the Industrial countries. 1966

[26] Kojima K. International Trade among Developed Countries. Hitotsubashi Journal of Economics, Vol. 5, 1964

[27] 强永昌．产业内贸易——国际贸易最新理论 [M]．复旦大学出版社, 2002

[28] Staffan B. Linder, An Essay on Trade and TransformationNew York: Wiley, 1961, Chapter 3

[29] Raymond Vernon, "International Investment and International Trade in the Product life cycle", Quarterly Journal of Economics 80, May 1960: 190—207

[30] Drawn from "Delivering the Goods", The Economist, November 15, 1997: 85—86

[31] P. krugman, ed. , Strategic Trade Policy and the New International Economics, Cambridge, MA: MIT Press, 1986

[32] Fontagne, Freudenberg. Intra-Industry Trade: Methodological Issues Reconsidered. CEPII, 97—01: 17

[33] 埃尔赫南·赫尔普曼、保罗 .R. 克鲁格曼 . 贸易政策和市场结构 [M] . 上海人民出版社, 2009

[34] A. K. Dixit and J. E. Stiglitz: "Monopolistic competition and optimum product Diversity", American Economic Review, Vol, 67, 1977

[35] Paul R. Krugman, Rethingking International Trade, MIT1990

[36] Lancaster, K. (1980), "Intra-industry Trade Under Perfect Monopolistic Competition", Journal of International Economics, Vol. 10

[37] Sebastien Jean: "International Trade and Firm's Heterogeneity under Monopolistic Competition", CEPII, Working Paper

[38] Malcolm Dowling, David Ray. The structure and composition of international trade inAsia: historical trends and future prospedts. Journal of Asian Economics. 2000 (11): 301—318

[39] Daniel Leaderman, Guillermo Perry, Rodrigo Suescun. Trade structure, Trade Policy and Economic Policy optiongs in central America. The World Bank office of the Chief Economist Latin America and the Caribbean Region, working Paper . 2002, 11: 1—39

[40] Sang-yirl Nam, Trade structure and Trade Potential between China, Japan and Korea. Korea Institute for International Economic Policy working papers. 2003: 1—41

[41] Chong Kiew Liew, chung JaLiew, Joonmo Cho. The Effects of Korean Wage Hikes on Korean Trade Structurs with theU. S. and Japan. WTO Working Paper. 2001: 488—509

[42] Gary R. Saxonhouse. What Does Japanese Trade Structure Tell US

About Japanese Trade Policy? Journal of Economic Perspeltives. 1993，3 (7)：21 — 43；Ka Zeng. Trade Structure and the Effectiveness of America ' s "Aggressively unilateral" Trade Policy . International Studies Quarterly. 2002 (46)：93—115

[43] Ka Zeng. Trade Structure and the Effectiveness of Americal ' s "Aggressively Unilateral" Trade Policy. International Studies Quarterly. 2002 (46)：93—115

[44] 陈伯泉 . 1980 年以来中国外贸商品结构演变趋势分析 [J] . 当代财经，1996 (5)

[45] 尹翔硕 . 中国出口制成品结构与制造业生产结构差异的分析 [J] . 国际贸易问题，1997 (4)

[46] 蓝庆新 . 中国贸易结构变化与经济增长转型的经验分析及现状研究 [J] . 经济评论，2001 (6)

[47] 张小蒂 . 我国出口商品结构变化的实证分析 [J] . 数量经济技术经济研究，2002 (8)

[48] 张新伟，左鹏、田新豹 . 中国与意大利的贸易结构分析 [J] . 世界经济，2002 (5)

[49] 冯雷 . 大国条件下招致的关注——我国对外贸易结构动态变化及外来贸易摩擦重点领域 [J] . 国际贸易，2003 (6)

[50] 尹翔硕 . 中国贸易政策取向的变化及贸易格局的变动 [J] . 世界经济，2004 (3)

[51] 唐文琳，范祚军 . 中国—东盟双边贸易结构分析与政策建议 [J] . 中国流通经济，2005 (7)

[52] 樊纲 . 国际贸易结构分析：贸易品的技术分布 [J] . 经济研究，2006 (8)

[53] 李旭鹏，蒋丽华 . 我国出口贸易结构问题研究 [J] . 改革与战略，2005 (12)

[54] 汪利平 . 我国贸易结构现状及对策探析 [J] . 滁州职业技术学院学报，2006 (4)

[55] 羌建新 . 我国对外贸易结构、特征及影响 [J] . 思想战线，2007 (4)

[56] 涂澄 . 中韩双边贸易结构的实证分析 [J] . 北方经济，2006 (12)

[57] 张鸿 . 我国对外贸易结构及其比较优势的实证分析 [J] . 国际贸易问题，2006 (4)

[58] 马磊，靳瑜 . 基于动态比较优势的中国外贸结构研究 [J] . 时代金融，

2007（12）

[59] 章艳红．中国贸易结构的变化特点、决定要素以及政策建议［J］．国际贸易，2007（10）

[60] 徐光耀．我国进口贸易结构与经济增长的相关性分析［J］．国际贸易问题，2007（2）

[61] 张桂梅．改革开放以来中国出口贸易结构的历史演进［J］．山东工商学院学报，2008（5）

[62] 石艾馨，李娇．中俄贸易结构及发展趋势分析［J］．当代经济，2008（4）

[63] 赵枫，王介雯．关于我国对外贸易结构和贸易流向现状的思考［J］．青岛远洋船员学院学报．2008（1）

[64] 沙卫平．我国国际贸易结构中的产业影响分析［J］．江苏经济探讨，1999（1）

[65] 洪银兴．WTO条件下贸易结构的战略调整［J］．管理世界，2001（2）

[66] 刘明兴．重新评估东亚国家的出口结构转型［J］．世界经济，2001（6）

[67] 李素兰．知识经济对国际贸易结构的影响及对策研究［J］．经济与管理，2001（8）

[68] 杨小凯．新贸易理论．比较利益理论及其经验研究的新成果：文献综述［J］，经济学（季刊），2001（10）

[69] 王永齐．对外贸易结构与中国经济增长：基于因果关系的检验［J］．世界经济，2004（11）

[70] 周维．中国对外贸易结构影响因素的理论与实证研究［D］．中南大学，2005

[71] 魏浩．中国制成品出口比较优势及贸易结构分析［J］．世界经济，2005（2）

[72] 安占然．贸易结构变化的影响因素及适用性分析［J］．兰州学刊，2005（3）

[73] 孟振．中国对外贸易结构的变动及影响因素研究［D］．大连理工大学，2006

[74] 关大宇．中国外贸出口商品结构的实证分析［D］．东北财经大学，2007

[75] 赵晋平．中国对外贸易结构分析及其调整对策［J］．管理世界，1998（4）

[76] 李红艳．论我国贸易结构的战略调整［J］．山东经济战略研究，1999（4）

[77] 赵晓晨．世界贸易结构变化趋势及我国出口商品结构动态调整［J］．国际经贸探索，1999（4）

[78] 贺敏．中国对外贸易结构的现状及转换研究［D］．湖南大学，2002

[79] 张曙霄．中国对外贸易结构论［M］．中国经济出版社，2003

[80] 金哲松．中国贸易结构与生产结构偏离的原因分析［J］．中央财经大学学报，2003（3）

[81] 张梅霞．增强科技竞争力优化出口商品结构［J］．武汉理工大学学报，2003（4）

[82] 傅钧文．外贸依存度国际比较与中国外贸的结构型风险分析［J］．世界经济研究，2004（4）

[83] 缪晨刚．广东对外贸易结构研究［D］．广东外语外贸大学，2005

[84] 张亚斌．内生比较优势理论与中国的对外贸易转换［M］．中国经济出版社，2006

[85] 周松兰．出口商品结构竞争力国际比较——基于传统差别化与替代弹性视角的实证研究［J］．数量经济技术经济研究．2006（12）

[86] 王艳杰．中国进出口商品结构优化的战略与对策的研究［D］．黑龙江大学，2007

[87] 吴静茹，薛瑞鑫．我国对外贸易结构可持续发展问题初探［J］．时代金融，2007（7）

[88] 鲁晓东，李荣林．中国对外贸易结构、比较优势及其稳定性检验[J]．世界经济，2007（10）

[89] 徐梅．中日贸易结构与产业竞争——兼论中国产业面临的挑战［J］．日本学刊，2008（4）

[90] 刘园园．世界木材市场的国际竞争与中国木材贸易［D］．浙江大学，2005

[91] 孙顶强，尹润生．全球林产品贸易格局变化及相关问题讨论［J］．林业经济，2006（5）

[92] 李智勇．全球林产品贸易现状与发展趋势［J］．中国林业产业，2007（2）

[93] 刘艺卓，田志宏．世界林产品贸易格局分析［J］．世界农业，2007（8）

[94] 缪东玲，韩革英．中国木质林产品贸易条件分析［J］．林业经济问题，

2004（5）

[95] 胡孙跃，向仕龙．废旧木质家具材料的循环回收利用［J］．木材加工机械，2006（1）

[96] 田明华，赵晓妮．中国主要木质林产品进口贸易的环境影响评价[J]．北京林业大学学报（社会科学版），2006（2）

[97] 程念，刘俊昌．中国主要林产品进口来源变动分析［J］．林业经济，2006（3）

[98] 田园，宋维明，程宝栋．中国木质家具对外贸易现状及问题分析[J]．林业科技，2006（3）

[99] 刘艺卓．中国林产品产业内贸易分析［J］．中国农村经济，2006（9）

[100] 耿玉德，吴微．中国林产品贸易现状、问题及对策研究［J］．黑龙江对外经贸，2007（2）

[101] 查国莉，刘艺卓．中国林产品对外贸易格局及策略分析［J］．世界农业，2007（11）

[102] 邵权熙，杨红强．中国木质林产品贸易 G—L 指数测度及评价［J］．安徽农业科学，2007（33）

[103] 张寒，杨红强，聂影．中国木质家具国际竞争力的实证分析［J］．林业经济，2008（3）

[104] 张艳红．林产品出口退税政策全景透视［J］．中国林业产业，2009（1）

[105] 吴柏海，张蕾，余涛．雷斯法案对中美林产品贸易产生的影响及应对策略［J］．林业经济，2009（1）

[106] 管玉涛，吴微．中国林产品贸易现状及对策研究［J］．商业经济，2009（2）

[107] 宋维明．对我国木材国际贸易战略的几点思考［J］．林业经济，2000（5）

[108] 程宝栋，宋维明．我国木材产品国际贸易的比较优势分析［J］．国际贸易问题，2003（10）

[109] 李富．我国木质家具的国际竞争力评价［J］．西北林学院学报，2007（1）

[110] 张寒，聂影．中国木质家具国际竞争力的显性比较［J］．林业经济问题，2007（6）

[111] 姚昌恬．WTO 与中国林业［M］．中国林业出版社，2002

[112] 刘艺卓．林产品国际贸易及其影响因素研究［M］．中国农业出版社，2008

[113] 丹尼斯 R. 阿普尔亚德．国际经济学（原书第 4 版）[M]．机械工业出版社，2003

[114] 王世军．综合比较优势理论与实证研究 [M]．中国社会科学出版社，2007

[115] David Ricardo, on Principles of Political Economy and Taxation (1817), PP. 133－149 of the 1951 edition of his collected works.

[116] 托马斯·A. 普格尔，彼得·H. 林德特．国际经济学（第十一版）[M]．经济科学出版社，2001

[117] 洪银兴．从比较优势到竞争优势——兼论国际贸易的比较利益理论的缺陷 [J]．经济研究，1997 (6)

[118] 罗纳德·W. 琼斯，彼得·B. 凯南．国际经济学手册（第 1 卷）[M]．经济科学出版社，2008

[119] 刘智超．基于价值工程的我国外贸结构优化研究 [D]．燕山大学，2006

[120] 里昂惕夫．国内生产与对外贸易：美国资本状况的再检验 [R]．美国哲学学会会议录，1953 (9)

[121] 海闻．国际贸易 [M]．上海人民出版社，2003：117－118

[122] 海闻．国际贸易 [M]．上海人民出版社．2003：98

[123] 孙笑丹．国际农产品贸易的动态结构增长研究 [M]．经济科学出版社，2005

[124] 陶涛．国际经济学 [M]．北京大学出版社，2005

[125] 刘钧炎．产业内贸易与贸易结构改善——基于广东省的实证研究 [D]．济南大学，2006

[126] Krugman, P. R., 1979. Increasing Returns, "Monopolistic Competition and International Trade", Journal of International Economics, 9: 469－479

[127] 保罗．克鲁格曼，茅瑞斯；奥伯斯法尔德．国际经济学 [M]．中国人民大学出版社，1998

[128] Vernon, Raymond, 1966. International Investment and International Trade in the Product Cycle. Quarterly Journal of Economics, 83: 190－207

[129] 张曙霄．中国对外贸易结构论 [M]．中国经济出版社，2003

[130] Linder, S. B., 1961, An Essay on Trade and Transformation, New York: John Wiley and Sons

[131] 张亚斌．内生比较优势理论与中国贸易结构转换 [M]．中国经济出

版社．2006

［132］Mundell，Robert A.，1957. International Trade and Factor Mobility. American Economic Review，47：321—335

［133］Markusen，James R.，1983. Factor Movements and Commodity Trade as Complements. Journal of International Economics，vol. 13：341—356

［134］Kemp，Murray C，. 1966. The Gain from International Trade and Investment：A Neo-Heckscher-Ohlin Approach. American Economic Review，61，September：788—809

［135］Jones，Ronald，1967. International Capital Movement and the Theory of Tariff and Trade. Quarterly Journal of Economics，Vol. 81，February：1—38

［136］Purvis，Douglas D，. 1972. Technology，Trade and Factor Mobility. Economic Journal，Vol. 82（327）：991—999

［137］Svensson，Lars E. O.，1984. Factor Trade and Goods Trade. International Economic Review，Vol. 16：365—378

［138］张亚斌．内生比较优势理论与中国贸易结构转换［M］．中国经济出版社，2006

［139］迈克尔·波特．国家竞争优势［M］．华夏出版社，2002

［140］杨小凯．杨小凯谈经济［M］．中国社会科学出版社，2004

［141］海闻．国际贸易［M］．上海人民出版社，2003

［142］周梅妮．H－O国际贸易理论的新兴古典分析——交易效率对国际贸易的影响［J］．贵州财经学院学报，2005（5）

［143］Tinbergen J. shaping the world economy，appendix VI，an analysis of world trade flows. NewYork. Twentieth Century Fund，1962：209—220

［144］Poyhonen P. A tentative model of the volume of trade between countries. Weltwirtschaftliches Archiv，1963，90（1）：90—01

［145］曹宏成．中国出口贸易流量研究——基于引力模型的实证［J］．工业技术经济，2007（1）

［146］林坚，霍尚一．中国水果出口贸易影响因素的实证分析［J］．农业技术经济，2008（4）

［147］高金田，曹春兰．基于引力模型的中国双边贸易分析［J］．中国海洋大学学报（社会科学版），2008（3）

［148］顾晓燕，聂影．中国锯材对外贸易特征实证分析［J］．林业经济问题，2008（6）

[149] 刘园园．世界木材市场的国际竞争与中国木材贸易 [D]．浙江大学，2005

[150] 顾晓燕．从比较优势向竞争优势转变——俄罗斯林产品贸易可持续发展的关键 [J]．江苏商论，2007 (7)

[151] 周泽峰．中国林产品出口退税及其影响研究 [M]．中国林业出版社，2008

[152] 顾晓燕．生态经济效益观下我国木材贸易发展对策 [J]．经济师，2008 (1)

[153] 黄益平，宋立刚．应用数量经济学 [M]．上海人民出版社，2001

[154] 陈同仇，薛荣久．国际贸易 [M]．对外经济贸易大学出版社，2002

[155] 刘艺卓．林产品国际贸易及其影响因素研究 [M]．中国农业出版社，2008

[156] Deardorff，Testing Trade Theories and Predicting Trade Flows，in Jones and Kenen (eds.)，Handbook of International Economics，North-Holland (1984)：467—517

[157] Leamer，Edward E，The Leontief Paradox，Reconsidered，Journal of Political Economy，University of Chicago Press，1980：495—503

[158] Grubel，Lloyd. Intra-Industry Trade：The Theory and Measurement of Trade in Differentiated Product，New York：John Wiley and Sons，1975

[159] 王一捷．中国产业内贸易的发展及实证研究 [D]．吉林大学，2007

[160] Giuseppe celi. Vertical and Horizontal giugno：university of Sussex and university of Bari，1999：1

[161] 黄益平，宋立刚．应用数量经济学 [M]．上海人民出版社，2001

[162] D. Simonis，Belgium' s export performance，working paper for The Belgian Federal Planning Bureau，March 2000

[163] Jepma. C. J. Extensions and Application Possibilities of the Constant Market Shares Analysis：The Case of the Developing Countries Exports. University Press Groningen. TheNetherlands，1986

[164] 高雷，王升．财务风险预警功效系数法实例研究 [J]．南京财经大学学报，2005 (1)

[165] 刘艺卓．林产品国际贸易及其影响因素研究 [M]．中国农业出版社，2008